Optimizing Microsoft™ C Libraries

Len Dorfman

WINDCREST®

FIRST EDITION
FIRST PRINTING

© 1991 by **Len Dorfman**
Published by Windcrest Books, an imprint of TAB Books.
TAB Books is a division of McGraw-Hill, Inc.
The name "Windcrest" is a registered trademark of TAB Books.

Printed in the United States of America. All rights reserved. The publisher takes no responsibility for the use of any of the materials or methods described in this book, nor for the products thereof.

Library of Congress Cataloging-in-Publication Data

Dorfman, Len.
    Optimizing Microsoft C libraries / by Len Dorfman.
      p.   cm.
    Includes index.
    ISBN 0-8306-2190-3 (p)   ISBN 0-8306-2560-7
     1. C (Computer program language)   2. Microsoft C (Computer program) I. Title.
QA76.73.C15D68   1991
005.13′3—dc20   91-11675
                                            CIP

TAB Books offers software for sale. For information and a catalog, please contact TAB Software Department, Blue Ridge Summit, PA 17294-0850.

Acquisitions Editor: Stephen Moore
Technical Editor: Patti McCarty
Production: Katherine G. Brown
Book Design: Jaclyn J. Boone
Cover Design: Sandra Blair Design

WP1

To Barbara and Rachel, thank you for your caring, love, kindness and support. You're the best!

Contents

Introduction ix

1 Introduction to optimization 1
The jiffy timer   3
/Ot Compile for speed   8
/Oi Compile with intrinsic function   13
/Ol Compile for loop optimization   14
/Gs Compile without stack probes   14
The inline assembler   18
The /Gr (_fastcall) parameter-passing convention   29
MASM 5.1's new PROC and USES directives   51
Planning your multimodel optimized TAB C library   60
Summary   61

2 Library header files 63
TPROTO.H: Function prototypes   63
TSTRUCT.H: Defines and structures   69
KEYBOARD.H: Keyboard scan and character codes   69
ASCII.H: ASCII and miscellaneous defines   78
Summary   78

3 Active cursor-management functions 81
Using the LIB.EXE library manager program   81
Getting the active cursor position   83
Moving the active cursor   91
Moving the active cursor relative to current position   93
Saving and restoring active cursor location   96
Turning the active cursor on and off   98
Changing the size of the active cursor   101
Summary   104

4 Foundation screen-handling routines — 107

Making screen tokens and attributes 108
Clearing the visible screen 109
Initializing direct video access routines 110
Writing a character and attribute to the screen 113
Writing a string to the screen 115
Writing a horizontal line to the screen 121
Writing a vertical line to the screen 123
Changing a string of screen attributes 125
Reading a character and attribute from the screen 128
Saving and restoring the visible screen 130
Summary 134

5 Foundation keyboard routines — 137

Stopping program and waiting for key press 137
Not stopping program and returning key press 137
Getting sophisticated string input from keyboard 141
Summary 156

6 Foundation rectangle routines — 159

Preparing RECT structures 159
Clearing screen rectangles 162
Filling screen rectangles 164
Putting a border on screen rectangles 166
Saving and restoring screen rectangle images 170
Summary 175

7 Fundamental window-creation functions — 179

Twenty-five window-creation functions 179
Window-display and menu demonstrations 202
Summary 220

8 Foundation mouse routines — 225

Initializing the mouse 226
Writing a simple event queue handler 228
Making the menu demonstration
   mouse- and keyboard-driven 236
Summary 260

9 Mouse- and keyboard-driven, Lotus-style interface routines — 265

Preparatory files 266
Creating a standard pop-up window for quit program 268
Creating a Lotus-style user interface 280
Summary 293

10 Menu-bar/drop-down window interface routines *299*
    Preparatory files   300
    Creating a menu-bar/drop-down window interface   319
    Summary   330

Index   *337*

Introduction

Let me start out by saying that I am an enthusiastic user of Microsoft C 6.0 (MSC 6.0) and think that it's a very professional compiler. I'm using MSC 6.0 for both standard DOS programming and Windows 3.0 development work. I have found MSC 6.0 to be rock solid. There are other compilers that might compile faster than MSC 6.0 but they, for the most part, don't produce better code. There might be another compiler or two that produces a tad better code under certain circumstances, but how many compilers support Windows 3.0 development? As of now, I can live with MSC 6.0 as the only C compiler installed on my system. It's more than good enough for DOS and Windows 3.0 programming.

Although there are quite a few new wrinkles to MSC 6.0, this book sticks quite closely to exploring compiler features that relate to the theme of building optimized libraries. The book begins by exploring the use of specific custom compiler switches and how their use alters executable program code. You'll then learn the ins and outs of using Microsoft's new _fastcall (passing parameters in registers instead of on the stack) convention. Also discussed is Microsoft's MASM 5.1 macro assembler. The updated MASM 5.1 provides you with very powerful PROC and USES directives that make writing multimodel, assembly-generated library functions extremely easy.

Once MSC 6.0's _fastcall and optimization switches are discussed in conjunction with MASM 5.1's new directives, the library-building procedure begins in earnest. You'll learn how to utilize Microsoft's library manager program to build small-, medium-, and large-model libraries. In olden times, writing an assembly-generated object module which accessed data contained in far data segments required by the large memory model could prove dicey business for neophyte assembly programmers. MASM 5.1's new PROC and USES directives dramatically ease the programmer's burden for writing large-model assembly object modules.

Using the discussed optimization tools and techniques, you will begin to systematically add keyboard, mouse, sound, rectangle, and windowing routines to your expanding TAB library. Every library function is fully commented and a generously documented demonstration program clearly shows how the function is used in a C program.

The book concludes with a discussion of how to use your newly created MSC 6.0 optimized library to build friendly user interfaces in a Windows 3.0-like fashion. Routines are provided to create a mouse and keyboard driven menu-bar/drop-down window and a Lotus-style user interface.

In the Windows 3.0 programing environment you create an RC (Resource Construction) file that (using a specialized syntax and vocabulary) permits you to easily design an interface by listing menu-bar items and drop-down items.

The TAB library programming environment presented in this book allows you to create lists of menu-bar items and drop-down window items using standard C syntax. An event queue handler allows you to process both mouse-driven and keyboard-driven events and provides you with information identifying which menu item has been selected.

The process of generating a user interface using the routines presented in this book (in simplified form here) looks like this:

1. Create your Window item arrays using Standard C
2. Pass the array addresses to the window-generation routines

and that's all. Understand, however, that although no text-based user interface will ever prove as pretty as a graphical interface (in my opinion, of course), using the mouse with menu bars and drop-down windows still proves quite user friendly for text-based application programs.

Required programming tools

The routines presented in this book have been specifically designed for and tested using Microsoft C 6.0 and Microsoft Macro Assembler 5.1. For the most part, concentration has been placed on these programming tools' new features and much code presented in this book will not compile or assemble using earlier versions of Microsoft C or Microsoft Macro Assembler (MASM).

How to read this book

I recommend that you read this book sequentially, which will empower you to go and independently add routines to the MSC 6.0 TAB library that is presented in this book. You'll have a handle on one decision-making process that will help you to select optimizing strategies to use in creating your new object modules.

As you work your way through the book, know that I'd love to get feedback from you concerning improvements on the code presented in the book or I'd like to see programs you have created using the TAB library.

1
Introduction to optimization

Programmers always try to write the smallest programs that "get the job done" in the least time. In "real-world" programming there is somewhat universal agreement that assembly language programs, for the most part, exhibit the best performance. Unfortunately, assembly source code can be very hard to maintain and is not always the most productive language.

I program in C and assembly. Even though I have more years logged into assembly programming than C, I'm a far more productive coder in C than assembly. Although I now spend more development time using C than assembly, assembly remains deep in the center of my heart.

In an effort to help C programmers write impressively performing programs, compiler designers have added many bells and whistles to improve C-generated code. Microsoft C 6.0 has taken (in my opinion) a big step from version 5.1 by providing an option to pass parameters in the registers as opposed to the on-the-stack method and providing an inline assembler facility that permits you to directly nest standard assembly in your C source.

Here's a quick overview of the custom Microsoft C 6.0 compiler optimization options.

- Optimize for speed
- Optimize for size
- Assume no aliasing
- Loop optimizations
- Disable unsafe loop optimizations
- Aggressive optimizations
- Remove stack probes
- Global register allocation
- Common subexpression optimization

- Consistent floating point results
- Optimize for maximum efficiency

In this book, Microsoft C 6.0 compiler options may be invoked in two ways. The first is from the command line. When you invoke a custom compiler option from the command line all the functions contained in the source you are compiling will be optimized in the same fashion. For purposes of library building, where I most often try to put one function in one object module, controlling custom compiler options from the command line is a fine idea.

However, let's say that you have a source file with ten functions. Some of the functions you wish to optimize for speed, and other functions you wish to optimize for size. In that case, you will need to use Microsoft C 6.0's pragma statements. The *pragma statement* permits you to set different customization options for functions within the same source file. The pragmas permit you ultimate flexibility in function optimization. Pragmas are presented in the discussion of the command line invocation for specified custom compilation options.

There are times, as all Windows programmers know, that you might need to access object modules that contain non-C parameter-passing schemes. Microsoft C 6.0 contains the following language support calling conventions:

- Standard C on-the-stack
- Register-based C
- FORTRAN
- Pascal

It is not within the scope of this book to explore all the ins and outs of every Microsoft C 6.0 custom optimization option and every function calling convention. Rather, I've selected to take a careful look at exploring the implication of using the following custom compiler options.

/Ot   Optimize for speed
/Oi   Generate intrinsic functions
/Ol   Improve loop performance
/Gs   Remove stack probes

Later in this chapter you'll see how invoking some of these custom switches alters program size and performance.

Following the discussion of the custom compiler options a discussion of the inline assembler is presented. The results of using the inline assembler as a method of optimizing is then compared to the results of using custom compiler options to optimize sections of your program.

Next, using the new _fastcall (passing parameters in the registers as opposed to the registers being passed on the stack) is discussed. The _fast call discussion provides a nice launching point for a look at the new USES and PROC directives provided by MASM 5.1.

This long chapter contains all the basic elements needed to help you get started in building both optimized libraries and programs using Microsoft C 6.0. Take your time when reading through the text and figures. It will broaden your understanding of what's going on at a deep level.

The jiffy timer

The PC has a timer-based interrupt that is invoked 18.2 times a second. The 18.2 times a second translates into approximately 54/1000 times a second. By human standards 54/1000 of a second comes in a snap. By computer standards, it may be considered an eon of time. Nevertheless, having a timer that reports jiffys (54/1000 of a second) can prove useful for the purposes of this book. Using the timer to report how much time it takes a portion of code to execute provides us with a nice measure of program execution.

Armed with the jiffy timer and being able to explore program size along with the assembly code generated, gives you all the information required to make intelligent optimizing strategy decisions.

TIMER.ASM, shown in FIG. 1-1, is the assembly source code to the jiffy timer. Assemble the small model version of TIMER.OBJ by using MASM 5.1. Here's the command line that assembles TIMER.ASM.

    masm /ML /Dmdl=1 timer;

1-1 The source code listing to TIMER.ASM.

```
;----------------------------------------
;
; TIMER.ASM
;
;
; Prepare Segment ordering

    DOSSEG

; Select memory model and language
if mdl eq 1
    .MODEL    SMALL,C
elseif mdl eq 2
    .MODEL    MEDIUM,C
else
    .MODEL    LARGE,C
endif

; begin code segment

    .CODE

; declare public
```

1-1 Continued.

```
    PUBLIC    initialize_timer,remove_timer
    PUBLIC    get_jiffy,get_jiffmin
    PUBLIC    get_jiffhour,get_ljiffy
    PUBLIC    reset_timer,start_timer,stop_timer

;
; initialize_timer
;
; This function installs the
; newtimer procedure in
; interrupt 1C (the timer)
;
initialize_timer PROC
    jmp       byp

old1c    DW    ?,?
busy1c   DW    0
jiffy    DW    0
jiffmin  DW    0
jiffhour DW    0
jiffylsw DW    0
jiffymsw DW    0
timerflg DW    ?

byp:

; save the old 1C vector

    push      DS
    push      ES              ; save ES
    push      CS
    pop       DS

    mov       AX,351Ch        ; get existing 1c vector
    int       21h
    mov       old1c,BX        ; save 1c offset
    mov       old1c+2,ES      ; save 1c segment
    mov       DX,offset newtimer
    mov       AX,251Ch
    int       21h

    pop       ES
    pop       DS

    ret
initialize_timer ENDP

;
; get_jiffy
;
; This function returns the
; jiffy count between timer
; start and stop in the AX register
;
get_jiffy PROC
    mov       AX,CS:[jiffy]
    ret
```

1-1 Continued.
```
get_jiffy ENDP


;
; get_jiffmin
;
; This function returns the
; number of minutes between jiffy
; counter start and stop
;

get_jiffmin PROC
    mov     AX,CS:[jiffmin]
    ret
get_jiffmin ENDP


;
; get_jiffhour
;
; This function returns the
; number of hours elapsed
; between the jiffy counter
; start and stop
;
get_jiffhour PROC
    mov     AX,CS:[jiffhour]
    ret
get_jiffhour ENDP


;
; get_ljiffy
;
; This function returns a
; long (32 bit) jiffy count
; between the jiffy counter
; start and stop in the
; DX:AX registers
;

get_ljiffy PROC
    mov     AX,CS:[jiffylsw]
    mov     DX,CS:[jiffymsw]
    ret
get_ljiffy ENDP


;
; add1jiff
;
; This function adds 1 jiffy to the
; 32 biut counter
;

add1jiff PROC
    add     jiffylsw,1
    adc     jiffymsw,0
    ret
add1jiff ENDP


;
; start_timer
```

1-1 Continued.

```
;
; This function starts the
; jiffy counter
;

start_timer PROC
    mov     CS:[timerflg],0
    ret
start_timer ENDP


;
; stop_timer
;
; This function stops the
; jiffy timer from counting
;

stop_timer PROC
    mov     CS:[timerflg],1
    ret
stop_timer ENDP


;
; newtimer
;
; This internal function in the
; int 1C replacement
;

newtimer PROC FAR
    sti                         ; call old 1C
    pushf
    assume DS:nothing
    call    DWORD PTR old1c

    cmp     CS:[timerflg],1     ; flag set?
    je      loc3                ; don't scroll gears

    call    add1jiff            ; move jiffy gear

    inc     CS:[jiffy]          ; move 16 bit jiffy gear

    cmp     CS:[jiffy],1092     ; 1 minute elapsed?
    jne     loc2                ; no -> exit

    mov     CS:[jiffy],0        ; reset 16 bit jiffy gear
    inc     CS:[jiffmin]        ; increment minute gear

    cmp     CS:[jiffmin],60     ; 1 hour elapsed?
    jne     loc2                ; no -> exit

    mov     CS:[jiffmin],0      ; reset minute gear
    inc     CS:[jiffhour]       ; increment hour gear

loc2:                           ; exit label

loc3:
    iret                        ; return from interrupt
newtimer ENDP
```

1-1 Continued.

```
;
; remove_timer
;
; This function restores the
; original 1C interrupt vector
;
remove_timer PROC
    push    DS          ; save DS
    mov     DX,[old1c]
    mov     DS,old1c+2
    mov     AX,251Ch
    int     21h
    pop     DS          ; restore DS
    ret
remove_timer ENDP


;
; reset_timer
;
; This function resets the
; jiffy timer to the start (0)
; position
;
reset_timer PROC
    mov     jiffy,0
    mov     jiffmin,0
    mov     jiffhour,0
    mov     jiffylsw,0
    mov     jiffymsw,0
    ret
reset_timer ENDP

        END
;
; End of TIMER.ASM
;
;-------------------------------------
```

Let's take a closer look at the command line switches.

/ML   The /ML switch turns case sensitivity on. As C is a case-sensitive language, I always recommend that any assembly-generated object modules be assembled using case sensitivity switched on.

/Dmdl = 1   The /D option is used to define the mdl variable. The mdl variable is used to select the desired memory model. For purposes of all the assembly modules presented in this book, mdl will be equal to 1 for the small model, mdl will be equal to 2 for the medium model, and mdl will be equal to 3 for the large model.

Because many assembly-generated object modules will be presented in this book, I've written three batch files to facilitate assembling assembly source in the three models supported in the book.

AS.BAT   Assemble for the small memory model

   masm /ML /Dmdl=1 %1;

AM.BAT   Assemble for the medium memory model

   masm /ML /Dmdl=2 %1;

AL.BAT   Assemble for the large memory model

   masm /ML /Dmdl=3 %1;

For example, let's assemble TIMER.ASM for use in the small model. Use your text editor to create the TIMER.ASM listing along with the AS.BAT, AM.BAT, and AL.BAT files. At the command line, type:

   as timer

and press Enter. MASM 5.1 will assemble TIMER.ASM and create the small model TIMER.OBJ object module.

In chapter 3 you will use Microsoft's library manager program to begin building the small, medium, and large model libraries. For the purposes of this chapter, though, you will only be working in the small memory model.

/Ot Compile for speed

The /Ot custom compiler switch invokes the compile for speed option. If you select the /Ot switch under certain circumstances your code size might increase. The pragma to invoke the optimize-for-speed option looks like this:

   #pragma optimize("t",on) // optimize for fastest code

Note the first parameter after #pragma optimize is "t". This reflects the "t" in the command line switch /Ot. Here's how to turn the optimize-for-speed option on for a function and then how to turn it off.

   #pragma optimize("t",on) // speed optimize on
   void sort(char *array)
   {
   .
   .
   .
   }
   #pragma optimize("t",off) // speed optimize off

PROG1.C, shown in FIG. 1-2, is a simple program that demonstrates how to use the jiffy timer and tests the performance of a nested loop. Note

1-2 The source code listing to PROG1.C.

```c
//////////////////////////////////////
//
// PROG1.C
//
// Tests the TIMER Routines
//
//////////////////////////////////////

// include files here

#include <stdio.h>
#include <string.h>
#include <tproto.h>

// declare function prototypes

void main(void);
extern initialize_timer();
extern remove_timer();
int get_jiffy(void);
int get_jiffmin(void);
int get_jiffhour(void);
unsigned long get_ljiffy(void);


void
main()
{
int level1,level2;
char dest[80];
char srce[12] = "Hello Chuck!";

// initialize the timer

initialize_timer();

// stop the timer

stop_timer();

// reset the timer to 0

reset_timer();

// print initial timer values

printf("Jiffy Count = %d\n",get_jiffy());

// start the timer

start_timer();

// perform test loop

for(level1=0; level1<2000; level1++)
    {
    for(level2=0; level2<200; level2++)
```

/Ot Compile for speed

1-2 Continued.

```
        {
        memset(dest,0,80);  // set memory
        strcpy(dest,srce);  // copy string
        }
    }

// stop the jiffy timer

stop_timer();

// print the timer results in jiffys

printf("Jiffy Count = %d\n",get_jiffy());

// restore the original int 1C vector

remove_timer();

}
```

---

that the function start_timer(...) is called just before the nested loop starts operation and function stop_timer(...) is called after the looping sequence is finished. The nested for(...) loops repeat the following operations 400,000 times:

memset(dest,0,80); // set 80 bytes of dest to 0
strcpy(dest,srce); // copy 12 bytes from srce to dest

All timing reports for the test program were run on my 25MHz 386 PC clone. Timing results on your computer will differ.

First, let's try compiling and lining PROG1.C using Microsoft C 6.0's default options. Type in:

cl prog1.c timer.obj

and press Enter. Running PROG1.EXE demonstrates the use of TAB's jiffy timer. The results are as follows:

Compile Options	PROG1.OBJ Size	PROG1.EXE Size	PROG1.EXE Speed
(none)	620	6353	264 jiffys

These results provide us with base-line comparison statistics. Let's try compiling and linking PROG1.C using the /Ot, compile for speed, custom command-line switch.

cl /Ot prog1.c timer.obj

The results are as follows:

Compile Options	PROG1.OBJ Size	PROG1.EXE Size	PROG1.EXE Speed
(none)	620	6353	264 jiffys
/Ot	620	6353	264 jiffys

As you can see, there is no difference in code size or program performance. I suspect that this optimization has taken place as the default condition.

Figure 1-3 presents the object disassembly for PROG1.OBJ. Scan the listing and find the following line:

    call   start_timer

The code you will be interested in exploring appears directly below function start_timer call, and continues until the following line:

    call   stop_timer

The section of code between function start_timer and function stop_timer is the critical section of code that is timed by your jiffy timer.

1-3 The disassembled listing to PROG1.OBJ.

```
Module: prog1.c
Group: 'DGROUP' CONST,_BSS,_DATA

Segment: '_TEXT' WORD    00000094 bytes
0000  55                      _main           push    bp
0001  8b ec                                   mov     bp,sp
0003  b8 60 00                                mov     ax,0060H
0006  e8 00 00                                call    __aNchkstk
0009  57                                      push    di
000a  56                                      push    si
000b  8d 7e a0                                lea     di,-60H[bp]
000e  be 00 00                                mov     si,offset L6
0011  8c d0                                   mov     ax,ss
0013  8e c0                                   mov     es,ax
0015  b9 06 00                                mov     cx,0006H
0018  f3 a5                                   repe    movsw
001a  e8 00 00                                call    _initialize_timer
001d  e8 00 00                                call    _stop_timer
0020  e8 00 00                                call    _reset_timer
0023  e8 00 00                                call    _get_jiffy
0026  50                                      push    ax
0027  b8 0d 00                                mov     ax,offset L7
002a  50                                      push    ax
002b  e8 00 00                                call    _printf
002e  83 c4 04                                add     sp,0004H
0031  e8 00 00                                call    _start_timer
0034  c7 46 ae 00 00                          mov     word ptr -52H[bp],0000H
```

1-3 Continued.

```
0039  eb 30                    jmp    L4
003b  90                       nop
003c  ff 46 ac          L1     inc    word ptr -54H[bp]
003f  81 7e ac c8 00    L2     cmp    word ptr -54H[bp],00c8H
0044  7d 22                    jge    L3
0046  b8 50 00                 mov    ax,0050H
0049  50                       push   ax
004a  2b c0                    sub    ax,ax
004c  50                       push   ax
004d  8d 46 b0                 lea    ax,-50H[bp]
0050  50                       push   ax
0051  e8 00 00                 call   _memset
0054  83 c4 06                 add    sp,0006H
0057  8d 46 a0                 lea    ax,-60H[bp]
005a  50                       push   ax
005b  8d 46 b0                 lea    ax,-50H[bp]
005e  50                       push   ax
005f  e8 00 00                 call   _strcpy
0062  83 c4 04                 add    sp,0004H
0065  eb d5                    jmp    L1
0067  90                       nop
0068  ff 46 ae          L3     inc    word ptr -52H[bp]
006b  81 7e ae d0 07    L4     cmp    word ptr -52H[bp],07d0H
0070  7d 08                    jge    L5
0072  c7 46 ac 00 00           mov    word ptr -54H[bp],0000H
0077  eb c6                    jmp    L2
0079  90                       nop
007a  e8 00 00          L5     call   _stop_timer
007d  e8 00 00                 call   _get_jiffy
0080  50                       push   ax
0081  b8 1f 00                 mov    ax,offset L8
0084  50                       push   ax
0085  e8 00 00                 call   _printf
0088  83 c4 04                 add    sp,0004H
008b  e8 00 00                 call   _remove_timer
008e  5e                       pop    si
008f  5f                       pop    di
0090  8b e5                    mov    sp,bp
0092  5d                       pop    bp
0093  c3                       ret
```

No disassembly errors

```
Segment: '_DATA' WORD   00000031 bytes
0000  48 65 6c 6c 6f 20 43 68  L6    - Hello Ch
0008  75 63 6b 21 00                 - uck!.
000d  4a 69 66 66 79 20 43 6f  L7    - Jiffy Co
0015  75 6e 74 20 3d 20 25 64        - unt = %d
001d  0a 00                          - ..
001f  4a 69 66 66 79 20 43 6f  L8    - Jiffy Co
0027  75 6e 74 20 3d 20 25 64        - unt = %d
002f  0a 00                          - ..
```

No disassembly errors

---

12 Introduction to optimization

/Oi Compile with intrinsic function

The /Oi switch invokes the intrinsic function compilation option. This function inserts the code for the function directly in the object file. The intrinsic option works with the following standard library functions:

Intrinsic Functions	Description
abs(...)	Calculate absolute value
_disable(...)	Disable interrupts
_enable(...)	Enable interrupts
fabs(...)	Absolute of floating point
inp(...)	Input byte from port
inpw(...)	Input word from port
labs(...)	Absolute of long int
lrtol(...)	Rotate bits left
lrtor(...)	Rotate bits right
memcmp(...)	Compare memory
memcpy(...)	Copy memory
memset(...)	Set memory to value
outp(...)	Output byte at port
outpw(...)	Output word at port
rotl(...)	Rotate bits left
rotr(...)	Rotate bits right
strcat(...)	Append string
strcmp(...)	Compare string
strcpy(...)	Copy string
strlen(...)	Get string length
strset(...)	Set string

You may enable selected functions from the intrinsic functions list with the following pragma:

#pragma intrinsic(*function*)

In the case of PROG1.C, you could enable the intrinsic function optimization for function memset(...) and function strcpy with the following pragma statement:

#pragma intrinsic(memset,strcpy)

I chose to enable the intrinsic function optimization from the command line in PROG1.C because it permitted me to compile one source file (PROG1.C) and explore the impact of different custom compilation optimization options.

If you enable intrinsic function optimization from the command line, only those functions listed on the intrinsic function list will be affected.

/Ol Compile for loop optimization

The /Ol has been designed to help execute looping sections of code more quickly. The pragmas for turning on and off loop optimization are:

    #pragma loop_opt(on)   // loop optimization on
    #pragma loop_opt(off)   // loop optimization off

Microsoft's *Advanced Programming Techniques* manual recommends using the /Oa command line option in conjunction with /Ol. The aliasing option ensures that the loop optimization techniques will be applied as often as possible.

/Gs Compile without stack probes

The /Gs option removes the compiler-invoked routine that checks for stack overflow problems. Stack overflow checks will prove important during program development but are not needed for final program release. PROG1.C is a simple program and in no danger of stack overflow conditions.

Now that the /Oi, /Ol, /Oa, and /Gs custom compilation switches have been introduced, let's recompile PROG1.C using these new optimization options. At the command line, type in:

    cl /Oi /Ol /Oa /Gs prog1.c timer.obj

and press Enter.

Let's compare the statistics from the /Ot option to the /Oi, /Ol, /Oa, and /Gs options.

Compile Options	PROG1.OBJ Size	PROG1.EXE Size	PROG1.EXE Speed
(none)	620	6353	264 jiffys
/Oi /Ol /Oa /Gs	564	6241	264 jiffys

The reduction in code size could certainly be predicted because the /Gs option removes the stack overflow checking code. However, the time required for loop execution remained the same according to the jiffy timer. If the nested 400,000 loop iteration loop executions could not be improved by more than one jiffy, then the right compiler optimization options were not selected.

Figure 1-4 presents the disassembly to PROG1.OBJ, which was compiled using the /Oi, /Ol, /Oa, and /Gs options. Once again, examine the portion of FIG. 1-4's listing falling between functions start_timer(...) and stop_timer(...).

However, we're not done yet. Let's try to reverse engineering here and pull out the /Ol and /Oa switches. Another comparison of statistics provides a surprise.

1-4 The dissassembled listing to PROG1.OBJ using the /Oi, /Ol, /Oa, and /Gs switches.

```
Module: prog1.c
Group: 'DGROUP' CONST,_BSS,_DATA

Segment: '_TEXT' WORD   00000086 bytes
0000   55                    _main         push    bp
0001   8b ec                                mov     bp,sp
0003   83 ec 64                             sub     sp,0064H
0006   57                                   push    di
0007   56                                   push    si
0008   8d 7e a0                             lea     di,-60H[bp]
000b   be 00 00                             mov     si,offset L3
000e   8c d0                                mov     ax,ss
0010   8e c0                                mov     es,ax
0012   b9 06 00                             mov     cx,0006H
0015   f3 a5                                repe    movsw
0017   e8 00 00                             call    _initialize_timer
001a   e8 00 00                             call    _stop_timer
001d   e8 00 00                             call    _reset_timer
0020   e8 00 00                             call    _get_jiffy
0023   50                                   push    ax
0024   b8 0d 00                             mov     ax,offset L4
0027   50                                   push    ax
0028   e8 00 00                             call    _printf
002b   83 c4 04                             add     sp,0004H
002e   e8 00 00                             call    _start_timer
0031   c7 46 9c d0 07                       mov     word ptr -64H[bp],07d0H
0036   c7 46 9e c8 00    L1                 mov     word ptr -62H[bp],00c8H
003b   2b c0             L2                 sub     ax,ax
003d   b9 50 00                             mov     cx,0050H
0040   8d 7e b0                             lea     di,-50H[bp]
0043   16                                   push    ss
0044   07                                   pop     es
0045   f3 aa                                repe    stosb
0047   8d 7e a0                             lea     di,-60H[bp]
004a   8d 76 b0                             lea     si,-50H[bp]
004d   b9 ff ff                             mov     cx,0ffffH
0050   33 c0                                xor     ax,ax
0052   f2 ae                                repne   scasb
0054   f7 d1                                not     cx
0056   2b f9                                sub     di,cx
0058   87 fe                                xchg    di,si
005a   d1 e9                                shr     cx,1
005c   f3 a5                                repe    movsw
005e   13 c9                                adc     cx,cx
0060   f3 a4                                repe    movsb
0062   ff 4e 9e                             dec     word ptr -62H[bp]
0065   75 d4                                jne     L2
0067   ff 4e 9c                             dec     word ptr -64H[bp]
006a   75 ca                                jne     L1
006c   e8 00 00                             call    _stop_timer
006f   e8 00 00                             call    _get_jiffy
0072   50                                   push    ax
0073   b8 1f 00                             mov     ax,offset L5
0076   50                                   push    ax
0077   e8 00 00                             call    _printf
007a   83 c4 04                             add     sp,0004H
007d   e8 00 00                             call    _remove_timer
```

1-4 Continued.

```
0080  5e                          pop   si
0081  5f                          pop   di
0082  8b e5                       mov   sp,bp
0084  5d                          pop   bp
0085  c3                          ret
```

No disassembly errors

```
Segment: '_DATA' WORD  00000031 bytes
0000  48 65 6c 6c 6f 20 43 68  L3   - Hello Ch
0008  75 63 6b 21 00                - uck!.
000d  4a 69 66 66 79 20 43 6f  L4   - Jiffy Co
0015  75 6e 74 20 3d 20 25 64        - unt = %d
001d  0a 00                          - ..
001f  4a 69 66 66 79 20 43 6f  L5   - Jiffy Co
0027  75 6e 74 20 3d 20 25 64        - unt = %d
002f  0a 00                          - ..
```

No disassembly errors

Compile Options	PROG1.OBJ Size	PROG1.EXE Size	PROG1.EXE Speed
(none)	620	6353	264 jiffys
/Oi /Ol /Oa /Gs	564	6241	264 jiffys
/Oi /Gs	582	6257	253 jiffys

The looping optimization has been removed and program size has increased. However, for the first time, program execution time has decreased. The 11-jiffy decrease in time cashed in to a 4.1 percent savings. Not really significant, but a start nonetheless.

There's a lesson here. The lesson tells me that when I play with custom compilation options I had better check out the results and not take the manual's words at face value. I'm sure that there are many, many circumstances where invoking the loop optimization option will in fact increase program performance, but my simple nested FOR looping sequence is not one of them.

Figure 1-5 presents the disassembled listing to PROG1.OBJ where the /Oi and /Gs compilation optimization options were invoked.

Before we move on to exploring the use of the wonderful and new inline assembler, let's try one more compilation of PROG1.C using only the /Oi option. At the command line, type:

    cl /Oi prog1.c timer.obj

and press Enter.

16 Introduction to optimization

1-5 The disassembled listing to PROG1.OBJ using the /Oi and /Gs switches.

```
Module: prog1.c
Group: 'DGROUP' CONST,_BSS,_DATA

Segment: '_TEXT' WORD   00000098 bytes
 0000  55                   _main       push    bp
 0001  8b ec                            mov     bp,sp
 0003  83 ec 60                         sub     sp,0060H
 0006  57                               push    di
 0007  56                               push    si
 0008  8d 7e a0                         lea     di,-60H[bp]
 000b  be 00 00                         mov     si,offset L6
 000e  8c d0                            mov     ax,ss
 0010  8e c0                            mov     es,ax
 0012  b9 06 00                         mov     cx,0006H
 0015  f3 a5                            repe    movsw
 0017  e8 00 00                         call    _initialize_timer
 001a  e8 00 00                         call    _stop_timer
 001d  e8 00 00                         call    _reset_timer
 0020  e8 00 00                         call    _get_jiffy
 0023  50                               push    ax
 0024  b8 0d 00                         mov     ax,offset L7
 0027  50                               push    ax
 0028  e8 00 00                         call    _printf
 002b  83 c4 04                         add     sp,0004H
 002e  e8 00 00                         call    _start_timer
 0031  c7 46 ae 00 00                   mov     word ptr -52H[bp],0000H
 0036  eb 37                            jmp     L4
 0038  ff 46 ac        L1               inc     word ptr -54H[bp]
 003b  81 7e ac c8 00  L2               cmp     word ptr -54H[bp],00c8H
 0040  7d 2a                            jge     L3
 0042  2b c0                            sub     ax,ax
 0044  b9 50 00                         mov     cx,0050H
 0047  8d 7e b0                         lea     di,-50H[bp]
 004a  16                               push    ss
 004b  07                               pop     es
 004c  f3 aa                            repe    stosb
 004e  8d 7e a0                         lea     di,-60H[bp]
 0051  8d 76 b0                         lea     si,-50H[bp]
 0054  b9 ff ff                         mov     cx,0ffffH
 0057  33 c0                            xor     ax,ax
 0059  f2 ae                            repne   scasb
 005b  f7 d1                            not     cx
 005d  2b f9                            sub     di,cx
 005f  87 fe                            xchg    di,si
 0061  d1 e9                            shr     cx,1
 0063  f3 a5                            repe    movsw
 0065  13 c9                            adc     cx,cx
 0067  f3 a4                            repe    movsb
 0069  eb cd                            jmp     L1
 006b  90                               nop
 006c  ff 46 ae        L3               inc     word ptr -52H[bp]
 006f  81 7e ae d0 07  L4               cmp     word ptr -52H[bp],07d0H
 0074  7d 08                            jge     L5
 0076  c7 46 ac 00 00                   mov     word ptr -54H[bp],0000H
 007b  eb be                            jmp     L2
 007d  90                               nop
 007e  e8 00 00        L5               call    _stop_timer
```

/Gs Compile without stack probes   17

1-5 Continued.

```
0081  e8 00 00       call    _get_jiffy
0084  50             push    ax
0085  b8 1f 00       mov     ax,offset L8
0088  50             push    ax
0089  e8 00 00       call    _printf
008c  83 c4 04       add     sp,0004H
008f  e8 00 00       call    _remove_timer
0092  5e             pop     si
0093  5f             pop     di
0094  8b e5          mov     sp,bp
0096  5d             pop     bp
0097  c3             ret
```

No disassembly errors

```
Segment: '_DATA'  WORD   00000031 bytes
0000  48 65 6c 6c 6f 20 43 68   L6   - Hello Ch
0008  75 63 6b 21 00                 - uck!.
000d  4a 69 66 66 79 20 43 6f   L7   - Jiffy Co
0015  75 6e 74 20 3d 20 25 64        - unt = %d
001d  0a 00                          - ..
001f  4a 69 66 66 79 20 43 6f   L8   - Jiffy Co
0027  75 6e 74 20 3d 20 25 64        - unt = %d
002f  0a 00                          - ..
```

No disassembly errors

Finally, the results are predictable.

Compile Options	PROG1.OBJ Size	PROG1.EXE Size	PROG1.EXE Speed
(none)	620	6353	264 jiffys
/Oi/Ol/Oa/Gs	564	6241	264 jiffys
/Oi/Gs	582	6257	253 jiffys
/Oi	602	6273	253 jiffys

Now that the stack probes have been added, the program size increases but the looping execution time remains the same. Figure 1-6 presents the disassembly to PROG1.OBJ where only the /Oi, intrinsic optimization, has been invoked.

Comparing the various disassembled listings will provide important background for understanding the impact of using the inline assembler for more fully controlled program optimization.

The inline assembler

I really enjoy using Microsoft C 6.0's new inline assembler. It permits me to enjoy the productivity of C while allowing me the fun of twiddling bits in

1-6 The disassembled listing to PROG1.OBJ using just the /Oi switch.

```
Module: prog1.c
Group: 'DGROUP' CONST,_BSS,_DATA

Segment: '_TEXT' WORD   0000009c bytes
0000  55                      _main       push    bp
0001  8b ec                               mov     bp,sp
0003  b8 60 00                            mov     ax,0060H
0006  e8 00 00                            call    __aNchkstk
0009  57                                  push    di
000a  56                                  push    si
000b  8d 7e a0                            lea     di,-60H[bp]
000e  be 00 00                            mov     si,offset L6
0011  8c d0                               mov     ax,ss
0013  8e c0                               mov     es,ax
0015  b9 06 00                            mov     cx,0006H
0018  f3 a5                               repe    movsw
001a  e8 00 00                            call    _initialize_timer
001d  e8 00 00                            call    _stop_timer
0020  e8 00 00                            call    _reset_timer
0023  e8 00 00                            call    _get_jiffy
0026  50                                  push    ax
0027  b8 0d 00                            mov     ax,offset L7
002a  50                                  push    ax
002b  e8 00 00                            call    _printf
002e  83 c4 04                            add     sp,0004H
0031  e8 00 00                            call    _start_timer
0034  c7 46 ae 00 00                      mov     word ptr -52H[bp],0000H
0039  eb 38                               jmp     L4
003b  90                                  nop
003c  ff 46 ac          L1                inc     word ptr -54H[bp]
003f  81 7e ac c8 00    L2                cmp     word ptr -54H[bp],00c8H
0044  7d 2a                               jge     L3
0046  2b c0                               sub     ax,ax
0048  b9 50 00                            mov     cx,0050H
004b  8d 7e b0                            lea     di,-50H[bp]
004e  16                                  push    ss
004f  07                                  pop     es
0050  f3 aa                               repe    stosb
0052  8d 7e a0                            lea     di,-60H[bp]
0055  8d 76 b0                            lea     si,-50H[bp]
0058  b9 ff ff                            mov     cx,0ffffH
005b  33 c0                               xor     ax,ax
005d  f2 ae                               repne   scasb
005f  f7 d1                               not     cx
0061  2b f9                               sub     di,cx
0063  87 fe                               xchg    di,si
0065  d1 e9                               shr     cx,1
0067  f3 a5                               repe    movsw
0069  13 c9                               adc     cx,cx
006b  f3 a4                               repe    movsb
006d  eb cd                               jmp     L1
006f  90                                  nop
0070  ff 46 ae          L3                inc     word ptr -52H[bp]
0073  81 7e ae d0 07    L4                cmp     word ptr -52H[bp],07d0H
0078  7d 08                               jge     L5
007a  c7 46 ac 00 00                      mov     word ptr -54H[bp],0000H
007f  eb be                               jmp     L2
0081  90                                  nop
```

The inline assembler 19

1-6 Continued.
```
0082  e8 00 00           L5        call    _stop_timer
0085  e8 00 00                     call    _get_jiffy
0088  50                           push    ax
0089  b8 1f 00                     mov     ax,offset L8
008c  50                           push    ax
008d  e8 00 00                     call    _printf
0090  83 c4 04                     add     sp,0004H
0093  e8 00 00                     call    _remove_timer
0096  5e                           pop     si
0097  5f                           pop     di
0098  8b e5                        mov     sp,bp
009a  5d                           pop     bp
009b  c3                           ret
```

No disassembly errors

```
Segment: '_DATA' WORD   00000031 bytes
0000  48 65 6c 6c 6f 20 43 68  L6       - Hello Ch
0008  75 63 6b 21 00                    - uck!.
000d  4a 69 66 66 79 20 43 6f  L7       - Jiffy Co
0015  75 6e 74 20 3d 20 25 64            - unt = %d
001d  0a 00                              - ..
001f  4a 69 66 66 79 20 43 6f  L8       - Jiffy Co
0027  75 6e 74 20 3d 20 25 64            - unt = %d
002f  0a 00                              - ..
```

No disassembly errors

---

assembly to my heart's content. The inline assembler gives you total control over your final executable's code. When you use the inline assembler, what you code is what you get. Period.

The inline assembler is invoked using the new _asm keyword. Once you're invoked the inline assembler, C-declared variables are visible to the registers. Let's see how easy it is to invoke the inline assembler.

```
// in C
int gtKey( )
{
int key;
// invoke inline assembler
_asm
{
        xor   AX,AX      ;   get scan and char function
        int   16h        ;   via the BIOS
        mov   key,AX     ;   AX value to C variable
}
// back to C
return key;
}
```

20   Introduction to optimization

There is another way to invoke the inline assembler but I find it so kludgey I won't even mention it here. Because this chapter's theme is optimization I'll slowly optimize PROG1.C using the inline assembler. There are other reasons for using the inline assembler, but those will be discussed in chapter 3.

PROG2.C, shown in FIG. 1-7, invokes the inline assembler to replace function memset(...) and function strcpy(...). In essence, the code really replaces the /Oi intrinsic function optimization.

1-7 The source code listing to PROG2.C.

```
///////////////////////////////////
//
// PROG2.C
//
// Tests the inline assembly routines
//
///////////////////////////////////

// include files here

#include <stdio.h>
#include <string.h>
#include <tproto.h>

// declare function prototypes

void main(void);
extern initialize_timer();
extern remove_timer();
int get_jiffy(void);
int get_jiffmin(void);
int get_jiffhour(void);
unsigned long get_ljiffy(void);


void
main()
{
int level1,level2;
char dest[80];
char srce[12] = "Hello Chuck!";

// initialize the timer

initialize_timer();

// stop the timer

stop_timer();

// reset the timer to 0

reset_timer();

// print initial timer values
```

The inline assembler 21

1-7 Continued.

```
printf("Jiffy Count = %d\n",get_jiffy());

// start the timer

start_timer();

// perform test loop

for(level1=0; level1<2000; level1++)
    {

    for(level2=0; level2<200; level2++)
        {

        // memset(dest,0,80);
        // set 80 bytes of memory to 0

        _asm
        {
            mov     DI,offset dest
            mov     CX,80
            xor     AL,AL
            rep     stosb
        }

        // strcpy(dest,srce);
        // copy 12 bytes from srce to dest

        _asm
        {
            mov     DI,offset dest
            mov     SI,offset srce
            mov     CX,12
            rep     movsb
        }

        }
    }

// stop the jiffy timer

stop_timer();

// print the timer results in jiffys

printf("Jiffy Count = %d\n",get_jiffy());

// restore the original int 1C vector

remove_timer();

}
```

---

22 Introduction to optimization

The results of using the inline assembler are very encouraging. Let's have a look:

Compile Options	PROG1.OBJ Size	PROG1.EXE Size	PROG1.EXE Speed
(none)	620	6353	264 jiffys
/Oi/Ol/Oa/Gs	564	6241	264 jiffys
/Oi/Gs	582	6257	253 jiffys
/Oi	602	6273	253 jiffys

Compile	PROG2.OBJ	PROG2.EXE	PROG2.EXE
Inline /Oi	584	6257	205 jiffys

The inline /Oi optimization reduced program execution time from the original 264 jiffys by 59 jiffys to 205 jiffys. This savings represents a significant increase in speed of about 22 percent. Very promising indeed.

Figure 1-8 presents the disassembled listing to PROG2.OBJ. Can you see where the inline assembler's magic begins and ends?

1-8 The disassembled listing to PROG2.OBJ.

```
Module: prog2.c
Group: 'DGROUP' CONST,_BSS,_DATA

Segment: '_TEXT' WORD  0000008a bytes
0000  55                   _main      push    bp
0001  8b ec                           mov     bp,sp
0003  b8 60 00                        mov     ax,0060H
0006  e8 00 00                        call    __aNchkstk
0009  57                              push    di
000a  56                              push    si
000b  8d 7e a0                        lea     di,-60H[bp]
000e  be 00 00                        mov     si,offset L6
0011  8c d0                           mov     ax,ss
0013  8e c0                           mov     es,ax
0015  b9 06 00                        mov     cx,0006H
0018  f3 a5                           repe    movsw
001a  e8 00 00                        call    _initialize_timer
001d  e8 00 00                        call    _stop_timer
0020  e8 00 00                        call    _reset_timer
0023  e8 00 00                        call    _get_jiffy
0026  50                              push    ax
0027  b8 0d 00                        mov     ax,offset L7
002a  50                              push    ax
002b  e8 00 00                        call    _printf
002e  83 c4 04                        add     sp,0004H
```

The inline assembler 23

1-8 Continued.

```
0031  e8 00 00              call    _start_timer
0034  c7 46 ae 00 00        mov     word ptr -52H[bp],0000H
0039  eb 26                 jmp     L4
003b  90                    nop
003c  ff 46 ac         L1   inc     word ptr -54H[bp]
003f  81 7e ac c8 00   L2   cmp     word ptr -54H[bp],00c8H
0044  7d 18                 jge     L3
0046  bf b0 ff              mov     di,0ffb0H
0049  b9 50 00              mov     cx,0050H
004c  32 c0                 xor     al,al
004e  f3 aa                 repe    stosb
0050  bf b0 ff              mov     di,0ffb0H
0053  be a0 ff              mov     si,0ffa0H
0056  b9 0c 00              mov     cx,000cH
0059  f3 a4                 repe    movsb
005b  eb df                 jmp     L1
005d  90                    nop
005e  ff 46 ae         L3   inc     word ptr -52H[bp]
0061  81 7e ae d0 07   L4   cmp     word ptr -52H[bp],07d0H
0066  7d 08                 jge     L5
0068  c7 46 ac 00 00        mov     word ptr -54H[bp],0000H
006d  eb d0                 jmp     L2
006f  90                    nop
0070  e8 00 00         L5   call    _stop_timer
0073  e8 00 00              call    _get_jiffy
0076  50                    push    ax
0077  b8 1f 00              mov     ax,offset L8
007a  50                    push    ax
007b  e8 00 00              call    _printf
007e  83 c4 04              add     sp,0004H
0081  e8 00 00              call    _remove_timer
0084  5e                    pop     si
0085  5f                    pop     di
0086  8b e5                 mov     sp,bp
0088  5d                    pop     bp
0089  c3                    ret
```

No disassembly errors

```
Segment: '_DATA' WORD   00000031 bytes
0000  48 65 6c 6c 6f 20 43 68 L6    - Hello Ch
0008  75 63 6b 21 00                - uck!.
000d  4a 69 66 66 79 20 43 6f L7    - Jiffy Co
0015  75 6e 74 20 3d 20 25 64        - unt = %d
001d  0a 00                          - ..
001f  4a 69 66 66 79 20 43 6f L8    - Jiffy Co
0027  75 6e 74 20 3d 20 25 64        - unt = %d
002f  0a 00                          - ..
```

No disassembly errors

You're not done here, however. PROG3.C, shown in FIG. 1-9, takes the inline assembler one step further and tries to optimize the looping. The results are still better. Have a look.

Compile Options	PROG1.OBJ Size	PROG1.EXE Size	PROG1.EXE Speed
(none)	620	6353	264 jiffys
/Oi/Ol/Oa/Gs	564	6241	264 jiffys
/Oi/Gs	582	6257	253 jiffys
/Oi	602	6273	253 jiffys

Compile	PROG2.OBJ	PROG2.EXE	PROG2.EXE
Inline /Oi	584	6257	205 jiffys

Compile	PROG3.OBJ	PROG3.EXE	PROG3.EXE
Inline /Oi/Ol	560	6225	200 jiffys

So we shaved off another five jiffys from the program's execution time. This represents about a 24 percent increase in program execution speed. Not bad at all.

1-9 The source code listing to PROG3.C.

```
///////////////////////////////////
//
// PROG3.C
//
// Tests more inline assembly routines
//
///////////////////////////////////

// include files here

#include <stdio.h>
#include <string.h>
#include <tproto.h>

// declare function prototypes

void main(void);
extern initialize_timer();
extern remove_timer();
int get_jiffy(void);
int get_jiffmin(void);
int get_jiffhour(void);
unsigned long get_ljiffy(void);
```

1-9 Continued.

```c
void
main()
{
int level1,level2;
char dest[80];
char srce[12] = "Hello Chuck!";

// initialize the timer

initialize_timer();

// stop the timer

stop_timer();

// reset the timer to 0

reset_timer();

// print initial timer values

printf("Jiffy Count = %d\n",get_jiffy());

// start the timer

start_timer();

// perform test loop

_asm
{
; for(level1=0; level1<2000; level1++)

            mov     CX,2000    ; set counter to 2000
    outer_loop:
            push    CX         ; save outer counter

    ; for(level2=0; level2<200; level2++)

            mov     CX,200     ; set counter to 200
    inner_loop:
            push    CX         ; save counter

        ; memset(dest,0,80);    // set memory

            mov     DI,offset dest
            mov     CX,80
            xor     AL,AL
            rep     stosb

        ; strcpy(dest,srce);    // copy string

            mov     DI,offset dest
            mov     SI,offset srce
            mov     CX,12
            rep     movsb
```

26 Introduction to optimization

1-9 Continued.

```
        ; inner loop

            pop     CX          ; restore inner counter
            loop    inner_loop
            pop     CX          ; restore outer counter
            loop    outer_loop
    }

    // stop the jiffy timer

    stop_timer();

    // print the timer results in jiffys

    printf("Jiffy Count = %d\n",get_jiffy());

    // restore the original int 1C vector

    remove_timer();

}
```

It's time to explore the object disassembly listing to PROG3.OBJ, shown in FIG. 1-10. Can you see how the different optimization techniques alter the disassembled listing?

We're done with the inline assembler here, but it's not time to stop looking at optimization strategies and tools. It's time to explore the impact of passing parameters on the registers.

1-10 The disassembled listing to PROG3.OBJ.

```
Module: prog3.c
Group: 'DGROUP' CONST,_BSS,_DATA

Segment: '_TEXT' WORD   00000072 bytes
0000  55                 _main         push    bp
0001  8b ec                            mov     bp,sp
0003  b8 60 00                         mov     ax,0060H
0006  e8 00 00                         call    __aNchkstk
0009  57                               push    di
000a  56                               push    si
000b  8d 7e a0                         lea     di,-60H[bp]
000e  be 00 00                         mov     si,offset L3
0011  8c d0                            mov     ax,ss
0013  8e c0                            mov     es,ax
0015  b9 06 00                         mov     cx,0006H
0018  f3 a5                            repe    movsw
001a  e8 00 00                         call    _initialize_timer
001d  e8 00 00                         call    _stop_timer
0020  e8 00 00                         call    _reset_timer
0023  e8 00 00                         call    _get_jiffy
```

1-10 Continued.

```
0026  50                          push    ax
0027  b8 0d 00                    mov     ax,offset L4
002a  50                          push    ax
002b  e8 00 00                    call    _printf
002e  83 c4 04                    add     sp,0004H
0031  e8 00 00                    call    _start_timer
0034  b9 d0 07                    mov     cx,07d0H
0037  51              L1          push    cx
0038  b9 c8 00                    mov     cx,00c8H
003b  51              L2          push    cx
003c  bf b0 ff                    mov     di,0ffb0H
003f  b9 50 00                    mov     cx,0050H
0042  32 c0                       xor     al,al
0044  f3 aa                       repe    stosb
0046  bf b0 ff                    mov     di,0ffb0H
0049  be a0 ff                    mov     si,0ffa0H
004c  b9 0c 00                    mov     cx,000cH
004f  f3 a4                       repe    movsb
0051  59                          pop     cx
0052  e2 e7                       loop    L2
0054  59                          pop     cx
0055  e2 e0                       loop    L1
0057  e8 00 00                    call    _stop_timer
005a  e8 00 00                    call    _get_jiffy
005d  50                          push    ax
005e  b8 1f 00                    mov     ax,offset L5
0061  50                          push    ax
0062  e8 00 00                    call    _printf
0065  83 c4 04                    add     sp,0004H
0068  e8 00 00                    call    _remove_timer
006b  5e                          pop     si
006c  5f                          pop     di
006d  8b e5                       mov     sp,bp
006f  5d                          pop     bp
0070  c3                          ret
0071  90                          nop
```

No disassembly errors

```
Segment: '_DATA' WORD  00000031 bytes
0000  48 65 6c 6c 6f 20 43 68 L3      - Hello Ch
0008  75 63 6b 21 00                  - uck!.
000d  4a 69 66 66 79 20 43 6f L4      - Jiffy Co
0015  75 6e 74 20 3d 20 25 64          - unt = %d
001d  0a 00                            - ..
001f  4a 69 66 66 79 20 43 6f L5      - Jiffy Co
0027  75 6e 74 20 3d 20 25 64          - unt = %d
002f  0a 00                            - ..
```

No disassembly errors

The /Gr (_fastcall) parameter-passing convention

It is common knowledge that you can increase the speed of program execution by passing parameters to functions in registers as opposed to passing parameters on the stack. Even with that knowledge, many C compiler manufacturers have chosen to pass parameters on the stack. I suspect the reason is that because Microsoft C previously had a lion's share of the C compiler market any new compiler wishing to break into the market would have to claim Microsoft compatibility.

After all, say you were a Microsoft programmer and had 200 assembly-generated functions in your specialized library. Would you want to rewrite those 200 assembly bindings with a new parameter-passing scheme so they would work with another compiler? I think not.

Recently though, a Canadian compiler maker named Watcom, introduced a compiler that permits programmers to either declare functions as Microsoft-compatible (pass parameters on the stack) or use a highly idiosyncratic but delightfully effective pass-parameters-in-registers method. In fact, Watcom went so far as to create pragmas that permit C programmers to place function parameters in specified registers! The Watcom compiler allows for tremendous optimizations. And if Watcom C were the only compiler you were planning to ever use you could optimize to the maximum.

Microsoft C 6.0's register calling is a competent answer to Watcom's scheme to pass parameters in the registers. In Microsoft C 6.0 you tell the compiler how a function's parameters will be passed by using either the _cdecl or _fastcall keywords. Simple as that.

For example, let's say you have a function that moves the cursor and you name that function mvCur(...). This function mvCur(...) receives two parameters. The first is a 16-bit value that denotes the row position of the cursor and the second parameter is a 16-bit value that denotes the column position of the cursor.

If you code function mvCur(...) so it will get parameters via the registers then you can inform the compiler of your decision by using the following prototype of function mvCur(...):

   void _fastcall mVCur(int,int);

At compile time every call to function mvCur(...) will now stuff the row and column parameters in registers.

Whereas, if you wish to code function mvCur(...) so it receives parameters on the stack then you prototype function mvCur(...) like this:

   void _cdecl mvCur(int,int);

So if passing paramaters in registers is superior to passing parameters on the stack then why not declare all functions as _fastcall? There are reasons.

1. Microsoft's _fastcall convention is idiosyncratic. If you wish to use an assembly binding with another compiler you must rewrite your assembly code. No fun.
2. Microsoft's own MASM 5.1 does not have any directives that support _fastcall. They have elegant directives that support _cdecl.

For my own coding needs I decided to adopt the following plan concerning when to use _fastcall and _cdecl.

1. All C-generated functions are prototyped using _fastcall.
2. All assembly-generated functions are prototyped using _cdecl.

You also can invoke _fastcall for an entire source file by using the /Gr switch in the compile and link command line. You can invoke _cdecl for an entire source file by using the /Gd switch in the compile and link command line.

PROG4.C, shown in FIG. 1-11, is a simple program that writes a rectangle of letters to the screen. Note that the BIOS calls were coded using the union REGS and int86(...) approach.

1-11 The source code listing to PROG4.C.

```
///////////////////////////////////////
//
// PROG4.C
//
// Stage 1 optimization program
//
///////////////////////////////////////

// include files

#include <stdio.h>
#include <dos.h>

// _cdecl function prototypes ensures
// standard Microsoft parameter passing
// and pre_underscore function naming

void _cdecl initialize_timer();
void _cdecl remove_timer();
void _cdecl reset_timer();
void _cdecl start_timer();
void _cdecl stop_timer();
int  _cdecl get_jiffy(void);

// functions declared without _cdecl
// permit you to use _fastcall (/Gr)
// parameter passing
```

1-11 Continued.

```c
void main(void);
int gtKey(void);
void scrnClr(void);
void mvCur(int,int);

// data

char    xdat[80] = {
    'X','X','X','X','X','X','X','X','X','X',
    'X','X','X','X','X','X','X','X','X','X',
    'X','X','X','X','X','X','X','X','X','X',
    'X','X','X','X','X','X','X','X','X','X',
    'X','X','X','X','X','X','X','X','X','X',
    'X','X','X','X','X','X','X','X','X','X',
    'X','X','X','X','X','X','X','X','X','X',
    'X','X','X','X','X','X','X','X','X',0 };

char    odat[80] = {
    'O','O','O','O','O','O','O','O','O','O',
    'O','O','O','O','O','O','O','O','O','O',
    'O','O','O','O','O','O','O','O','O','O',
    'O','O','O','O','O','O','O','O','O','O',
    'O','O','O','O','O','O','O','O','O','O',
    'O','O','O','O','O','O','O','O','O','O',
    'O','O','O','O','O','O','O','O','O','O',
    'O','O','O','O','O','O','O','O','O',0 };

// program begins here

void
main()
{
int count,ctr;

// initialize the jiffy timer

initialize_timer();

// stop and reset the the jiffy timer

reset_timer();
stop_timer();

// print message

printf("Screen test program\nPress any key to continue");

// wait for key press

gtKey();

// clear the screen

scrnClr();

// start the timer

start_timer();
```

1-11 Continued.
```c
// print 20 rows of Xs to the screen

for(count=0; count<22; count++)
    {
    mvCur(count,0);
    puts(xdat);
    }

// print 20 rows of Os to the screen

for(count=0; count<22; count++)
    {
    mvCur(count,0);
    puts(odat);
    }

// stop the timer

stop_timer();

// adjust the cursor

mvCur(23,0);

// print the jiffy count for screen write

printf("Jiffy Count = %d\n",get_jiffy());

// remove the timer

remove_timer();

// print message

printf("Press any key to continue");

// wait for key press

gtKey();

// clear the screen and return to DOS

scrnClr();

}

///////////////////////////////////
//
// gtKey
//
// Uses the BIOS to stop program execution
// and waits for a key press to continue
//
//
// Calling Registers:
//   AH = 0
// Return Registers:
```

1-11 Continued.
```
//   AH = Key Scan Code
//   AL = Key Character code
//
//////////////////////////////////////

int
gtKey()
{
union REGS ir,or;
int ret_val;

// BIOS int 16h function 0

ir.h.ah = 0;

// invoke interrupt 0x16

int86(0x16,&ir,&or);

ret_val = (char)or.h.ah;

return((ret_val<<8)|or.h.al);
}

//////////////////////////////////////
//
// scrnClr
//
// Clears the screen via the BIOS
//
// Calling Registers:
//   AH = 6
//   AL = 0
//   BH = 7
//   CH = 0
//   CL = 0
//   DH = 24
//   DL = 79
// Return Registers:
//   (nothing)
//
//////////////////////////////////////

void
scrnClr()
{
union REGS ir,or;

// Scroll window up function

ir.h.ah = 6;

// Clear window area

ir.h.al = 0;

// normal attribute for blanked area

ir.h.bh = 7;
```

1-11 Continued.

```c
// upper left window row and column set to 0
// lower right window row and column set to 24,79

ir.h.ch = 0;
ir.h.cl = 0;
ir.h.dh = 24;
ir.h.dl = 79;

// invoke int 0x10

int86(0x10,&ir,&or);

// move the cursor to row 0 column 0

mvCur(0,0);
}

/////////////////////////////////////
//
// mvCur
//
// Move the cursor to a specified row
// and column location
//
// Calling Registers:
//   AH = 2
//   BH = 0
//   DH = row value
//   DL = column value
//
/////////////////////////////////////

void
mvCur(int row,int col)
{
union REGS ir,or;

// move cursor function

ir.h.ah = 2;

// set to move cursor on page 0

ir.h.bh = 0;

// set to row and column

ir.h.dh = (char)row;
ir.h.dl = (char)col;

// invoke BIOS interrupt 0x10 to move cursor

int86(0x10,&ir,&or);

}
```

First let's compile and link PROG4.C using the on-the-stack parameter-passing scheme. At the command line, type:

cl prog4.c timer.obj

and press Enter. The base line results are predictable.

Compile Options	PROG4.OBJ Size	PROG4.EXE Size	PROG4.EXE Speed
(/Gd default)	1136	7209	28 jiffys

Figure 1-12 presents the disassembled listing of PROG4.OBJ.

Now, let's recompile PROG4.C using the /Gr (_fastcall) switch. When you use the /Gr command line switch you do not really need to use stack probes. You can almost always use the /Gs switch in combination with the /Gr switch. Remember that any function prototype declaring a function _cdecl will override the command line /Gr switch. At the command line, type:

cl /Gr /Gs prog4.c timer.obj

and press Enter.

1-12 The disassembled listing to PROG4.OBJ.

```
Module: prog4.c
Group: 'DGROUP' CONST,_BSS,_DATA

Segment: '_TEXT' WORD  00000142 bytes
0000  55                    _main       push   bp
0001  8b ec                             mov    bp,sp
0003  b8 04 00                          mov    ax,0004H
0006  e8 00 00                          call   __aNchkstk
0009  e8 00 00                          call   _initialize_timer
000c  e8 00 00                          call   _reset_timer
000f  e8 00 00                          call   _stop_timer
0012  b8 00 00                          mov    ax,offset L3
0015  50                                push   ax
0016  e8 00 00                          call   _printf
0019  83 c4 02                          add    sp,0002H
001c  e8 00 00                          call   _gtKey
001f  e8 00 00                          call   _scrnClr
0022  e8 00 00                          call   _start_timer
0025  c7 46 fc 00 00                    mov    word ptr -4H[bp],0000H
002a  2b c0                 L1          sub    ax,ax
002c  50                                push   ax
002d  ff 76 fc                          push   -4H[bp]
0030  e8 00 00                          call   _mvCur
0033  83 c4 04                          add    sp,0004H
0036  b8 5a 00                          mov    ax,offset _xdat
0039  50                                push   ax
003a  e8 00 00                          call   _puts
003d  83 c4 02                          add    sp,0002H
0040  ff 46 fc                          inc    word ptr -4H[bp]
0043  83 7e fc 16                       cmp    word ptr -4H[bp],0016H
```

1-12 Continued.

```
0047  7c e1                          jl    L1
0049  c7 46 fc 00 00                 mov   word ptr -4H[bp],0000H
004e  2b c0              L2          sub   ax,ax
0050  50                             push  ax
0051  ff 76 fc                       push  -4H[bp]
0054  e8 00 00                       call  _mvCur
0057  83 c4 04                       add   sp,0004H
005a  b8 aa 00                       mov   ax,offset _odat
005d  50                             push  ax
005e  e8 00 00                       call  _puts
0061  83 c4 02                       add   sp,0002H
0064  ff 46 fc                       inc   word ptr -4H[bp]
0067  83 7e fc 16                    cmp   word ptr -4H[bp],0016H
006b  7c e1                          jl    L2
006d  e8 00 00                       call  _stop_timer
0070  2b c0                          sub   ax,ax
0072  50                             push  ax
0073  b8 17 00                       mov   ax,0017H
0076  50                             push  ax
0077  e8 00 00                       call  _mvCur
007a  83 c4 04                       add   sp,0004H
007d  e8 00 00                       call  _get_jiffy
0080  50                             push  ax
0081  b8 2e 00                       mov   ax,offset L4
0084  50                             push  ax
0085  e8 00 00                       call  _printf
0088  83 c4 04                       add   sp,0004H
008b  e8 00 00                       call  _remove_timer
008e  b8 40 00                       mov   ax,offset L5
0091  50                             push  ax
0092  e8 00 00                       call  _printf
0095  83 c4 02                       add   sp,0002H
0098  e8 00 00                       call  _gtKey
009b  e8 00 00                       call  _scrnClr
009e  8b e5                          mov   sp,bp
00a0  5d                             pop   bp
00a1  c3                             ret
00a2  55                 _gtKey      push  bp
00a3  8b ec                          mov   bp,sp
00a5  b8 1e 00                       mov   ax,001eH
00a8  e8 00 00                       call  __aNchkstk
00ab  c6 46 e5 00                    mov   byte ptr -1bH[bp],00H
00af  8d 46 f2                       lea   ax,-0eH[bp]
00b2  50                             push  ax
00b3  8d 4e e4                       lea   cx,-1cH[bp]
00b6  51                             push  cx
00b7  b9 16 00                       mov   cx,0016H
00ba  51                             push  cx
00bb  e8 00 00                       call  _int86
00be  8a 46 f3                       mov   al,-0dH[bp]
00c1  98                             cbw
00c2  89 46 e2                       mov   -1eH[bp],ax
00c5  8b c8                          mov   cx,ax
00c7  8a 46 f2                       mov   al,-0eH[bp]
00ca  8a e1                          mov   ah,cl
00cc  8b e5                          mov   sp,bp
00ce  5d                             pop   bp
00cf  c3                             ret
00d0  55                 _scrnClr    push  bp
```

36 Introduction to optimization

1-12 Continued.

```
00d1  8b ec                      mov    bp,sp
00d3  b8 1c 00                   mov    ax,001cH
00d6  e8 00 00                   call   __aNchkstk
00d9  c6 46 e5 06                mov    byte ptr -1bH[bp],06H
00dd  c6 46 e4 00                mov    byte ptr -1cH[bp],00H
00e1  c6 46 e7 07                mov    byte ptr -19H[bp],07H
00e5  2a c0                      sub    al,al
00e7  88 46 e9                   mov    -17H[bp],al
00ea  88 46 e8                   mov    -18H[bp],al
00ed  c6 46 eb 18                mov    byte ptr -15H[bp],18H
00f1  c6 46 ea 4f                mov    byte ptr -16H[bp],4fH
00f5  8d 46 f2                   lea    ax,-0eH[bp]
00f8  50                         push   ax
00f9  8d 46 e4                   lea    ax,-1cH[bp]
00fc  50                         push   ax
00fd  b8 10 00                   mov    ax,0010H
0100  50                         push   ax
0101  e8 00 00                   call   _int86
0104  83 c4 06                   add    sp,0006H
0107  2b c0                      sub    ax,ax
0109  50                         push   ax
010a  50                         push   ax
010b  e8 00 00                   call   _mvCur
010e  8b e5                      mov    sp,bp
0110  5d                         pop    bp
0111  c3                         ret
0112  55              _mvCur     push   bp
0113  8b ec                      mov    bp,sp
0115  b8 1c 00                   mov    ax,001cH
0118  e8 00 00                   call   __aNchkstk
011b  c6 46 e5 02                mov    byte ptr -1bH[bp],02H
011f  c6 46 e7 00                mov    byte ptr -19H[bp],00H
0123  8a 46 04                   mov    al,+4H[bp]
0126  88 46 eb                   mov    -15H[bp],al
0129  8a 46 06                   mov    al,+6H[bp]
012c  88 46 ea                   mov    -16H[bp],al
012f  8d 46 f2                   lea    ax,-0eH[bp]
0132  50                         push   ax
0133  8d 46 e4                   lea    ax,-1cH[bp]
0136  50                         push   ax
0137  b8 10 00                   mov    ax,0010H
013a  50                         push   ax
013b  e8 00 00                   call   _int86
013e  8b e5                      mov    sp,bp
0140  5d                         pop    bp
0141  c3                         ret
```

No disassembly errors

```
Segment: '_DATA' WORD  000000fa bytes
0000  53 63 72 65 65 6e 20 74  L3    - Screen t
0008  65 73 74 20 70 72 6f 67        - est prog
0010  72 61 6d 0a 50 72 65 73        - ram.Pres
0018  73 20 61 6e 79 20 6b 65        - s any ke
0020  79 20 74 6f 20 63 6f 6e        - y to con
0028  74 69 6e 75 65 00              - tinue.
002e  4a 69 66 66 79 20 43 6f  L4    - Jiffy Co
```

1-12 Continued.

```
0036  75 6e 74 20 3d 20 25 64           - unt = %d
003e  0a 00                              - ..
0040  50 72 65 73 73 20 61 6e L5        - Press an
0048  79 20 6b 65 79 20 74 6f           - y key to
0050  20 63 6f 6e 74 69 6e 75           -  continu
0058  65 00                              - e.
005a  58 58 58 58 58 58 58 58 _xdat     - XXXXXXXX
      --- Above line repeats 8 times ---
00a2  58 58 58 58 58 58 58 00           - XXXXXXX.
00aa  4f 4f 4f 4f 4f 4f 4f 4f _odat     - OOOOOOOO
      --- Above line repeats 8 times ---

00f2  4f 4f 4f 4f 4f 4f 4f 00           - OOOOOOO.
```

No disassembly errors

Before discussing the results let's have a look at the disassembly of PROG4.OBJ using the /Gr switch. Figure 1-13 presents the disassembled listing to PROG4.OBJ. The results are interesting, but not mind boggling.

Compile Options	PROG4.OBJ Size	PROG4.EXE Size	PROG4.EXE Speed
(/Gd default)	1136	7209	28 jiffys
/Gr /Gs	1080	7177	28 jiffys

If passing parameters in registers is faster than passing parameters on the stack then why do the programs' speed remain identical? The answer is that function printf(...) writes to the screen in a painfully slow fashion. We'll do something about function printf(...) later in this chapter.

Explore the listings presented in FIGS. 1-12 and 1-13 and note the names of functions mvCur(...), gtKey(...), and scrnClr(...). They are different in the two listings.

Functions that are declared using the _cdecl keyword are named with the standard pre-underscore. Functions declared using the _fastcall keyword are named using the pre-at symbol. For example:

Function Prototype	_cdecl Name	_fastcall Name
mvCur(...)	_mvCur	@mvCur
gtKey(...)	_gtKey	@gtKey
scrnClr(...)	_scrnClr	@scrnClr

38   Introduction to optimization

1-13 The disassembled listing to PROG4.OBJ using the /Gr switch.

Module: prog4.c
Group: 'DGROUP' CONST,_BSS,_DATA

Segment: '_TEXT' WORD 00000126 bytes
```
0000  55                    _main        push    bp
0001  8b ec                              mov     bp,sp
0003  83 ec 04                           sub     sp,0004H
0006  e8 00 00                           call    _initialize_timer
0009  e8 00 00                           call    _reset_timer
000c  e8 00 00                           call    _stop_timer
000f  b8 00 00                           mov     ax,offset L3
0012  50                                 push    ax
0013  e8 00 00                           call    _printf
0016  83 c4 02                           add     sp,0002H
0019  e8 00 00                           call    @gtKey
001c  e8 00 00                           call    @scrnClr
001f  e8 00 00                           call    _start_timer
0022  c7 46 fc 00 00                     mov     word ptr -4H[bp],0000H
0027  8b 46 fc         L1                mov     ax,-4H[bp]
002a  2b d2                              sub     dx,dx
002c  e8 00 00                           call    @mvCur
002f  b8 5a 00                           mov     ax,offset _xdat
0032  50                                 push    ax
0033  e8 00 00                           call    _puts
0036  83 c4 02                           add     sp,0002H
0039  ff 46 fc                           inc     word ptr -4H[bp]
003c  83 7e fc 16                        cmp     word ptr -4H[bp],0016H
0040  7c e5                              jl      L1
0042  c7 46 fc 00 00                     mov     word ptr -4H[bp],0000H
0047  8b 46 fc         L2                mov     ax,-4H[bp]
004a  2b d2                              sub     dx,dx
004c  e8 00 00                           call    @mvCur
004f  b8 aa 00                           mov     ax,offset _odat
0052  50                                 push    ax
0053  e8 00 00                           call    _puts
0056  83 c4 02                           add     sp,0002H
0059  ff 46 fc                           inc     word ptr -4H[bp]
005c  83 7e fc 16                        cmp     word ptr -4H[bp],0016H
0060  7c e5                              jl      L2
0062  e8 00 00                           call    _stop_timer
0065  b8 17 00                           mov     ax,0017H
0068  99                                 cwd
0069  e8 00 00                           call    @mvCur
006c  e8 00 00                           call    _get_jiffy
006f  50                                 push    ax
0070  b8 2e 00                           mov     ax,offset L4
0073  50                                 push    ax
0074  e8 00 00                           call    _printf
0077  83 c4 04                           add     sp,0004H
007a  e8 00 00                           call    _remove_timer
007d  b8 40 00                           mov     ax,offset L5
0080  50                                 push    ax
0081  e8 00 00                           call    _printf
0084  83 c4 02                           add     sp,0002H
0087  e8 00 00                           call    @gtKey
008a  e8 00 00                           call    @scrnClr
008d  8b e5                              mov     sp,bp
008f  5d                                 pop     bp
```

The /Gr (_fastcall) parameter-passing convention 39

1-13 Continued.

```
0090  c3                            ret
0091  90                            nop
0092  55              @gtKey        push   bp
0093  8b ec                         mov    bp,sp
0095  83 ec 1e                      sub    sp,001eH
0098  c6 46 e5 00                   mov    byte ptr -1bH[bp],00H
009c  8d 46 f2                      lea    ax,-0eH[bp]
009f  50                            push   ax
00a0  8d 4e e4                      lea    cx,-1cH[bp]
00a3  51                            push   cx
00a4  b9 16 00                      mov    cx,0016H
00a7  51                            push   cx
00a8  e8 00 00                      call   _int86
00ab  8a 46 f3                      mov    al,-0dH[bp]
00ae  98                            cbw
00af  89 46 e2                      mov    -1eH[bp],ax
00b2  8b c8                         mov    cx,ax
00b4  8a 46 f2                      mov    al,-0eH[bp]
00b7  8a e1                         mov    ah,cl
00b9  8b e5                         mov    sp,bp
00bb  5d                            pop    bp
00bc  c3                            ret
00bd  90                            nop
00be  55              @scrnClr      push   bp
00bf  8b ec                         mov    bp,sp
00c1  83 ec 1c                      sub    sp,001cH
00c4  c6 46 e5 06                   mov    byte ptr -1bH[bp],06H
00c8  c6 46 e4 00                   mov    byte ptr -1cH[bp],00H
00cc  c6 46 e7 07                   mov    byte ptr -19H[bp],07H
00d0  2a c0                         sub    al,al
00d2  88 46 e9                      mov    -17H[bp],al
00d5  88 46 e8                      mov    -18H[bp],al
00d8  c6 46 eb 18                   mov    byte ptr -15H[bp],18H
00dc  c6 46 ea 4f                   mov    byte ptr -16H[bp],4fH
00e0  8d 46 f2                      lea    ax,-0eH[bp]
00e3  50                            push   ax
00e4  8d 46 e4                      lea    ax,-1cH[bp]
00e7  50                            push   ax
00e8  b8 10 00                      mov    ax,0010H
00eb  50                            push   ax
00ec  e8 00 00                      call   _int86
00ef  83 c4 06                      add    sp,0006H
00f2  2b c0                         sub    ax,ax
00f4  99                            cwd
00f5  e8 00 00                      call   @mvCur
00f8  8b e5                         mov    sp,bp
00fa  5d                            pop    bp
00fb  c3                            ret
00fc  55              @mvCur        push   bp
00fd  8b ec                         mov    bp,sp
00ff  83 ec 1c                      sub    sp,001cH
0102  52                            push   dx
0103  50                            push   ax
0104  c6 46 e5 02                   mov    byte ptr -1bH[bp],02H
0108  c6 46 e7 00                   mov    byte ptr -19H[bp],00H
010c  88 46 eb                      mov    -15H[bp],al
010f  88 56 ea                      mov    -16H[bp],dl
0112  8d 46 f2                      lea    ax,-0eH[bp]
0115  50                            push   ax
```

40   Introduction to optimization

1-13 Continued.

```
0116  8d 46 e4            lea    ax,-1cH[bp]
0119  50                  push   ax
011a  b8 10 00            mov    ax,0010H
011d  50                  push   ax
011e  e8 00 00            call   _int86
0121  8b e5               mov    sp,bp
0123  5d                  pop    bp
0124  c3                  ret
0125  90                  nop
```
No disassembly errors

```
Segment: '_DATA' WORD  000000fa bytes
0000  53 63 72 65 65 6e 20 74  L3      - Screen t
0008  65 73 74 20 70 72 6f 67          - est prog
0010  72 61 6d 0a 50 72 65 73          - ram.Pres
0018  73 20 61 6e 79 20 6b 65          - s any ke
0020  79 20 74 6f 20 63 6f 6e          - y to con
0028  74 69 6e 75 65 00                - tinue.
002e  4a 69 66 66 79 20 43 6f  L4      - Jiffy Co
0036  75 6e 74 20 3d 20 25 64          - unt = %d
003e  0a 00                            - ..
0040  50 72 65 73 73 20 61 6e  L5      - Press an
0048  79 20 6b 65 79 20 74 6f          - y key to
0050  20 63 6f 6e 74 69 6e 75          -  continu
0058  65 00                            - e.
005a  58 58 58 58 58 58 58 58  _xdat   - XXXXXXXX
      --- Above line repeats 8 times ---
00a2  58 58 58 58 58 58 58 00          - XXXXXXX.
00aa  4f 4f 4f 4f 4f 4f 4f 4f  _odat   - OOOOOOOO
      --- Above line repeats 8 times ---
00f2  4f 4f 4f 4f 4f 4f 4f 00          - OOOOOOO.
```
No disassembly errors

PROG5.C, shown in FIG. 1-14, is a rewritten update of PROG4.C where functions gtKey(...), mvCur(...), and scrnClr(...) are crafted using the new inline assembler. Let's see how it looks.

1-14 The source code listing to PROG5.C.

```
///////////////////////////////////////
//
// PROG5.C
//
// Stage 2 optimization program
//
// Use inline assembler to replace
// BIOS calls
//
///////////////////////////////////////

// include files

#include <stdio.h>
#include <dos.h>
```

1-14 Continued.

```c
// _cdecl function prototypes ensures
// standard Microsoft parameter passing
// and pre_underscore function naming

void _cdecl initialize_timer();
void _cdecl remove_timer();
void _cdecl reset_timer();
void _cdecl start_timer();
void _cdecl stop_timer();
int  _cdecl get_jiffy(void);

// functions declared without _cdecl
// permit you to use _fastcall (/Gr)
// parameter passing

void main(void);
int  gtKey(void);
void scrnClr(void);
void mvCur(int,int);

// data

char    xdat[80] = {
    'X','X','X','X','X','X','X','X','X','X',
    'X','X','X','X','X','X','X','X','X','X',
    'X','X','X','X','X','X','X','X','X','X',
    'X','X','X','X','X','X','X','X','X','X',
    'X','X','X','X','X','X','X','X','X','X',
    'X','X','X','X','X','X','X','X','X','X',
    'X','X','X','X','X','X','X','X','X','X',
    'X','X','X','X','X','X','X','X','X',0 };

char    odat[80] = {
    '0','0','0','0','0','0','0','0','0','0',
    '0','0','0','0','0','0','0','0','0','0',
    '0','0','0','0','0','0','0','0','0','0',
    '0','0','0','0','0','0','0','0','0','0',
    '0','0','0','0','0','0','0','0','0','0',
    '0','0','0','0','0','0','0','0','0','0',
    '0','0','0','0','0','0','0','0','0','0',
    '0','0','0','0','0','0','0','0','0',0 };

// program begins here

void
main()
{
int count,ctr;

// initialize the jiffy timer

initialize_timer();

// stop and reset the the jiffy timer

reset_timer();
stop_timer();

// print message
```

1-14 Continued.

```c
printf("Screen test program\nPress any key to continue");

// wait for key press

gtKey();

// clear the screen

scrnClr();

// start the timer

start_timer();

// print 20 rows of Xs to the screen

for(count=0; count<22; count++)
    {
    mvCur(count,0);
    puts(xdat);
    }

// print 20 rows of Os to the screen

for(count=0; count<22; count++)
    {
    mvCur(count,0);
    puts(odat);
    }

// stop the timer

stop_timer();

// adjust the cursor

mvCur(23,0);

// print the jiffy count for screen write

printf("Jiffy Count = %d\n",get_jiffy());

// remove the timer

remove_timer();

// print message

printf("Press any key to continue");

// wait for key press

gtKey();

// clear the screen and return to DOS

scrnClr();

}
```

1-14 Continued.

```
//////////////////////////////////////
//
// gtKey
//
// Uses the BIOS to stop program execution
// and waits for a key press to continue
//
//
// Calling Registers:
//   AH = 0
// Return Registers:
//   AH = Key Scan Code
//   AL = Key Character code
//
//////////////////////////////////////

int
gtKey()
{
int r;

// invoke inline assembler

_asm
{
    mov    AH,0    ; function 0
    int    16h     ; invoke int 10h
    mov    r,AX    ; prepare return
}

return(r);
}

//////////////////////////////////////
//
// scrnClr
//
// Clears the screen via the BIOS
//
// Calling Registers:
//   AH = 6
//   AL = 0
//   BH = 7
//   CH = 0
//   CL = 0
//   DH = 24
//   DL = 79
// Return Registers:
//   (nothing)
//
//////////////////////////////////////

void
scrnClr()
{
// invoke inline assembler

    _asm
```

44   Introduction to optimization

1-14 Continued.

```
    {
        mov     AH,6    ; scroll up function
        mov     AL,0    ; clear entire window
        mov     BH,7    ; use normal attribute
        mov     CH,0    ; upper left row = 0
        mov     CL,0    ; upper left col = 0
        mov     DH,24   ; lower right row = 24
        mov     DL,79   ; upper right col = 0=79
        int     10h     ; invoke interrupt 10h
        mov     AH,2    ; move cursor
        mov     BH,0    ; on page 0
        mov     DH,0    ; to row 0
        mov     DL,0    ; column 0
        int     10h     ; via BIOS int 10h
    }
}
```

```
//////////////////////////////////////
//
// mvCur
//
// Move the cursor to a specified row
// and column location
//
// Calling Registers:
//   AH = 2
//   BH = 0
//   DH = row value
//   DL = column value
//
//////////////////////////////////////

void
mvCur(int row,int col)
{
char r,c;

// set 8 bit chars

r = (char)row;
c = (char)col;

// invoke inline assembler

    _asm
    {
        mov     AH,2    ; move cursor
        mov     BH,0    ; on page 0
        mov     DH,r    ; to row 0
        mov     DL,c    ; column 0
        int     10h     ; via BIOS int 10h
    }

}
```

At the command line, type:

cl prog5.c timer.obj

and press Enter.

Figure 1-15 presents the disassembled listing to PROG5.OBJ. Note how the inline assembler alters the listing as compared to the listing presented in FIG. 1-12.

1-15 The disassembled listing to PROG5.OBJ.

```
Module: prog5.c
Group: 'DGROUP' CONST,_BSS,_DATA

Segment: '_TEXT' WORD   00000106 bytes
 0000  55                      _main       push   bp
 0001  8b ec                               mov    bp,sp
 0003  b8 04 00                            mov    ax,0004H
 0006  e8 00 00                            call   __aNchkstk
 0009  e8 00 00                            call   _initialize_timer
 000c  e8 00 00                            call   _reset_timer
 000f  e8 00 00                            call   _stop_timer
 0012  b8 00 00                            mov    ax,offset L3
 0015  50                                  push   ax
 0016  e8 00 00                            call   _printf
 0019  83 c4 02                            add    sp,0002H
 001c  e8 00 00                            call   _gtKey
 001f  e8 00 00                            call   _scrnClr
 0022  e8 00 00                            call   _start_timer
 0025  c7 46 fc 00 00                      mov    word ptr -4H[bp],0000H
 002a  2b c0            L1                 sub    ax,ax
 002c  50                                  push   ax
 002d  ff 76 fc                            push   -4H[bp]
 0030  e8 00 00                            call   _mvCur
 0033  83 c4 04                            add    sp,0004H
 0036  b8 5a 00                            mov    ax,offset _xdat
 0039  50                                  push   ax
 003a  e8 00 00                            call   _puts
 003d  83 c4 02                            add    sp,0002H
 0040  ff 46 fc                            inc    word ptr -4H[bp]
 0043  83 7e fc 16                         cmp    word ptr -4H[bp],0016H
 0047  7c e1                               jl     L1
 0049  c7 46 fc 00 00                      mov    word ptr -4H[bp],0000H
 004e  2b c0            L2                 sub    ax,ax
 0050  50                                  push   ax
 0051  ff 76 fc                            push   -4H[bp]
 0054  e8 00 00                            call   _mvCur
 0057  83 c4 04                            add    sp,0004H
 005a  b8 aa 00                            mov    ax,offset _odat
 005d  50                                  push   ax
 005e  e8 00 00                            call   _puts
 0061  83 c4 02                            add    sp,0002H
 0064  ff 46 fc                            inc    word ptr -4H[bp]
 0067  83 7e fc 16                         cmp    word ptr -4H[bp],0016H
 006b  7c e1                               jl     L2
 006d  e8 00 00                            call   _stop_timer
 0070  2b c0                               sub    ax,ax
 0072  50                                  push   ax
```

46 Introduction to optimization

1-15 Continued.

```
0073  b8 17 00              mov    ax,0017H
0076  50                    push   ax
0077  e8 00 00              call   _mvCur
007a  83 c4 04              add    sp,0004H
007d  e8 00 00              call   _get_jiffy
0080  50                    push   ax
0081  b8 2e 00              mov    ax,offset L4
0084  50                    push   ax
0085  e8 00 00              call   _printf
0088  83 c4 04              add    sp,0004H
008b  e8 00 00              call   _remove_timer
008e  b8 40 00              mov    ax,offset L5
0091  50                    push   ax
0092  e8 00 00              call   _printf
0095  83 c4 02              add    sp,0002H
0098  e8 00 00              call   _gtKey
009b  e8 00 00              call   _scrnClr
009e  8b e5                 mov    sp,bp
00a0  5d                    pop    bp
00a1  c3                    ret
00a2  55          _gtKey    push   bp
00a3  8b ec                 mov    bp,sp
00a5  b8 02 00              mov    ax,0002H
00a8  e8 00 00              call   __aNchkstk
00ab  b4 00                 mov    ah,00H
00ad  cd 16                 int    16H
00af  89 46 fe              mov    -2H[bp],ax
00b2  8b 46 fe              mov    ax,-2H[bp]
00b5  8b e5                 mov    sp,bp
00b7  5d                    pop    bp
00b8  c3                    ret
00b9  90                    nop
00ba  55          _scrnClr  push   bp
00bb  8b ec                 mov    bp,sp
00bd  33 c0                 xor    ax,ax
00bf  e8 00 00              call   __aNchkstk
00c2  b4 06                 mov    ah,06H
00c4  b0 00                 mov    al,00H
00c6  b7 07                 mov    bh,07H
00c8  b5 00                 mov    ch,00H
00ca  b1 00                 mov    cl,00H
00cc  b6 18                 mov    dh,18H
00ce  b2 4f                 mov    dl,4fH
00d0  cd 10                 int    10H
00d2  b4 02                 mov    ah,02H
00d4  b7 00                 mov    bh,00H
00d6  b6 00                 mov    dh,00H
00d8  b2 00                 mov    dl,00H
00da  cd 10                 int    10H
00dc  8b e5                 mov    sp,bp
00de  5d                    pop    bp
00df  c3                    ret
00e0  55          _mvCur    push   bp
00e1  8b ec                 mov    bp,sp
00e3  b8 04 00              mov    ax,0004H
00e6  e8 00 00              call   __aNchkstk
00e9  8a 46 04              mov    al,+4H[bp]
00ec  88 46 fe              mov    -2H[bp],al
00ef  8a 46 06              mov    al,+6H[bp]
```

The /Gr (_fastcall) parameter-passing convention   47

1-15 Continued.

```
00f2  88 46 fc         mov    -4H[bp],al
00f5  b4 02            mov    ah,02H
00f7  b7 00            mov    bh,00H
00f9  8a 76 fe         mov    dh,-2H[bp]
00fc  8a 56 fc         mov    dl,-4H[bp]
00ff  cd 10            int    10H
0101  8b e5            mov    sp,bp
0103  5d               pop    bp
0104  c3               ret
0105  90               nop
```

No disassembly errors

```
Segment: '_DATA' WORD   000000fa bytes
0000  53 63 72 65 65 6e 20 74  L3     - Screen t
0008  65 73 74 20 70 72 6f 67         - est prog
0010  72 61 6d 0a 50 72 65 73         - ram.Pres
0018  73 20 61 6e 79 20 6b 65         - s any ke
0020  79 20 74 6f 20 63 6f 6e         - y to con
0028  74 69 6e 75 65 00               - tinue.
002e  4a 69 66 66 79 20 43 6f  L4     - Jiffy Co
0036  75 6e 74 20 3d 20 25 64         - unt = %d
003e  0a 00                           - ..
0040  50 72 65 73 73 20 61 6e  L5     - Press an
0048  79 20 6b 65 79 20 74 6f         - y key to
0050  20 63 6f 6e 74 69 6e 75         -  continu
0058  65 00                           - e.
005a  58 58 58 58 58 58 58 58  _xdat  - XXXXXXXX
        --- Above line repeats 8 times ---
00a2  58 58 58 58 58 58 58 00         - XXXXXXX.
00aa  4f 4f 4f 4f 4f 4f 4f 4f  _odat  - OOOOOOOO
        --- Above line repeats 8 times ---
00f2  4f 4f 4f 4f 4f 4f 4f 00         - OOOOOOO.
```

No disassembly errors

The results indicate that the program's size is shrinking, which is good, but program performance indicates an increase in speed of only 3.5 percent. Don't lose heart, however, we'll do better soon.

Compile Options	PROG4.OBJ Size	PROG4.EXE Size	PROG4.EXE Speed
(/Gd default)	1136	7209	28 jiffys
/Gr /Gs	1080	7177	28 jiffys

Compile	PROG5.OBJ	PROG5.EXE	PROG5.EXE
(/Gd default)	1052	7017	27 jiffys

Finally, let's recompile and link PROG5.C using the /Gr switch. At the command line, type:

cl /Gr /Gs prog5.c timer.obj

and press Enter.

Figure 1-16 presents the disassembled listing to PROG5.OBJ which was compiled using the /Gr switch. Compare the listings presented in FIGS. 1-13 and 1-16. Do they differ? Yes. How? You discover.

1-16 The disassembled listing to PROG5.OBJ using the /Gr switch.

```
Module: prog5.c
Group: 'DGROUP' CONST,_BSS,_DATA

Segment: '_TEXT' WORD  000000e6 bytes
0000  55                      _main       push    bp
0001  8b ec                                mov     bp,sp
0003  83 ec 04                             sub     sp,0004H
0006  e8 00 00                             call    _initialize_timer
0009  e8 00 00                             call    _reset_timer
000c  e8 00 00                             call    _stop_timer
000f  b8 00 00                             mov     ax,offset L3
0012  50                                   push    ax
0013  e8 00 00                             call    _printf
0016  83 c4 02                             add     sp,0002H
0019  e8 00 00                             call    @gtKey
001c  e8 00 00                             call    @scrnClr
001f  e8 00 00                             call    _start_timer
0022  c7 46 fc 00 00                       mov     word ptr -4H[bp],0000H
0027  8b 46 fc            L1               mov     ax,-4H[bp]
002a  2b d2                                sub     dx,dx
002c  e8 00 00                             call    @mvCur
002f  b8 5a 00                             mov     ax,offset _xdat
0032  50                                   push    ax
0033  e8 00 00                             call    _puts
0036  83 c4 02                             add     sp,0002H
0039  ff 46 fc                             inc     word ptr -4H[bp]
003c  83 7e fc 16                          cmp     word ptr -4H[bp],0016H
0040  7c e5                                jl      L1
0042  c7 46 fc 00 00                       mov     word ptr -4H[bp],0000H
0047  8b 46 fc            L2               mov     ax,-4H[bp]
004a  2b d2                                sub     dx,dx
004c  e8 00 00                             call    @mvCur
004f  b8 aa 00                             mov     ax,offset _odat
0052  50                                   push    ax
0053  e8 00 00                             call    _puts
0056  83 c4 02                             add     sp,0002H
0059  ff 46 fc                             inc     word ptr -4H[bp]
005c  83 7e fc 16                          cmp     word ptr -4H[bp],0016H
0060  7c e5                                jl      L2
0062  e8 00 00                             call    _stop_timer
0065  b8 17 00                             mov     ax,0017H
0068  99                                   cwd
0069  e8 00 00                             call    @mvCur
006c  e8 00 00                             call    _get_jiffy
006f  50                                   push    ax
```

1-16 Continued.

```
0070  b8 2e 00              mov    ax,offset L4
0073  50                    push   ax
0074  e8 00 00              call   _printf
0077  83 c4 04              add    sp,0004H
007a  e8 00 00              call   _remove_timer
007d  b8 40 00              mov    ax,offset L5
0080  50                    push   ax
0081  e8 00 00              call   _printf
0084  83 c4 02              add    sp,0002H
0087  e8 00 00              call   @gtKey
008a  e8 00 00              call   @scrnClr
008d  8b e5                 mov    sp,bp
008f  5d                    pop    bp
0090  c3                    ret
0091  90                    nop
0092  55         @gtKey     push   bp
0093  8b ec                 mov    bp,sp
0095  83 ec 02              sub    sp,0002H
0098  b4 00                 mov    ah,00H
009a  cd 16                 int    16H
009c  89 46 fe              mov    -2H[bp],ax
009f  8b 46 fe              mov    ax,-2H[bp]
00a2  8b e5                 mov    sp,bp
00a4  5d                    pop    bp
00a5  c3                    ret
00a6  55         @scrnClr   push   bp
00a7  8b ec                 mov    bp,sp
00a9  b4 06                 mov    ah,06H
00ab  b0 00                 mov    al,00H
00ad  b7 07                 mov    bh,07H
00af  b5 00                 mov    ch,00H
00b1  b1 00                 mov    cl,00H
00b3  b6 18                 mov    dh,18H
00b5  b2 4f                 mov    dl,4fH
00b7  cd 10                 int    10H
00b9  b4 02                 mov    ah,02H
00bb  b7 00                 mov    bh,00H
00bd  b6 00                 mov    dh,00H
00bf  b2 00                 mov    dl,00H
00c1  cd 10                 int    10H
00c3  8b e5                 mov    sp,bp
00c5  5d                    pop    bp
00c6  c3                    ret
00c7  90                    nop
00c8  55         @mvCur     push   bp
00c9  8b ec                 mov    bp,sp
00cb  83 ec 04              sub    sp,0004H
00ce  52                    push   dx
00cf  50                    push   ax
00d0  88 46 fe              mov    -2H[bp],al
00d3  88 56 fc              mov    -4H[bp],dl
00d6  b4 02                 mov    ah,02H
00d8  b7 00                 mov    bh,00H
00da  8a 76 fe              mov    dh,-2H[bp]
00dd  8a 56 fc              mov    dl,-4H[bp]
00e0  cd 10                 int    10H
00e2  8b e5                 mov    sp,bp
00e4  5d                    pop    bp
00e5  c3                    ret
```

1-16 Continued.
No disassembly errors

```
Segment: '_DATA' WORD   000000fa bytes
0000  53 63 72 65 65 6e 20 74  L3       - Screen t
0008  65 73 74 20 70 72 6f 67           - est prog
0010  72 61 6d 0a 50 72 65 73           - ram.Pres
0018  73 20 61 6e 79 20 6b 65           - s any ke
0020  79 20 74 6f 20 63 6f 6e           - y to con
0028  74 69 6e 75 65 00                 - tinue.
002e  4a 69 66 66 79 20 43 6f  L4       - Jiffy Co
0036  75 6e 74 20 3d 20 25 64           - unt = %d
003e  0a 00                             - ..
0040  50 72 65 73 73 20 61 6e  L5       - Press an
0048  79 20 6b 65 79 20 74 6f           - y key to
0050  20 63 6f 6e 74 69 6e 75           -  continu
0058  65 00                             - e.
005a  58 58 58 58 58 58 58 58  _xdat    - XXXXXXXX
      --- Above line repeats 8 times ---
00a2  58 58 58 58 58 58 58 00           - XXXXXXX.
00aa  4f 4f 4f 4f 4f 4f 4f 4f  _odat    - OOOOOOOO
      --- Above line repeats 8 times ---
00f2  4f 4f 4f 4f 4f 4f 4f 00           - OOOOOOO.
```

No disassembly errors

The size of PROG5.OBJ and PROG5.EXE keep shrinking, which is good. However the program's execution is not getting any faster, which is not good. Let's compare the final results.

Compile Options	PROG4.OBJ Size	PROG4.EXE Size	PROG4.EXE Speed
(/Gd default)	1136	7209	28 jiffys
/Gr /Gs	1080	7177	28 jiffys

Compile	PROG5.OBJ	PROG5.EXE	PROG5.EXE
(/Gd default)	1052	7017	27 jiffys
/Gr /Gs	992	6985	27 jiffys

PROG5.OBJ and PROG5.EXE continue to shrink, but we're stuck at 27 jiffys. However, when we use MASM 5.1 to begin dealing with function printf (...), execution speed will change.

MASM 5.1's new PROC and USES directives

I am an enthusiastic MASM 5.1 user because the PROC and USES directives have made writing assembly language subroutines for C lightweight duty.

This is more so true when writing assembly subroutines designed to work in the large memory model. MASM 5.1 is really an essential optimization tool when learning how to develop small, medium, and large memory model libraries.

Simply, the USES directive tells the assembler which registers to save before the meat of the assembly subroutine is called and restores the previously saved registers after the meat of the routine is digested. The PROC directive provides a parameter list for use in the assembly subroutine. The stack frame adjustments for all the memory models are automatically calculated at assembly time. Now, isn't that nice? You bet it is.

Let's say that you create an assembly-based subroutine for a function to move the cursor. Here is how the USES and PROC directives might look:

mvCur PROC USES BX DX,*row*:BYTE,*column*:BYTE

In the mvCur example BX and DX will be saved and restored automatically. Byte variables *row* and *column* may be accessed directly by name and moved to the appropriate registers in the subroutine. That's all there is to using PROC and USES.

Function bdWrite(...) is a BIOS string-write function that will replace the function printf(...), which was used in PROG5.C (FIG. 1-14). The syntax for function bdWrite (...) is:

bdWrite *row,col,len,string,attr, wm*

where row   = 8-bit row designate
       col   = 8-bit column designate
       len   = 16-bit string length designate
       string = pointer to string
       attr = 8-bit screen attribute
       wm   = 8-bit write mode designate
               0 = string chars only/cursor not updated
               1 = string chars only/cursor updated
               2 = string chars & attr/cursor not updated
               3 = string chars & attr/cursor updated

Function bdWrite(...) uses the BIOS to write the string to the screen. This method should prove faster than the standard C library function printf(...). Let's see if that will prove true. BDWRITE.ASM, shown in FIG. 1-17, is the source code to the bdWrite(...) function.

Note how the USES and PROC directives are used. Those of you who are assembly mavens will note that I saved and restored a few more registers using USES than I needed. I did that to amplify how MASM 5.1 automates the parameter-passing, stack-frame setup, and register-saving schemes.

Let's use the AS.BAT file, which was used to assemble TIMER.ASM, to

1-17 The source code listing to BDWRITE.ASM.

```
;-------------------------------------
;
; bdWrite
;
; Writes a string of predetermined length
; to the screen at a specified row and column
; screen location. Cursor placement and the
; screen attribute are also controlled.
;
; Calling Registers:
;   AH = 13h      BIOS function
;   AL = 0        String chars / cursor not updated
;      = 1        String chars / cursor updated
;      = 2        String chars & attributes /
;                       cursor not updated
;      = 3        String chars & attributes /
;                       cursor updated
;   BL = attr     Video attribute (modes 0 & 1)
;   CX = length   Length of string
;   DH = row      Start string write at row
;   DL = col      Start string write at column
;   ES:BP = ptr   Pointer to string
;
; Returns:
;   (nothing)
;
;-------------------------------------

; Prepare Segment ordering

        DOSSEG

; Select memory model and language

if mdl eq 1
        .MODEL      SMALL,C
elseif mdl eq 2
        .MODEL      MEDIUM,C
else
        .MODEL      LARGE,C
endif

; begin code segment

        .CODE

bdWrite PROC USES DS ES BX CX,r:BYTE,c:BYTE,len:WORD,string:PTR,a:BYTE,wm:BYTE
        mov     AH,0Fh      ; get active display page to BH
        int     10h         ; via BIOS
        mov     AH,13h      ; write string BIOS function
        mov     AL,wm       ; write mode to AL
        mov     BL,a        ; attribute to BL
        mov     CX,len      ; length of string to CX
        mov     DH,r        ; start row for string write
```

1-17 Continued.

```
    mov     DL,c            ; start column for string write
if mdl eq 3                 ; if large model
    les     BP,string       ; ES gets seg, BP gets offset
else                        ; small and medium model
    push    DS              ; means ES = DS
    pop     ES
    mov     BP,string
endif
    int     10h             ; invode BIOS to print string
    ret
bdWrite ENDP
    END
```

assemble BDWRITE.ASM. At the command line, type:

    as bdwrite

and press Enter.

Figure 1-18 presents the disassembled listing to BDWRITE.OBJ. Compare BDWRITE.ASM (FIG. 1-17) to the disassembled listing of BDWRITE.

1-18 The disassembled listing to BDWRITE.OBJ.

```
Module: bdwrite.ASM
Group: 'DGROUP' _DATA

Segment: '_TEXT' WORD  00000029 bytes
  0000  55                _bdWrite    push    bp
  0001  8b ec                         mov     bp,sp
  0003  1e                            push    ds
  0004  06                            push    es
  0005  53                            push    bx
  0006  51                            push    cx
  0007  b4 0f                         mov     ah,0fH
  0009  cd 10                         int     10H
  000b  b4 13                         mov     ah,13H
  000d  8a 46 0e                      mov     al,+0eH[bp]
  0010  8a 5e 0c                      mov     bl,+0cH[bp]
  0013  8b 4e 08                      mov     cx,+8H[bp]
  0016  8a 76 04                      mov     dh,+4H[bp]
  0019  8a 56 06                      mov     dl,+6H[bp]
  001c  1e                            push    ds
  001d  07                            pop     es
  001e  8b 6e 0a                      mov     bp,+0aH[bp]
  0021  cd 10                         int     10H
  0023  59                            pop     cx
  0024  5b                            pop     bx
  0025  07                            pop     es
  0026  1f                            pop     ds
  0027  5d                            pop     bp
  0028  c3                            ret

No disassembly errors
```

54 Introduction to optimization

OBJ (FIG. 1-18). Remember that BDWRITE.ASM has been assembled in the small model so consider the if...endif condition assembly expression during the comparison. See how they differ. You will be able to see how MASM 5.1 automates much of the assembly routine building process.

PROG6.C, shown in FIG. 1-19, is an updated version of PROG5.C that uses function bdWrite(...) to write the strings to the screen.

1-19 The source code listing to PROG6.C.

```
//////////////////////////////////////
//
// PROG6.C
//
// Stage 2 optimization program
//
// Use MASM 5.1 to replace puts(...)
// with bdWrite(...)
//
//////////////////////////////////////

// include files

#include <stdio.h>
#include <string.h>
#include <dos.h>

// _cdecl function prototypes ensures
// standard Microsoft parameter passing
// and pre_underscore function naming

void _cdecl initialize_timer();
void _cdecl remove_timer();
void _cdecl reset_timer();
void _cdecl start_timer();
void _cdecl stop_timer();
int  _cdecl get_jiffy(void);
void _cdecl bdWrite(int,int,int,char *,char,char);

// functions declared without _cdecl
// permit you to use _fastcall (/Gr)
// parameter passing

void main(void);
int gtKey(void);
void scrnClr(void);
void mvCur(int,int);

// data

char    xdat[80] = {
    'X','X','X','X','X','X','X','X','X','X',
    'X','X','X','X','X','X','X','X','X','X',
    'X','X','X','X','X','X','X','X','X','X',
    'X','X','X','X','X','X','X','X','X','X',
    'X','X','X','X','X','X','X','X','X','X',
    'X','X','X','X','X','X','X','X','X','X',
    'X','X','X','X','X','X','X','X','X','X',
```

1-19 Continued.

```
    'X','X','X','X','X','X','X','X','X',0 };

char    odat[80] = {
    '0','0','0','0','0','0','0','0','0','0',
    '0','0','0','0','0','0','0','0','0','0',
    '0','0','0','0','0','0','0','0','0','0',
    '0','0','0','0','0','0','0','0','0','0',
    '0','0','0','0','0','0','0','0','0','0',
    '0','0','0','0','0','0','0','0','0','0',
    '0','0','0','0','0','0','0','0','0','0',
    '0','0','0','0','0','0','0','0','0',0 };

// program begins here

void
main()
{
int count,ctr;

// initialize the jiffy timer

initialize_timer();

// stop and reset the the jiffy timer

reset_timer();
stop_timer();

// print message

printf("Screen test program\nPress any key to continue");

// wait for key press

gtKey();

// clear the screen

scrnClr();

// start the timer

start_timer();

// print 20 rows of Xs to the screen

for(count=0; count<22; count++)
    bdWrite(count,0,strlen(xdat),xdat,7,0);

// print 20 rows of Os to the screen

for(count=0; count<22; count++)
    bdWrite(count,0,strlen(odat),odat,7,0);

// stop the timer

stop_timer();

// adjust the cursor
```

1-19 Continued.

```c
mvCur(23,0);

// print the jiffy count for screen write

printf("Jiffy Count = %d\n",get_jiffy());

// remove the timer

remove_timer();

// print message

printf("Press any key to continue");

// wait for key press

gtKey();

// clear the screen and return to DOS

scrnClr();

}
```

```
////////////////////////////////////
//
// gtKey
//
// Uses the BIOS to stop program execution
// and waits for a key press to continue
//
//
// Calling Registers:
//   AH = 0
// Return Registers:
//   AH = Key Scan Code
//   AL = Key Character code
//
////////////////////////////////////
```

```c
int
gtKey()
{
int r;

// invoke inline assembler

_asm
{
    mov     AH,0    ; function 0
    int     16h     ; invoke int 10h
    mov     r,AX    ; prepare return
}

return(r);
}
```

1-19 Continued.

```c
//////////////////////////////////////
//
// scrnClr
//
// Clears the screen via the BIOS
//
// Calling Registers:
//   AH = 6
//   AL = 0
//   BH = 7
//   CH = 0
//   CL = 0
//   DH = 24
//   DL = 79
// Return Registers:
//   (nothing)
//
//////////////////////////////////////

void
scrnClr()
{
// invoke inline assembler

    _asm
    {
        mov     AH,6    ; scroll up function
        mov     AL,0    ; clear entire window
        mov     BH,7    ; use normal attribute
        mov     CH,0    ; upper left row = 0
        mov     CL,0    ; upper left col = 0
        mov     DH,24   ; lower right row = 24
        mov     DL,79   ; upper right col = 0=79
        int     10h     ; invoke interrupt 10h
        mov     AH,2    ; move cursor
        mov     BH,0    ; on page 0
        mov     DH,0    ; to row 0
        mov     DL,0    ; column 0
        int     10h     ; via BIOS int 10h
    }
}

//////////////////////////////////////
//
// mvCur
//
// Move the cursor to a specified row
// and column location
//
// Calling Registers:
//   AH = 2
//   BH = 0
//   DH = row value
//   DL = column value
//
//////////////////////////////////////

void
mvCur(int row,int col)
{
```

58   Introduction to optimization

1-19 Continued.

```
    char r,c;

    // set 8 bit chars

    r = (char)row;
    c = (char)col;

    // invoke inline assembler

        _asm
        {
            mov     AH,2    ; move cursor
            mov     BH,0    ; on page 0
            mov     DH,r    ; to row 0
            mov     DL,c    ; column 0
    int     10h     ; via BIOS int 10h
        }

}
```

Let's compile and link the resultant PROG6.OBJ with TIMER.OBJ and BDWRITE.OBJ. At the command line, type:

cl /Gs /Gr prog6.c timer.obj bdwrite.obj

and press Enter. The results are expected.

Compile Options	PROG4.OBJ Size	PROG4.EXE Size	PROG4.EXE Speed
(/Gd default)	1136	7209	28 jiffys
/Gr /Gs	1080	7177	28 jiffys
Compile	**PROG5.OBJ**	**PROG5.EXE**	**PROG5.EXE**
(/Gd default)	1052	7017	27 jiffys
/Gr /Gs	992	6985	27 jiffys
Compile	**PROG6.OBJ**	**PROG6.EXE**	**PROG6.EXE**
/Gr /Gs	1028	6633	18 jiffys

Now we're starting to make some headway in dealing with both program size and execution time. Let's look at program size first. Do you see why PROG6.OBJ is larger than PROG5.OBJ using the /Gr and /Gs switches? The answer: PROG6.C uses the assembly crafted replacement function bdWrite(...) which uses _cdecl on-the-stack parameter passing. PROG5.C uses _fastcall function printf(...). PROG6.OBJ increased in size because of function bdWrite(...)'s _cdecl.

However, even though PROG6.OBJ is bigger than PROG5.OBJ, PROG6.

EXE is smaller than PROG5.EXE by 352 bytes. Do you see why this seeming incongruity exists? The answer: function bdWrite(...) is smaller than function printf(...). Function printf(...) is really overkill for the needs of the screen writes.

Finally, starting with the first version of PROG4.EXE here are the comparison statistics. PROG6.EXE is 576 bytes smaller than PROG4.EXE. This represents a savings in program size by approximately eight percent. PROG6.EXE's execution time was 10 jiffys less than PROG4.EXE's execution time. This represents an approximate 36 percent increase in execution speed.

Decreasing program size and increasing program execution speed while retaining program functionality is what optimization is all about. This isn't the best we'll do, however. The discussion of direct video access in chapter 4 will top these results.

Planning your multimodel optimized TAB library

For me, planning a library is fun. The process, if handled in an orderly fashion, can prove quite rewarding. The guidelines for library building presented in this section of chapter 1 are just that, guidelines. They work for my needs, but might not work for your needs. Only take what fits your needs.

In this book, this library will be designed to work exclusively with Microsoft 6.0. That means you can use Microsoft C 6.0's specialized optimization features in coding the library.

Thoroughly plan your library Make a list of categories and functions for your library. Once completed you'll have a project work schedule at hand.

Make execution speed a higher priority than program size Snappy program performance is essential for every commercial program. That includes every facet of the program's performance. Make every effort to write the smallest object modules that will execute in the least time. If you are faced with the choice of speed or size, always choose speed, unless your program is on the verge of being too large to run on any machine.

Use /Gr or _fastcall for every C-generated module Because passing parameters in registers is faster and smaller than passing parameters on the stack, use the /Gr or _fastcall parameter passing convention for all C-generated object modules.

Use _cdecl for every assembly-generated module Because MASM 5.1's USES and PROC directives support parameter passing on the stack, declare all assembly-generated functions as _cdecl. It will greatly simplify assembly language object module development.

Use the inline assembler whenever possible Because this optimized library is Microsoft C 6.0 specific, use the inline assembler as much as possible in all C modules. Using the inline assembler increases performance while decreasing program size.

Write and test one library module at a time Write the source to a function, test the function in the small, medium, and large memory modules, and then add the appropriate memory-model object module to your TAB libraries. Following this sequence will reduce debugging headaches at a later date. Guaranteed (from experience)!

To me, each library-building recommendation seems to fall within my boundaries of good common sense. However, common sense is not a universally-agreed upon phenomenon. Try to be intuitive in the library-building process. You might come across many serendipitous optimization strategies.

Summary

This long chapter started by introducing the jiffy timer. This timer provides you with a crude (by computer time standards, that is) way to measure program execution. Feel free to use the jiffy timer in your programs to help identify program execution bottlenecks.

The use of Microsoft C 6.0's custom compilation switches was introduced. The /Ot, optimize for speed, /Oi, optimize with intrinsic functions, /Ol, optimize loop execution, /Gs, optimize by removing stack probes, and /Gr, pass parameters in the registers switches were all discussed. I concluded that when using custom compiler switches, it's smart to check the performance of your program carefully to make sure you are getting program execution and program size changes in the direction you wish.

The inline assembler was discussed. It proved to be a valuable optimizing option of Microsoft C 6.0.

Passing parameters on the registers by using either the /Gr compiler switch or the _fastcall function prototype proved to be a valuable optimizing option of Microsoft C 6.0.

MASM 5.1's new PROC and USES directives alleviates much pain in writing assembly-generated object modules for C libraries. MASM 5.1 proved to be a valuable optimizing tool within the Microsoft C 6.0 library development environment.

Here is a final summary of my Microsoft C 6.0 library building strategies.

- Thoroughly plan your library
- Make execution speed a higher priority than program size
- Use /Gr or _fastcall for every C-generated module
- Use _cdecl for every assembly-generated module
- Use the inline assembler whenever possible
- Test each object module thoroughly
- Write and test one library module at a time

2
Library header files

It seems the wisest strategy for me to present all the book's function prototypes, defines, and structures at this time as opposed to presenting the information in a piecemeal fashion later in the text. Four header files are presented in this chapter: TPROTO.H, TSTRUCT.H, KEYBOARD.H, and ASCII.H.

TPROTO.H: Function prototypes

TPROTO.H, shown in FIG. 2-1, declares all the functions presented in this book. Note, however, that there are a few functions prototyped that are not contained in this book. TPROTO.H declares the functions using the _cdecl or _fastcall conventions. All assembly routines are prototyped using _cdecl and most C-generated functions are prototyped using _fastcall.

2-1 The source code listing to TPROTO.H.

```
///////////////////////////////////
//
// tproto.h
//
// Microsoft C 6.0 function
//    prototypes
//
///////////////////////////////////

// include more library files

#include <keyboard.h>
#include <ascii.h>
#include <tstruct.h>

// define MK_FP (make far pointer)
```

2-1 Continued.

```c
//    if not defined

#ifndef MK_FP

#define MK_FP(seg,ofs)    ((void far *) \
            (((unsigned long)(seg) << 16) | (unsigned)(ofs)))
#endif

//////////////////////////////////////
//
// _fastcall for these routines
// means that parameters are
// passed in the registers
// (effecient parameter passing convention)
//

// A... Function prototypes

long _fastcall atob(char *);
long _fastcall atoh(char *);

// B... Function prototypes

void _fastcall beep(void);
unsigned long _fastcall bitfld(unsigned long,int,int,unsigned long);
char * _fastcall bitflds(unsigned long,int,int,char *);
void _fastcall bleep(void);
void _fastcall boxRect(RECT *,int,int);
int _fastcall button(char **,char **,int,int,char *,int,int);
int _fastcall buttonx(char **,char **,char **,int,int,char *,int,int);

// C... Function prototypes

void _fastcall clrRect(RECT *);
void _fastcall clrtWind(TWIND *);
void _fastcall clrWind(WIND *);
unsigned char _fastcall crotl(unsigned char,int);
unsigned char _fastcall crotr(unsigned char,int);

// D... Function prototypes

void _fastcall Delay(int,int);
void _fastcall delChar(char *);
void _fastcall delay(int,int);
void _fastcall dialog(char **,int,int,char *,int);
long _fastcall diskFree(void);
DSKINFO * _fastcall diskInfo(DSKINFO *);
void _fastcall disptWin(TWIND *);
void _fastcall dispWind(WIND *);
void _fastcall dosShell(void);
int _fastcall dropmenu(char **,int,int);
int _fastcall drpmsmnu(char **,int,char *,int);
void _fastcall dsyRect(RECT *);
void _fastcall dsyWind(WIND *);
void _fastcall dupRect(RECT *,RECT *);

// E... Function prototypes

void _fastcall exit_bad(char *);
```

2-1 Continued.

// F... Function prototypes

```
void _fastcall fillRect(RECT *,int);
int _fastcall findChar(int,char *);
int _fastcall funckeys(char **,int);
```

// G... Function prototypes

```
char _fastcall gtChar(void);
void _fastcall gtCur(int *,int *);
int _fastcall gtKey(void);
void _fastcall gtMode(int *,int *,int *);
char _fastcall gtScan(void);
```

// H... Function prototypes

```
void _fastcall hideLotus(LOTUS_CLASS *);
```

// I... Function prototypes

```
int _fastcall inpflt(float *,int);
int _fastcall inpnum(long *,int);
void _fastcall insChar(char *,char);
void _fastcall insNum(char *,int);
int _fastcall intense(int);
int _fastcall inverse(int);
```

// L... Function prototypes

```
int _fastcall lotusEvent(LOTUS_CLASS *,int *);
```

// M... Function prototypes

```
char * _fastcall memichr(char *,char,int);
int _fastcall menubarEvent(MENUBAR_CLASS *,int *);
```

// N... Function prototypes

```
void new_file_stats(void);
```

// O... Function prototypes

```
void _fastcall offCur(void);
void _fastcall offRect(RECT *,int,int );
void _fastcall onCur(void);
int _fastcall openDropDown(MENUBAR_CLASS *,int,char **,int []);
char * _fastcall openFileName(char *,char *,int,int,int,int,int);
LOTUS_CLASS * _fastcall openLotus(LOTUS_CLASS *,char **,char **,
                                   int,int,int);
int _fastcall openMessage(char **,int,int,int,int);
MENUBAR_CLASS * _fastcall openMenuBar(MENUBAR_CLASS *,char **,int *,
                                       int,int,int);
int _fastcall openName(char *,char *,int,int,int,int);
```

// P... Function prototypes

```
void * _fastcall popmenu(char **,void **,int,int,char *,int,int);
int _fastcall prompt(char *,int);
int _fastcall promptne(char *,int);
```

2-1 Continued.

```c
void _fastcall putChr(char);
void _fastcall putStr(char *);

// Q... Function prototypes

int _fastcall quitProgram(int,int,int,int);
int _fastcall quitEvent(int *);

// R... Function prototypes


void _fastcall rCloc(void);
int _fastcall rdChar(void);
void _fastcall rdImg(WIND *);
void _fastcall rdWind(WIND *);
void _fastcall remvWind(WIND *);
void _fastcall remvtWin(TWIND *);
void _fastcall restRect(RECT *);
void _fastcall restScrn(void);
char * _fastcall ritoa(int,char *,int,int,char);
void _fastcall rLpen(LIGHT_PEN *);
void _fastcall rmvCur(int,int);
void _fastcall rsizeCur(void);

// S... Function prototypes

void _fastcall saveRect(RECT *);
void _fastcall saveScrn(void);
void _fastcall scDn(RECT *,int,int);
void _fastcall sCloc(void);
void _fastcall scrnAttr(int);
void _fastcall scUp(RECT *,int,int);
void _fastcall setAttr(WIND *,int);
void _fastcall setBord(WIND *,int);
RECT * _fastcall setRect(RECT *,int,int,int,int);
void _fastcall setTitle(WIND *,char *);
void _fastcall settAttr(TWIND *,int);
void _fastcall settBord(TWIND *,int);
void _fastcall settTitl(TWIND *,char *);
int _fastcall settWin(TWIND *,int,int,int,int,unsigned int*);
WIND * _fastcall setWind(WIND *,int,int,int,int);
unsigned int _fastcall sizeImg(WIND *);
unsigned int _fastcall sizeRect(RECT *);
void _fastcall showLotus(LOTUS_CLASS *);
void _fastcall showMenuBar(MENUBAR_CLASS *);
void _fastcall sizeCur(int,int);
void _fastcall smbits(int,int,char *,int);
void _fastcall smbitsv(int,int,unsigned long,int,int);
void _fastcall ssizeCur(void);
int _fastcall strAnal(int *,int *,char *);
void _fastcall strCjust(char *);
char * _fastcall strins(char *,char *,int);
void _fastcall stripblk(char *);
void _fastcall strEnul(char *);
void _fastcall strLjust(char *);
void _fastcall strRjust(char *);
void _fastcall strttWin(TWIND *);
void _fastcall strtWind(WIND *);
void _fastcall subRect(RECT *,RECT *);
```

2-1 Continued.

```c
void _fastcall swapImg(TWIND *);

// T... Function prototypes

void _fastcall tvdAttr(TWIND *,int,int,int,char);
void _fastcall tvdHoriz(TWIND *,int,int,int,int);
void _fastcall tvdVert(TWIND *,int,int,int,int);
void _fastcall tvdWrite(TWIND *,int,int,int,char *,char);
int  _fastcall tvrdChar(TWIND *,int,int);

// V... Function prototypes

int  _fastcall vdEdit(char *,int,int,int,int,int);
int  _fastcall vdprmne(char *,int,int,int,int);
int  _fastcall vdprompt(char *,int,int,int,int);
void _fastcall vdStr(int,int,int,char *,char);
int  _fastcall vrdChar(int,int);

// W... Function prototypes

void _fastcall wmvCur(WIND *,int,int);
char * _fastcall words(long,char *);
char * _fastcall word0_19(int);
void _fastcall wrBox(WIND *);
void _fastcall wrChar(char,int);
void _fastcall wrImg(WIND *);
void _fastcall wrWind(WIND *);
void _fastcall wrtBox(TWIND *);
void _fastcall wvdAttr(WIND *,int,int,int,int);
void _fastcall wvdHoriz(WIND *,int,int,int,int);
int  _fastcall wvdprmne(WIND *,char *,int,int,int,int);
int  _fastcall wvdprmpt(WIND *,char *,int,int,int,int);
void _fastcall wvdScdn(WIND *,int);
void _fastcall wvdScup(WIND *,int);
void _fastcall wvdStr(WIND *,int,int,int,char *,char);
void _fastcall wvdWrite(WIND *,int,int,int,char *,int);
void _fastcall wvdVert(WIND *,int,int,int,int);
int  _fastcall wvrdChar(WIND *,int,int);
void _fastcall wvdChar(WIND *,int,int,int);

//////////////////////////////////////
//
// _cdecl for these routines
// means that parameters are
// passed on the stack
// (common parameter passing convention)
//

typedef int (far *askerfcnptr)(int,int,int,int);

void far _cdecl setceask(askerfcnptr);
int  far _cdecl asker(int,int,int,int);
void far _cdecl interrupt cetrap(void);

void _cdecl adjclock(void);
void _cdecl setTimer(void);
long _cdecl getvec(int);
void _cdecl setvec(int,long);
void _cdecl setCE(void);
```

2-1 Continued.

```
void _cdecl set16(int,int,int,int);
void _cdecl set9dos(int,int,int);
// int tsrfind(int);
int _cdecl tsrfind(void);
int _cdecl dosfind(int);
int _cdecl tsrremv(void);
int _cdecl dosremv(void);
void _cdecl tsr(void);
void _cdecl tsr2(int);
void _cdecl tsr9(int);
void _cdecl setPSvec(void);
void _cdecl tsrps(int);
void _cdecl DispErr(void);
void _cdecl ErasErr(void);
void tsrtime(int);
void setTimer(void);
void tsrgtime(void);
void setClock(int,int,int);

/////////////////////////////////
//
// _cdecl for assembly library routines
//

void _cdecl addRect(RECT *,RECT *);
void _cdecl ascup(int,int,int,int,int,int,int);

void _cdecl bRScrn(void);
void _cdecl bSScrn(void);

void _cdecl caplkoff();
void _cdecl caplkon();
void _cdecl clrpage(int,int);
void _cdecl copymono(void);
void _cdecl copypage(int,int);

int _cdecl g_shape(void);

int _cdecl getdrive(void);

int _cdecl gtKBstat(void);
int _cdecl gtKBflag(void);
int _cdecl gtKBflsh(int);

void _cdecl insoff(void);
void _cdecl inson(void);
int _cdecl isqrt(long);

int _cdecl kbstuff(char);

int _cdecl mkAttr(int,int,int,int);
int _cdecl mkToken(int,int);
int _cdecl msinit(void);
void _cdecl mson(void);
void _cdecl msoff(void);
```

2-1 Continued.
```
int  _cdecl msstat(int *,int *);
void _cdecl mvCur(int,int);

void _cdecl numlkoff(void);
void _cdecl numlkon(void);
int  _cdecl numpport(void);
int  _cdecl numsport(void);

void _cdecl offSound(void);
void _cdecl onSound(int);

int  _cdecl prChar(int,char);
int  _cdecl prInit(int);
int  _cdecl prScrn(int);
int  _cdecl prScrnFF(int);
int  _cdecl prStatus(int);
int  _cdecl psadd(void *);
int  _cdecl pscan(void);
void far * _cdecl psqueue(void);
int  _cdecl psremv(int);
int  _cdecl psrestrt(void);
int  _cdecl psstat(void);
void _cdecl putCRLF(void);
void _cdecl putLF(void);
void _cdecl putCR(void);

int  _cdecl ramSize(void);

void _cdecl s_shape(int);
void _cdecl scrlkoff(void);
void _cdecl scrlkon(void);
void _cdecl scrnClr(void);
void _cdecl setdrive(int);
void _cdecl sudchar(int,int,int,int);

void _cdecl vdAttr(int,int,int,int);
void _cdecl vdChar(int,int,int);
void _cdecl vdChr(int,int,int);
void _cdecl vdHoriz(int,int,int,int);
void _cdecl vdpATTR(int,int,int,int,int);
void _cdecl vdpChar(int,int,int,int);
void _cdecl vdpChr(int,int,int,int);
void _cdecl vdpHoriz(int,int,int,int,int);
void _cdecl vdpVert(int,int,int,int,int);
void _cdecl vdpWrite(int,int,int,int,char *,int);
void _cdecl vdVert(int,int,int,int);
void _cdecl vdWrite(int,int,int,char *,int);
void _cdecl vidInit(void);
```

TSTRUCT.H: Defines and structures

TSTRUCT.H, shown in FIG. 2-2, contains all the structures used in this text along with a few defines. TSTRUCT.H is included in TPROTO.H (see FIG. 2-1).

2-2 The source code listing to TSTRUCT.H.

```c
////////////////////////////////////
//
// tstruct.h
//
// General purpose structure
// definitions and defines
//

#define IMAGE unsigned int

////////////////////////////////////
//
// Interface Structure List
//

////////////////////////////////////

#define LOTUS_ITEM_MAX 20
#define MENUBAR_ITEM_MAX 10

////////////////////////////////////
//
// Structure for Lotus Style Window Interface
//

typedef struct {
    int number;                         // number of LOTUS objects
    char *name[LOTUS_ITEM_MAX];         // pointer to item name
    char *explain[LOTUS_ITEM_MAX];      // pointer to item explanation
    int lot_map[LOTUS_ITEM_MAX][2];     // map for lotus item highlights
    int lotus_item;                     // highlight and
    int old_lotus;                      // item selection data
    int lotus_open;                     // status of lotus window
    unsigned int imgbuf[160];           // top two rows screen image.
    } LOTUS_CLASS;

////////////////////////////////////
//
// Structure for Lotus Style Window Interface
//

typedef struct {
    int number;         // number of MENUBAR objects
    char *name[MENUBAR_ITEM_MAX];       // pointer to item name
    int mb_map[MENUBAR_ITEM_MAX][2];    // map for menubar item highlights
    int key_list[MENUBAR_ITEM_MAX];
    int menubar_item;   // highlight and
    int old_menubar;    // item selection data
    int menubar_open;   // status of lotus window
    int si_attr;        // item attribute
    int sinv_attr;      // inverse attribute
    int sk_attr;        // highlight key attribute
    int first_time;     // first time
    unsigned int imgbuf[160];           // top two rows screen image
    } MENUBAR_CLASS;


/*
```

2-2 Continued.

```c
 * structures
 */

typedef struct {
    int ul_row;                     // upper left row
    int ul_col;                     // upper left column
    int lr_row;                     // lower right row
    int lr_col;                     // lower right column
    unsigned int img_size;          // window img size
    unsigned int far *img_ptr;      // pointer scrn image
    unsigned int far *wind_ptr;     // pointer scrn image
    int box_type;                   // border selection
    int attr;                       // window attribute
    int visible;                    // window on
    int top_offset;                 // col offset title
    int top_length;                 // length title str
    int show_top;                   // display title
    int bot_offset;                 // col offset title
    int bot_length;                 // length title str
    int show_bot;                   // display title
    char *t_title;                  // ptr to t title str
    char *b_title;                  // ptr to b title str
} WIND;


typedef struct {
    int ul_row;                     // upper left row
    int ul_col;                     // upper left column
    int lr_row;                     // lower right row
    int lr_col;                     // lower right column
    unsigned int *img_ptr;          // pointer scrn image
    int box_type;                   // border selection
    int attr;                       // window attribute
    int visible;                    // window on
    int show_top;                   // display title
    char *t_title;                  // ptr to t title str
} TWIND;

typedef struct {
    unsigned char media_descr;      // media descriptor byte
    unsigned int clust_avail;       // # of free clusters on disk
    unsigned int clust_total;       // total # of clusters on disk
    unsigned int sec_p_clust;       // # of sectors per cluster
    unsigned int bytes_p_sec;       // # of bytes per sector
} DSKINFO;

typedef struct {
    int mode;                       // video mode
    int row_width;                  // columns per row
    int page;                       // video page
    unsigned int far *scrn;         // pointer to video RAM
} VIDEO;

typedef struct {
    int ul_row;                     // upper left row
    int ul_col;                     // upper left column
    int lr_row;                     // lower right row
    int lr_col;                     // lower right column
```

2-2 Continued.

```
    unsigned int *image;        // pointer to scrn image
} RECT;

typedef struct {
    int row;                    // cursor row
    int column;                 // cursor column
} CUR_LOCATION;

typedef struct {
    int status;                 // pen down or up
    int pix_col;                // pixel column
    int pix_row1;               // pixel row
    int pix_row2;               // pixel row
    int ch_row;                 // character row
    int ch_col;                 // character column
}   LIGHT_PEN;


////////////////////////////////////
//
// defines for wrbox
//

#define S_S_S_S   0
#define S_S_D_D   1
#define D_D_S_S   2
#define D_D_D_D   3


////////////////////////////////////
//
//defines for mkAttr
//

#define BLACK    0
#define BLUE     1
#define GREEN    2
#define CYAN     3
#define RED      4
#define MAGENTA  5
#define BROWN    6
#define WHITE    7
#define NORMAL   7
#define REVERSE  112

#define ON_INTENSITY    8
#define OFF_INTENSITY   0
#define ON_BLINK        128
#define OFF_BLINK       0


////////////////////////////////////
//
// defines for scroll routines
//

#define UP_SCROLL    6
#define DOWN_SCROLL  7

////////////////////////////////////
//
```

72 Library header files

2-2 Continued.

```c
// defines for printer routines
//

#define PRINT_TIME_OUT   1
#define IO_ERROR         4
#define PRINT_SELECTED   8
#define OUT_OF_PAPER    16
#define ACKNOWLEDGE     32
#define PRINT_NOT_BUSY  64

///////////////////////////////////////
//
// defines for flush kb buffer and get char
//

#define ON_ECHO_CTRL     1  // on char echo and control-c enabled
#define OFF_ECHO_CTRL_C  7  // off echo and control-c disabled
#define OFF_ECHO         8  // off echo and control-c enabled

///////////////////////////////////////
//
// defines for kb shift status
//

#define RIGHT_SHIFT   1
#define LEFT_SHIFT    2
#define CLRL_PRESS    4
#define ALT_PRESS     8
#define SCROLL_LOCK  16
#define NUM_LOCK     32
#define CAPS_LOCK    64
#define INSERT_ON   128

///////////////////////////////////////
//
// defines for MENU routines
//

#define CENTER    0xff
#define NUMBERED  1
#define RESETROW  2

///////////////////////////////////////
//
// defines for vdEdit
//

#define UPPER 1
#define LOWER 2
#define NAME  3

///////////////////////////////////////
//
// defines for mouse routines
//

#define LEFTBUTTON   1
#define RIGHTBUTTON  2
#define CNTRBUTTON   4
```

KEYBOARD.H: Keyboard scan and character codes

KEYBOARD.H, shown in FIG. 2-3, contains an extensive listing of the keyboard's 16-bit scan and character codes. This header file will prove useful in developing keyboard-handler and data-entry routines. KEYBOARD.H is included in TPROTO.H (see FIG. 2-1).

2-3 The source code listing to KEYBOARD.H.

```
//////////////////////////////////
//
// keyboard.h
//
// keyboard scan and ascii codes
//

#define INSERT       0x5200
#define DELETE       0x5300
#define SPACE        0x3920
#define ESC          0x011b
#define ESCAPE       0x011b
#define PGDN         0x5100
#define PGUP         0x4900
#define PERIOD       0x342e
#define TAB          0x0f09
#define RT_SQUARE    0x1b5d
#define LT_SQUARE    0x1a5b
#define RT_BRACKET   0x1b7d
#define LT_BRACKET   0x1a7b
#define CNTL_HOME    0x7700
#define CNTL_END     0x7500
#define CNTL_ENTER   0x1c0a
#define CNTL_BS      0x0e7f
#define HOME         0x4700
#define END          0x4f00
#define s_BS         0x0008
#define BS           0x0e08
#define BACKSPACE    0x0e08
#define s_CR         0x000d
#define CR           0x1c0d
#define ENTER        0x1c0d
#define UP_ARROW     0x4800
#define RIGHT_ARROW  0x4d00
#define LEFT_ARROW   0x4b00
#define DOWN_ARROW   0x5000
#define F1           0x3b00
#define F2           0x3c00
#define F3           0x3d00
#define F4           0x3e00
#define F5           0x3f00
#define F6           0x4000
#define F7           0x4100
#define F8           0x4200
#define F9           0x4300
#define F10          0x4400


#define SHIFT_TAB    0x0f00
```

2-3 Continued.

```
#define SHIFT_HOME    0x4737
#define SHIFT_END     0x4f31
#define SHIFT_INSERT  0x5230
#define SHIFT_DELETE  0x532e
#define SHFT_INSERT   0x5230
#define SHFT_F1       0x5400
#define SHFT_F2       0x5500
#define SHFT_F3       0x5600
#define SHFT_F4       0x5700
#define SHFT_F5       0x5800
#define SHFT_F6       0x5900
#define SHFT_F7       0x5a00
#define SHFT_F8       0x5b00
#define SHFT_F9       0x5c00
#define SHFT_F10      0x5d00
#define SH_R_ARROW    0x4d36
#define SH_L_ARROW    0x4b34
#define SH_U_ARROW    0x4838
#define SH_D_ARROW    0x5032


#define CNTL_F1       0x5e00
#define CNTL_F2       0x5f00
#define CNTL_F3       0x6000
#define CNTL_F4       0x6100
#define CNTL_F5       0x6200
#define CNTL_F6       0x6300
#define CNTL_F7       0x6400
#define CNTL_F8       0x6500
#define CNTL_F9       0x6600
#define CNTL_F10      0x6700
#define CNTL_LEFTA    0x7300
#define CNTL_RIGHTA   0x7400

#define ALT_F1        0x6800
#define ALT_F2        0x6900
#define ALT_F3        0x6a00
#define ALT_F4        0x6b00
#define ALT_F5        0x6c00
#define ALT_F6        0x6d00
#define ALT_F7        0x6e00
#define ALT_F8        0x6f00
#define ALT_F9        0x7000
#define ALT_F10       0x7100

#define ALT_A         0x1e00
#define ALT_B         0x3000
#define ALT_C         0x2e00
#define ALT_D         0x2000
#define ALT_E         0x1200
#define ALT_F         0x2100
#define ALT_G         0x2200
#define ALT_H         0x2300
#define ALT_I         0x1700
#define ALT_J         0x2400
#define ALT_K         0x2500
#define ALT_L         0x2600
#define ALT_M         0x3200
#define ALT_N         0x3100
```

2-3 Continued.

```
#define ALT_O      0x1800
#define ALT_P      0x1900
#define ALT_Q      0x1000
#define ALT_R      0x1300
#define ALT_S      0x1f00
#define ALT_T      0x1400
#define ALT_U      0x1600
#define ALT_V      0x2f00
#define ALT_W      0x1100
#define ALT_X      0x2d00
#define ALT_Y      0x1500
#define ALT_Z      0x2c00

#define CNTL_A     0x1e01
#define CNTL_B     0x3002
#define CNTL_C     0x2e03
#define CNTL_D     0x2004
#define CNTL_E     0x1205
#define CNTL_F     0x2106
#define CNTL_G     0x2207
#define CNTL_H     0x2308
#define CNTL_I     0x1709
#define CNTL_J     0x240a
#define CNTL_K     0x250b
#define CNTL_L     0x260c
#define CNTL_M     0x320d
#define CNTL_N     0x310e
#define CNTL_O     0x180f
#define CNTL_P     0x1910
#define CNTL_Q     0x1011
#define CNTL_R     0x1312
#define CNTL_S     0x1f13
#define CNTL_T     0x1414
#define CNTL_U     0x1615
#define CNTL_V     0x2f16
#define CNTL_W     0x1117
#define CNTL_X     0x2d18
#define CNTL_Y     0x1519
#define CNTL_Z     0x2c1a

#define K_0        0x0b30
#define K_1        0x0231
#define K_2        0x0332
#define K_3        0x0433
#define K_4        0x0534
#define K_5        0x0635
#define K_6        0x0736
#define K_7        0x0837
#define K_8        0x0938
#define K_9        0x0a39

#define ALT_0      0x8100
#define ALT_1      0x7800
#define ALT_2      0x7900
#define ALT_3      0x7a00
#define ALT_4      0x7b00
#define ALT_5      0x7c00
#define ALT_6      0x7d00
#define ALT_7      0x7e00
```

2-3 Continued.

```
#define ALT_8        0x7f00
#define ALT_9        0x8000

#define K_SPACE      0x3920
#define K_EXCLAM     0x0221
#define K_QUOTE      0x2822
#define K_POUND      0x0423
#define K_DOLLAR     0x0524
#define K_PERCENT    0x0625
#define K_AND        0x0826
#define K_APOST      0x2827
#define K_LPAREN     0x0A28
#define K_RPAREN     0x0B29
#define K_STAR       0x092A
#define K_PLUS       0x0D2B
#define K_COMMA      0x332C
#define K_MINUS      0x0C2D
#define K_PERIOD     0x342E
#define K_FSLASH     0x352F


#define K_COLON      0x273A
#define K_SCOLON     0x273B
#define K_LESS       0x333C
#define K_EQUAL      0x0D3D
#define K_GREAT      0x343E
#define K_QUEST      0x353F
#define K_AMPER      0x0340

#define K_A          0x1E61 - 0x20
#define K_B          0x3062 - 0x20
#define K_C          0x2E63 - 0x20
#define K_D          0x2064 - 0x20
#define K_E          0x1265 - 0x20
#define K_F          0x2166 - 0x20
#define K_G          0x2267 - 0x20
#define K_H          0x2368 - 0x20
#define K_I          0x1769 - 0x20
#define K_J          0x246A - 0x20
#define K_K          0x256B - 0x20
#define K_L          0x266C - 0x20
#define K_M          0x326D - 0x20
#define K_N          0x316E - 0x20
#define K_O          0x186F - 0x20
#define K_P          0x1970 - 0x20
#define K_Q          0x1071 - 0x20
#define K_R          0x1372 - 0x20
#define K_S          0x1F73 - 0x20
#define K_T          0x1474 - 0x20
#define K_U          0x1675 - 0x20
#define K_V          0x2F76 - 0x20
#define K_W          0x1177 - 0x20
#define K_X          0x2D78 - 0x20
#define K_Y          0x1579 - 0x20
#define K_Z          0x2C7A - 0x20

#define K_LBRACK     0x1A5B
#define K_BSLASH     0x2B5C
#define K_RBRACK     0x1B5D
```

KEYBOARD.H: Keyboard scan and character codes

2-3 Continued.

```
#define K_KARAT      0x075E
#define K_UNDER      0x0C5C

#define K_a          0x1E61
#define K_b          0x3062
#define K_c          0x2E63
#define K_d          0x2064
#define K_e          0x1265
#define K_f          0x2166
#define K_g          0x2267
#define K_h          0x2368
#define K_i          0x1769
#define K_j          0x246A
#define K_k          0x256B

#define K_l          0x266C
#define K_m          0x326D
#define K_n          0x316E
#define K_o          0x186F
#define K_p          0x1970
#define K_q          0x1071
#define K_r          0x1372
#define K_s          0x1F73
#define K_t          0x1474
#define K_u          0x1675
#define K_v          0x2F76
#define K_w          0x1177
#define K_x          0x2D78
#define K_y          0x1579
#define K_z          0x2C7A
```

ASCII.H: ASCII and miscellaneous defines

ASCII.H, shown in FIG. 2-4, contains ASCII and miscellaneous defines. ASCII.H is included in TPROTO.H (see FIG. 2-1).

2-4 The source code listing to ASCII.H.

```
//////////////////////////////////
//
// ascii.h
//
// ascii def header file
//
//////////////////////////////////

#define    aNUL    0      //        null \0 delimeter
#define    aSOH    1      // ^A -   start of heading
#define    aSTX    2      // ^B -   start of text
#define    aETX    3      // ^C -   end of text
#define    aEOT    4      // ^D -   end of transmission
#define    aENQ    5      // ^E -   inquiry
#define    aACK    6      // ^F -   affirm acknowledgement
#define    aBEL    7      // ^G -   audible bell
```

2-4 Continued.

```
#define   aBS      8        // ^H - backspace
#define   aTAB     9        // ^I - horizontal tab
#define   aLF     10        // ^J - line feed
#define   aVT     11        // ^K - vertical tab
#define   aFF     12        // ^L - form feed
#define   aCR     13        // ^M - carriage return
#define   aSO     14        // ^N - shift out
#define   aSI     15        // ^O - shift in
#define   aDCE    16        // ^P - data link escape
#define   aDC1    17        // ^Q - device control 1
#define   aDC2    18        // ^R - device control 2
#define   aDC3    19        // ^S - device control 3
#define   aDC4    20        // ^T - device control 4
#define   aNAK    21        // ^U - neg acknowledge
#define   aSYN    22        // ^V - synchronous idle
#define   aETB    23        // ^W - end of transmission
#define   aCAN    24        // ^X - cancel
#define   aEM     25        // ^Y - end of medium
#define   aSUB    26        // ^Z - substitute
#define   aESC    27        //      escape
#define   aFS     28        //      file sererator
#define   aGS     29        //      group seperator
#define   aRS     30        //      record seperator
#define   aUS     31        //      unlinked seperator
#define   aSPC    32        //      space

#define   aCODE   94        // ^character indicating printer command follows
#define   aHCR    aEOT      // Hard carriage return
#define   aCENTER 'C'       // code to center line
#define   aDOUBLE 'D'       // double strike toggle
#define   aEXPAND 'E'       // emphasize toggle
#define   aSUPERS 'S'       // superscript toggle
#define   aITALIC 'I'       // italics toggle
#define   aBOLD   'B'       // bold toggle

#define   aTRUE    1        // true
#define   aFALSE   0        // false

#define   ONE_COL       1   //      1 column format
#define   TWO_COL       2   //      2 column format
#define   ONE_TOP       3
#define   TWO_TOP       4
#define   ONE_BOT       5
#define   TWO_BOT       6
#define   TWO_LR        7
#define   TWO_R         8
#define   TWO_UR        9
#define   TWO_TB       10
#define   VONE_COL     11   // word per chart format
#define   XONE_COL     81   //      1 column format
#define   XTWO_COL     82   //      2 column format
#define   XTHREE_COL   83   //      3 column format
#define   XONE_TOP     84
#define   XTWO_TOP     85
#define   XTHREE_TOP   86
#define   XONE_BOT     87
#define   XTWO_BOT     88
#define   XTHREE_BOT   89
#define   XTHREE_LR    90
```

2-4 Continued.

```
#define    XTHREE_R    91
#define    XTHREE_P1   92
#define    XTHREE_P2   93
#define    XTHREE_TB   94
#define    XTHREE_UR   95
#define    XTHREE_2T   96
#define    XTHREE_2B   97
```

Summary

Chapter 2 presented four header files. Creating these files before building the library will considerably speed the process of working your way through the book.

The first header file, TPROTO.H, contained function prototypes and also included the three remaining files in this chapter. TSTRUCT.H contained structure definitions and miscellaneous defines. KEYBOARD.H contained 16-bit key scan and character code definitions and ASCII.H contained ASCII and miscellaneous definitions.

TPROTO.H should be included in every C source object module and all demonstration programs.

3
Active cursor-management functions

In this chapter you will begin building your multimodel TAB C library. Three memory models will be supported. They are the small memory model, the medium memory model, and the large memory model.

The first object module you will use to create your TAB C library is the TAB jiffy timer (TIMER.ASM was presented in chapter 1, FIG. 1-1). You will use Microsoft's LIB.EXE library manager program to manage the library development process.

Once you are familiar with the process of adding object modules to your libraries, active cursor-management functions are presented. Nestled within the presentation of these functions is a continued discussion of the attributes of using Microsoft C 6.0's inline assembler versus Microsoft's MASM 5.1 macro assembler. Let's get started.

Using the LIB.EXE library manager program

LIB.EXE lets you add, replace, and delete object modules in your TAB C libraries. LIB.EXE also lets you get a listing of a library's object module contents. To facilitate the use of LIB.EXE I use a few different batch files in my development work. To develop and test the code in this book I've organized a portion of my hard disk drive in the following fashion:

\book	All code related to this book
\book\asm	All assembly source code
\book\scr	All C source code
\book\lib	All TAB library files
\book\sample	All sample programs

All the batch files presented in this book reflect the directory setup on my hard disk drive. Of course, my way is one of a zillion possibilities. If you do not use my directory-naming setup, make sure that you change the batch files to reflect your needs.

Let's start by creating your small TAB library file. You create a new library file by adding an object module to a nonexistent library. You should now use the AS.BAT file presented in chapter 1 to assemble TIMER.ASM in the small memory model. At the command line, type

    as timer

and press Enter. MASM 5.1 will assemble TIMER.ASM and the small memory model object module TIMER.OBJ will be created.

I use a batch file named ADDLIB.BAT to add an object module to a library. For this book, I've named the TAB C libraries in the following fashion:

    TABS.LIB   Small memory model library
    TABM.LIB   Medium memory model library
    TABL.LIB   Large memory model library

ADDLIB.BAT receives two parameters. The first names the object module you wish to add, and the second parameter is a single letter that represents the S, M, or L in the TAB library's name. Let's look at ADDLIB.BAT, which adds a library object module.

    lib d:\book\lib\tab%2 +%1;

Note that I'm keeping all my book-related source files on my D: disk drive. Use your text editor to create ADDLIB.BAT.

Now it's time to create your first TAB C library. At the command line, type

    addlib timer s

and press Enter. Microsoft's LIB.EXE library manager program will create a TABS.LIB file. The library-building process has started. Now let's create a medium model library. At the command line, type

    am timer

and press Enter. Add your medium model TIMER.OBJ object module to your TABM.LIB (to be created) file. At the command line, type

    addlib timer m

and press Enter. Finally, let's create your large model TAB C library file. Do you see how to do it? At the command line, type

    al timer

and press Enter. Once your large model TIMER.OBJ object module has been created you can now create your large model TAB C library. At the command line, type

    addlib timer 1

and press Enter.

If you organized your hard disk in the same way I did, your \book \lib directory will contain TABS.LIB, TABM.LIB, and TABL.LIB library files.

Getting the active cursor position

It is quite easy to get the active cursor's position using the BIOS. Focusing on this book's optimization theme, I will present three methods of getting the active cursor's position. The first method uses standard C's union REGS method to invoke interrupt 10h. The second method explores the inline assembler method and the third looks at the MASM 5.1 way.

There are times when a programmer is faced with conflicting goals. Getting the active cursor's position provides a perfect springboard for an ancillary discussion of conflicting goals. When do you code for small size? When do you code for source readability?

The source code for function gtCur(...) is presented in FIGS. 3-1, 3-3, and 3-4. Figure 3-1 presents the standard C version of function gtCUR(...). Figure 3-3 the inline assembler version, and FIG. 3-4 the MASM 5.1 version. If we were writing a single small memory model library, using MASM 5.1 for optimization would probably prove the wisest method. As we are developing code for three memory models, however, complications do arise.

The syntax for function gtCur(...) is straightforward. The prototype for function gtCur(...) for the standard C version looks like this:

    void _fastcall gtCur(int *row,int *col);

The active cursor's row and column are returned via the integer pointers. Figure 3-1, GTCUR1.C, presents the standard C version of GTCUR.C. Let's compile GTCUR1.C in the small memory model using my CCS.BAT batch file. The CCS.BAT file looks like this:

    cl /c /Gs /AS %1.c

Here is an explanation of CCS.BAT.

    cl   Invoke Microsoft C 6.0 compile & link utility
    /c   Compile only
    /Gs   Remove stack checking (for _fastcall)
    /AS   Compile in small memory model
    %1.c   %1 reflects name of .C file

3-1 The standard C version of GTCUR1.C.

```
//////////////////////////////////////
//
// gtcur1.c
//
// Description
//   Gets the cursor's location on the
//   active display page
//
// void _fastcall gtCur(int *row,int *col);
//

// include files here

#include <tproto.h>
#include <dos.h>

void
_fastcall gtCur(row,column)
int *row;
int *column;
{
union REGS ir,or;
char page;

// get the video page

ir.h.ah = 0x0f;
int86(0x10,&ir,&or);
page = or.h.bh;

// get the cursor location

ir.h.bh = page;
ir.h.ah = 3;
int86(0x10,&ir,&or);

// return to int pointers

*row = or.h.dh;
*column = or.h.dl;
}
```

Use your text editor to create CCS.BAT and at the command line, type

ccs gtcur

and press Enter.

PROG7.C, shown in FIG. 3-2, tests the function gtCur(...).

To compile and link PROG7.C with function gtCur(...)'s GTCUR.OBJ small memory model object module, at the command line, type

cl /AS prog7.c \book\src\gtcur.obj

84 Active cursor-management functions

3-2 The source code listing to PROG7.C.

```c
//////////////////////////////////////
//
// PROG7.C
//
// gtCur demonstration program
//
//
//////////////////////////////////////

// include files

#include <tproto.h>
#include <stdio.h>

// program begins here

void
main()
{
int row, col;

// Get row and column location
// of cursor on active page

gtCur(&row,&col);

// print results to screen

printf("\nCursor Row = %02d",row);
printf("\nCursor Column = %02d\n",col);

}
```

and press Enter. Let's have a look at the sizes of the resultant GTCUR.OBJ object module's and PROG7.EXE's size.

PROG7.EXE Size	GTCUR.OBJ Size
6137 bytes	322 bytes

Now let's redo GTCUR.C using Microsoft C 6.0's inline assembler. What do you think will happen to the size of GTCUR.OBJ and PROG7.EXE? Let's see. Figure 3-3 presents the inline assembler version of GTCUR.C.

Doesn't the inline assembler spruce up C source? I think it does. Compile GTCUR.C using the CCS.BAT file and create a new PROG7.EXE file. At the command line, type

    cl /AS prog7.c \book\src\gtcur.obj

and press Enter. Let's have a look at the sizes of the resultant GTCUR.OBJ object module's and PROG7.EXE's size.

3-3 The inline assembler version of GTCUR.C.

```c
////////////////////////////////////////
//
// gtcur.c
//
// Description
//   Gets the cursor's location on the
//   active display page
//
// void _fastcall gtCur(int *row,int *col);
//

// include files here

#include <tproto.h>


void
_fastcall gtCur(int *row,int *column)
{
unsigned char r,c;

// invoke in line assembler

_asm
    {
    mov     AH,0fH          ; get active video page
    int     10h             ; to BH
    mov     AH,03h          ; get cursor location
    int     10h             ; via BIOS
    mov     r,DH            ; row => r
    mov     c,DL            ; col => c
    }
*row = (int)r;              // pass row to *
*column = (int)c;           // pass column to *
}
```

PROG7.EXE Size	**GTCUR.OBJ Size**	
6137 bytes	322 bytes	(standard C version)
5961 bytes	259 bytes	(inline assembler version)

Note here that the inline assembler reduced the GTCUR.OBJ object module size by 63 bytes which translated approximately to a 20 percent reduction in code size. Also, for those of you with minimal assembly experience, the inline assembler version of GTCUR.C looks much cleaner than the standard C version.

Now let's take a look at the MASM 5.1 version of GTCUR.ASM. In the assembly version you are required to know that pointers being passed refers to memory that resides in a FAR data segment. That is why you will see some conditional assembly directives in GTCUR.ASM that place proper values in the ES register. If you are a mid-level or advanced-level assembly programmer, writing multi-memory model assembly source will prove easily manageable. For beginning assembler programmers, however, it's another story. Figure 3-4 presents the source code listing to GTCUR.ASM.

Assemble GTCUR.ASM using your AS.BAT file. Remember here that

3-4 The source code listing to GTCUR.ASM.

```
;///////////////////////////////////
;//
;// gtcur.asm
;//
;// Gets the current cursor location
;//
;//   void gtCur(int *row,int *col);
;//
;///////////////////////////////////

; Prepare Segment ordering

    DOSSEG

; Select memory model and language

if mdl eq 1
    .MODEL    SMALL,C
elseif mdl eq 2
    .MODEL    MEDIUM,C
else
    .MODEL    LARGE,C
    .FARDATA
endif

; begin code segment

    .CODE

gtCur    PROC USES ES,row:PTR WORD,col:PTR WORD
    mov     AH,0fH        ; get current page
    int     10h           ; to BH
    mov     AH,03h        ; get cursor loc &
    int     10h           ; DH=row,DL=col
if mdl eq 3               ; if large model
    assume ES:@fardata    ; ES is @fardata segment
    mov     AX,@fardata
else
    mov     AX,@data      ; ES is @data segment
endif
    mov     ES,AX         ;
    xor     AX,AX         ; 0 => AX
    mov     AL,DH         ; row val => AL
if mdl eq 3               ; if large model
    les     BX,row        ; ES:BX points to row int
else
    mov     BX,row
endif
    mov     WORD PTR ES:[BX],AX ; move AX to int
    mov     AL,DL         ; col val => AL
if mdl eq 3               ; if large model
```

3-4 Continued.

```
       les    BX,col       ; ES:BX points to row int
else
       mov    BX,col
endif
       mov    WORD PTR ES:[BX],AX ; move AX to int
       ret                 ; return

gtCur  ENDP

       END
```

I've suggested that all assembly modules be declared using _cdecl, which tells Microsoft C 6.0 that parameters will be passed on the stack. PROG7.C (presented in FIG. 3-2) includes TPROTO.H. TPROTO.H declares function gtCur(...) as _fastcall (there's a big hint here which version of function gtCur(...) is finally selected for the TAB libraries!). Consequently we need an updated version of PROG7.C to test the assembly-generated function gtCur(...). Figure 3-5 presents the source code listing to PROG8.C, the updated version of PROG7.C.

3-5 The source code listing to PROG8.C.

```
//////////////////////////////////////
//
// PROG8.C
//
// gtCur demonstration program
//
//
//////////////////////////////////////

// include files

#include <stdio.h>

// program begins here

void
main()
{
int row, col;

// Get row and column location
// of cursor on active page

gtCur(&row,&col);

// print results to screen

printf("\nCursor Row = %02d",row);
printf("\nCursor Column = %02d\n",col);

}
```

88 Active cursor-management functions

Compile and link PROG8.C with the assembly version of GTCUR.OBJ. At the command line, type

cl /AS prog8.c \book\asm\gtcur.obj

and press Enter. Let's compare the final results of the by-now infamous GTCUR.OBJ challenge.

PROG7.EXE Size	GTCUR.OBJ Size	
6137 bytes	322 bytes	(standard C version)
5961 bytes	259 bytes	(inline assembler version)
5961 bytes	163 bytes	(assembly version)

The size of the assembly GTCUR.OBJ module is 163 bytes. This represents a 159 bytes, or an approximate 50 percent, savings over the code size of the standard C version of GTCUR.OBJ. Also notice that even though the assembly GTCUR.OBJ is smaller than the inline assembler GTCUR.OBJ the resultant PROG7.EXE and PROG8.EXE are the same size. Do you see why that is so? I suspect that it has something to do with _fastcall with its attendant stack-check removal.

Let's have a look at the object disassemblies of the inline assembler version of GTCUR.OBJ and the MASM 5.1 assembler version of GTCUR.OBJ. Which code looks better to you? Figure 3-6 presents the inline assembler disassembly of GTCUR.OBJ and FIG. 3-7 presents the MASM 5.1 disassembly of GTCUR.OBJ.

3-6 The inline-assembler-generated GTCUR.OBJ disassembly.

```
Module: gtcur.c
Group: 'DGROUP' CONST,_BSS,_DATA

Segment: '_TEXT' WORD   0000002c bytes
0000   55                @gtCur       push    bp
0001   8b ec                           mov     bp,sp
0003   83 ec 04                        sub     sp,0004H
0006   50                              push    ax
0007   53                              push    bx
0008   b4 0f                           mov     ah,0fH
000a   cd 10                           int     10H
000c   b4 03                           mov     ah,03H
000e   cd 10                           int     10H
0010   88 76 fe                        mov     -2H[bp],dh
0013   88 56 fc                        mov     -4H[bp],dl
0016   8a 46 fe                        mov     al,-2H[bp]
0019   2a e4                           sub     ah,ah
001b   8b 5e f8                        mov     bx,-8H[bp]
001e   89 07                           mov     [bx],ax
0020   8a 46 fc                        mov     al,-4H[bp]
0023   8b 5e fa                        mov     bx,-6H[bp]
```

3-6 Continued.

```
0026  89 07              mov    [bx],ax
0028  8b e5              mov    sp,bp
002a  5d                 pop    bp
002b  c3                 ret
```

No disassembly errors

3-7 The MASM 5.1-generated disassembly of GTCUR.OBJ.

```
Module: gtcur.ASM
Group: 'DGROUP' _DATA

Segment: '_TEXT' WORD  00000026 bytes
0000  55              _gtCur    push   bp
0001  8b ec                     mov    bp,sp
0003  06                        push   es
0004  b4 0f                     mov    ah,0fH
0006  cd 10                     int    10H
0008  b4 03                     mov    ah,03H
000a  cd 10                     int    10H
000c  b8 00 00                  mov    ax,DGROUP
000f  8e c0                     mov    es,ax
0011  33 c0                     xor    ax,ax
0013  8a c6                     mov    al,dh
0015  8b 5e 04                  mov    bx,+4H[bp]
0018  26 89 07                  mov    es:[bx],ax
001b  8a c2                     mov    al,dl
001d  8b 5e 06                  mov    bx,+6H[bp]
0020  26 89 07                  mov    es:[bx],ax
0023  07                        pop    es
0024  5d                        pop    bp
0025  c3                        ret
```

No disassembly errors

Do you think the inline assembler version GTCUR.C is easier to code and maintain than the MASM 5.1 assembler version GTCUR.ASM? I do. The C compiler takes care of NEAR and FAR code and data segment needs in a smart fashion. For the most part, the C programmer doesn't really need to know about whether a declared INT is in a NEAR or FAR data segment. In assembly, the programmer must demonstrate greater awareness and knowledge.

So which GTCUR.OBJ module should we place in our TAB libraries? I choose the middle road and say let's use the inline assembler version of GTCUR.OBJ. It's better than the standard C version and easier to code and maintain than the pure assembly version.

Following the same procedure you used when adding TIMER.OBJ to your TABS.LIB, TABM.LIB, and TABL.LIB files, add the inline assembler version of GTCUR.C (presented in FIG. 3-3) to your TAB libraries.

Moving the active cursor

Function mvCur(...) moves the active cursor, which is accomplished via a BIOS interrupt 10h function. MVCUR.ASM, shown in FIG. 3-8, is the source code to the mvCur(...) function. Assemble MVCUR.ASM in each of the three memory models supported in this book and add the appropriate object modules to your TABx libraries. Do you know how? If not, reread the "Using the LIB.EXE library manager program" section in this chapter for more information on the multi-memory model libraries construction process.

Note one big difference between what is required in function mvCur(...) and what is required in function gtCur(...). Function mvCur(...) simply receives parameters via the stack and can easily be handled in a MASM 5.1

3-8 The source code listing to MVCUR.ASM.

```
;/////////////////////////////////
;//
;// mvcur.asm
;//
;// void mvCur(int row,int col)
;//
;//

; declare segment ordering
; and Model

    DOSSEG
IF mdl eq 1
    .MODEL SMALL,C
ELSEIF  mdl eq 2
    .MODEL MEDIUM,C
ELSE
    .MODEL LARGE,C
ENDIF

; begin code segment here

    .CODE

mvCur PROC row:BYTE,column:BYTE
    mov     AH,0Fh          ; get active page
    int     10h             ; into BH
    mov     DH,row          ; set cursor row
    mov     DL,column       ; set cursor column
    xor     AL,AL           ; 0 => AL
    mov     AH,2            ; move cursor via BIOS
    int     10H             ; int 10 hex
    ret
mvCur ENDP

    END
```

format, whereas function gtCur(...) receives pointers to integers parameters via the stack. Pointers contain 16-bit offset values when exploring NEAR data segments. Pointers, however, contain a 16-bit segment and a 16-bit offset from that segment's start when referring to a FAR data segment. MASM 5.1's PROC and USES directives easily take care of the multi-memory model stack frame referencing required to grab parameters from the stack.

In my opinion, writing function mvCur(...) is just as easily accomplished using MASM 5.1 as using Microsoft C 6.0's inline assembler. Do you see how to write function mvCur(...) using the inline assembler? If not, I suggest that you stop reading and try to write function mvCur(...) using the inline assembler. Struggling through this simple exercise will prove very useful in deepening your knowledge of the relationship between MASM 5.1 assembly coding and Microsoft C 6.0 assembly coding.

Once you have added function mvCur(...) to your TABS.LIB, TABM.LIB, and TABL.LIB library files it's time to check their operation. PROG9.C, shown in FIG. 3-9, tests the functioning of function mvCur(...).

3-9 The source code listing to PROG9.C.

```
//////////////////////////////////
//
// PROG9.C
//
// mvCur demonstration program
//
//
//////////////////////////////////

// include files

#include <stdio.h>
#include <tproto.h>

// program begins here

void
main()
{
int row, col;

// row loop to print message

for(row=0,col=0; row<24; row++)
    {
    // adjust the cursor location

    mvCur(row,col++);

    // print the message to the screen

    printf("Hello Chuck!");
    }
}
```

To facilitate the checking of every function and program in the small, medium, and large memory models I use three compile-and-link batch files. To compile and link a program in the small memory model I use the following batch file named CSMALL.BAT.

   cl /AS %1.c \book\lib\tabs.lib

To compile and link a program in the medium memory model I use the following batch file named CMEDIUM.BAT.

   cl /AM %1.c \book\lib\tabm.lib

To compile and link a program in the large memory model I use the following batch file named CLARGE.BAT.

   cl /AL %1.c \book\lib\tabl.lib

Here's the process I'd use to test function mvCur(...). At the command line, type

   csmall prog9

and press Enter. After the PROG9.C compiles and links, at the command line, type

   prog9

and press Enter. Note how PROG9.EXE executes. Assuming it runs as expected, at the command line, type

   cmedium prog9

and press Enter. Run the medium model version of PROG9.EXE. It should perform in an identical fashion to the small memory model version of PROG9.EXE. At the command line, type

   clarge prog9

and press Enter. Run the medium model version of PROG9.EXE. It should perform in an identical fashion to the small memory model version of PROG9.EXE. At the command line, type

Moving the active cursor relative to current position

Function rmvCur(...) moves the cursor relative to the current cursor's position. First function rmvCur(...) uses function gtCur(...) to get the current row and column location of the active cursor. Once the active cursor's position is ascertained, the row offset parameter is passed to function rmvCur(...) and added to the current row location; the column offset parameter is added to the current column location. The resultant newly calculated cursor row and column locations will be used by function mvCur(...) to alter the position of the active cursor.

Figure 3-10 presents the source code listing to RMVCUR.C. Examine the listing in FIG. 3-10. See how easy it is to use existing functions to construct more complex functions. This theme will be used throughout this book and is used in all of my library-building efforts. Creating reusable function object modules is a great timesaver in program and library development.

3-10 The source code listing to RMVCUR.C.

```
//////////////////////////////////
//
// rmvcur.c
//
// Description:
//    Relative move of the cursor
//    starting at the current location
//

// include files here

#include <tproto.h>
void
_fastcall rmvCur(int r_offset,int c_offset)
{
int row,column;

// get current cursor location

gtCur(&row,&column);

// adjust row and column according to
// row and column offset values

row += r_offset;
column += c_offset;

// move the cursor to the new row and
// column location

mvCur(row,column);

}
```

Do you see why it is of the utmost importance to check that every function placed in a library performs properly in the small, medium, and large memory models? Later in this book there are functions that use other functions that use other functions, etc. to operate as billed. If one of the foundation functions failed to operate properly, you would have to spend needless time debugging. Don't cheat for time here. Being extra careful when testing library functions during development pays off in the long run. I know this from painful experiences.

Compile RMVCUR.C in the three memory models supported by this book and add the resultant RMVCUR.OBJ object modules to your TABS.LIB, TABM.LIB, and TABL.LIB files.

PROG10.C, shown in FIG. 3-11, tests function rmvCur(...). Compile and link PROG10.C using CSMALL.BAT, CMEDIUM.BAT, and CLARGE.BAT. Once you're sure that function rmvCur(...) is behaving properly in the small, medium, and large memory models, then you may move on to saving and restoring the active cursor location.

3-11 The source code listing to PROG10.C.

```
////////////////////////////////////
//
// PROG10.C
//
// rmvCur demonstration program
//
//
////////////////////////////////////

// include files

#include <stdio.h>
#include <tproto.h>

// program begins here

void
main()
{
int counter;

// set cursor location to row 0
// and column 0

mvCur(0,0);

// start print message loop

for(counter=0;;counter++)
    {
    // print message

    printf("Hello Chuck!");

    // check to see if last row reached

    if(counter==23)   // yes => break loop
        break;

    // adjust cursor relative to current location

    rmvCur(1,-11);
    }
}
```

Moving the active cursor relative to current position 95

Saving and restoring active cursor location

In every library I've ever developed I've always tried to ease the burden on one of my subpersonalities that's an applications programmer. There are many, many times when I've been required to save the current active cursor location, begin a new screen operation, and then return the cursor to its original location. Sure, I could use functions gtCur(..) and mvCur(...) to accomplish that task, but there's a better way. This way costs a few bytes, but saves seconds when coding. Alas, another tradeoff.

Function sCloc(...) saves the active cursor's location, and function rCloc(...) restores the cursor to the previously saved cursor location. Figures 3-12 and 3-13 present the source code listing to SCLOC.C and RCLOC.C, respectively. Compile SCLOC.C and RCLOC.C and add the resultant SCLOC.OBJ and RCLOC.OBJ object modules to your TABS.LIB, TABM.LIB, and TABL.LIB files.

3-12 The source code listing to SCLOC.C.

```
//////////////////////////////////////
//
// scloc.c
//
// Description:
//   Save the current cursor location
//

// include files here

#include <tproto.h>

// global structure

CUR_LOCATION c_loc;

void
_fastcall sCloc()
{
unsigned char r,c;

// begin inline assembly

_asm
    {
    mov     AH,0Fh      ; get current video page to
    int     10h         ; BH register
    mov     AH,03h      ; get cursor info function
    int     10h         ; VIA BIOS
    mov     r,DH        ; move row
    mov     c,DL        ; move column
    }

// save existing values to structure
c_loc.row = (int)r;
c_loc.column = (int)c;
}
```

96 Active cursor-management functions

3-13 The source code listing to RCLOC.C.

```
///////////////////////////////////
//
// scloc.c
//
// Description:
//   Restores the current cursor location
//

// include files here

#include <tproto.h>

// global structure

extern CUR_LOCATION c_loc;


void
_fastcall rCloc()
{
mvCur(c_loc.row,c_loc.column);
}
```

Figure 3-14 presents the source code listing to PROG11.C, shown in FIG. 3-14, tests the functions sCloc(...) and rCloc(...). Compile the link PROG11.C and test its operation in the small, medium, and large memory models.

3-14 The source code listing to PROG11.C.

```
///////////////////////////////////
//
// PROG11.C
//
// sCloc and rCloc demonstration program
//
//
///////////////////////////////////

// include files

#include <stdio.h>
#include <tproto.h>

// program begins here

void
main()
{
int counter;

// save the current cursor location

sCloc();
```

Saving and restoring active cursor location 97

3-14 Continued.

```
// set cursor location to row 0
// and column 0

mvCur(0,0);

// start print message loop

for(counter=0;;counter++)
    {
    // print message

    printf("Hello Chuck!");

    // check to see if last row reached

    if(counter==23)  // yes => break loop
        break;

    // adjust cursor relative to current location

    rmvCur(1,-11);
    }

// restore the previously saved cursor location

rCloc();

}
```

Turning the active cursor on and off

There are times when an application programmer will want to turn the cursor off (make it invisible) for certain times during program execution and other times when he/she will want to have the active cursor on (make it visible). Functions onCur(...) and offCur(...) take care of cursor visibility handling. These two C functions call two internal assembly functions that actually take care of the BIOS invocations. Figure 3-15 presents the source code listing to ONCUR.C and FIG. 3-16 presents the source code listing to OFFCUR.C. Compile ONCUR.C and OFFCUR.C and add the resultant object modules to your TABS.LIB, TABM.LIB, and TABL.LIB files.

Before testing functions onCur(...) and offCur(...), the two internal cursor visibility assembly bindings must be added to your TAB libraries. The assembly bindings are presented in FIGS. 3-17 and 3-18, which are S_SHAPE .ASM and G_SHAPE.ASM, respectively.

Assemble S_SHAPE.ASM and G_SHAPE.ASM and add the resultant S_SHAPE.OBJ and G_SHAPE.OBJ object modules to your TABS.LIB, TABM.LIB, and TABL.LIB files.

Figure 3-19 presents the source code listing to PROG12.C. This program tests whether functions onCur(...) and offCur(...) work as intended. Compile and link PROG12.C and test that PROG12.EXE works as intended in the small, medium, and large memory models.

3-15 The source code listing to ONCUR.C.

```
//////////////////////////////////////
//
// oncur.c
//
// Description:
//   Turns the cursor on (visible)
//

// include files here

#include <tproto.h>

void
_fastcall onCur()
{
s_shape(g_shape() & ~0x2000);
}
```

3-16 The source code listing to OFFCUR.C.

```
//////////////////////////////////////
//
// offcur.c
//
// Description:
//   Turns the cursor off (invisible)
//

// include files here

void
_fastcall offCur()
{
s_shape(g_shape() | 0x2000);
}
```

3-17 The source code listing to S_SHAPE.ASM.

```
;//////////////////////////////////////
;//
;// s_shape.asm
;//
;// Description:
;//   Internal library routine called from
;//   onCur and offCur functions.
;//

;// declare segment ordering and memory model

        DOSSEG

IF mdl eq 1
    .MODEL SMALL,C
```

Turning the active cursor on and off   99

3-17 Continued.

```
ELSEIF mdl eq 2
    .MODEL MEDIUM,C
ELSE
    .MODEL LARGE,C
ENDIF

;// begin code segment

    .CODE

s_shape PROC shape:WORD
    mov     CX,shape    ; cur shape -> CX
    mov     AH,1        ; set chape func
    int     10h         ; video bios
    ret
s_shape ENDP

    END
```

3-18 The source code listing to G_SHAPE.ASM.

```
;////////////////////////////////
;//
;// g_shape.asm
;//
;// Description:
;//   Internal library routine called from
;//   onCur and offCur functions.
;//

;// declare segment ordering and memory model

    DOSSEG

IF mdl eq 1
    .MODEL SMALL,C
ELSEIF mdl eq 2
    .MODEL MEDIUM,C
ELSE
    .MODEL LARGE,C
ENDIF

;// begin code segment

    .CODE

g_shape PROC
    mov     AH,3        ; GET_CURS
    int     10h         ; video bios
    mov     AX,CX       ; shape -> AX
    ret
g_shape ENDP

    END
```

3-19 The source code listing to PROG12.C.

```c
//////////////////////////////////////
//
// prog12.c
//
// Description:
//   Demonstration of onCur and offCur
//   functions.
//

// include files here

#include <stdio.h>
#include <tproto.h>

void main(void);

void
main()
{
// turn the cursor off

offCur();

// print message

printf("The cursor is now turned off.");

// wait for key press

getchar();

// print message and turn cursor on

printf("The cursor is now turned on.");

// turn on the cursor

onCur();
}
```

Changing the size of the active cursor

There are times when the applications programmer will want to have the cursor change sizes for different operations. Three functions facilitate changing the active cursor's size, saving the active cursor size, and restoring the active cursor's size. SIZECUR.C, shown in FIG. 3-20, contains the code to function sizeCur(...), which changes the cursor's size. SSIZECUR.C, shown in FIG. 3-21, holds the code to two functions: Function ssizeCur(...) saves the active cursor's size and function rsizeCur(...) restores the previously saved cursor size. Compile SIZECUR.C and SSIZECUR.C and add the resultant SIZECUR.OBJ and SSIZECUR.OBJ object modules to your TABS.LIB, TABM.LIB, and TABL.LIB files.

3-20 The source code listing to SIZECUR.C.

```c
//////////////////////////////////
//
// sizecur.c
//
// Description:
//   Set the cursor size
//

// include files here

#include <tproto.h>

void
_fastcall sizeCur(int start,int end)
{
// invoke inline assembler

_asm
   {
   mov     AX,end      ; cursor end line to AX
   mov     CL,AL       ; xferred to CL
   mov     AX,start    ; cursor start line to AX
   mov     CH,AL       ; xferred to CH
   mov     AH,1        ; 1 => AH
   xor     AL,AL       ; 0 => AL
   int     10h         ; change size VIA BIOS int 10h
   }
}
```

3-21 The source code listing to SSIZECUR.C.

```c
//////////////////////////////////
//
// ssizecur.c
//
// Description:
//   Save cursor size
//

// include files here

#include <tproto.h>

// global int

static int csize;

void
_fastcall ssizeCur()
{
// invoke inline assembler

_asm
   {
   mov     AH,0Fh      ; get active video page
   int     10h         ; to BH
```

102 Active cursor-management functions

3-21 Continued.

```
    mov     AH,03h      ; cur info function
    int     10h         ; cur size => CX
    mov     csize,CX    ; save cursor size
    }
}
```

```
///////////////////////////////////////
//
// Description:
//   Restore cursor size
//

void
_fastcall rsizeCur()
{
// invoke inline assembler

    _asm
    {
        mov     AH,01h      ; set cur size
        mov     CX,csize    ; cursor size => CX
        int     10h         ; restore cursor size via BIOS
    }
}
```

PROG13.C, shown in FIG. 3-22, shows how to change the active cursor's size. The syntax for functions sizeCur(...), ssizeCur(...), and rsizeCur(...) can be found in this program. Compile and link PROG13.C in the small, medium, and large memory models and check that PROG13.EXE functions as intended.

3-22 The source code listing to PROG13.C.

```
///////////////////////////////////////
//
// prog13.c
//
// Description:
//   Demonstration of sizeCur, ssizeCur,rsizeCur
//   functions.
//

// include files here

#include <stdio.h>
#include <tproto.h>

void main(void);

void
main()
{
```

3-22 Continued.

```
// save cursor size

rsizeCur();

// set new cursor size to block

sizeCur(0,12);

// print message

printf("The cursor is a flashing block.");

// wait for key press

getchar();

// restore the cursor size

printf("The previously saved cursor size is restored.");

// restore cursor size

rsizeCur();

}
```

Summary

Library management is nicely handled by Microsoft's LIB.EXE library manager program. LIB.EXE permits you to add object modules to libraries, delete object modules from libraries, and replace object modules in libraries. One other feature of the LIB.EXE program is that it permits you to create a listing of all the object modules and functions contained in your library. Let's create a listing of your small memory model TABS.LIB file by, at the command line, typing

  lib tabs,tabs.lst

and pressing Enter. You will now find a file named TABS.LST on your disk. Figure 3-23 presents the TABS.LST listing.

You can clearly see which library object modules contain which functions and can tell if the functions are using the _fastcall convention (preceding @) or the _cdecl (preceding _) convention. I will present library listings at the end of every chapter so you may see how your optimized Microsoft C 6.0 library grows.

In summary, the multi-method library building process I suggest in this book is the following:

1. Create a small model object module
2. Add it to the small memory model library
3. Create a medium model object module

4. Add it to the medium memory model library
5. Create a large model object module
6. Add it to the large memory model library
7. Test the function in the small, medium, and large memory models

3-23 The TABS.LIB library listing.

```
@gtCur..........gtcur           @offCur.........offcur
@onCur..........oncur           @rCloc..........rcloc
@rmvCur.........rmvcur          @rsizeCur.......ssizecur
@sCloc..........scloc           @sizeCur........sizecur
@ssizeCur.......ssizecur        _add1jiff.......timer
_get_jiffhour...timer           _get_jiffmin....timer
_get_jiffy......timer           _get_ljiffy.....timer
_g_shape........g_shape         _initialize_timer..timer
_mvCur..........mvcur           _newtimer.......timer
_remove_timer...timer           _reset_timer....timer
_start_timer....timer           _stop_timer.....timer
_s_shape........s_shape

mvcur           Offset: 00000010H  Code and data size: 15H
  _mvCur

timer           Offset: 000000b0H  Code and data size: e0H
  _add1jiff       _get_jiffhour     _get_jiffmin      _get_jiffy
  _get_ljiffy     _initialize_timer                   _newtimer
  _remove_timer   _reset_timer      _start_timer      _stop_timer

gtcur           Offset: 00000390H  Code and data size: 2cH
  @gtCur

rmvcur          Offset: 000004a0H  Code and data size: 30H
  @rmvCur

scloc           Offset: 000005e0H  Code and data size: 26H
  @sCloc

rcloc           Offset: 00000710H  Code and data size: 10H
  @rCloc

oncur           Offset: 00000830H  Code and data size: eH
  @onCur

s_shape         Offset: 00000950H  Code and data size: cH
  _s_shape

g_shape         Offset: 000009f0H  Code and data size: 7H
  _g_shape

offcur          Offset: 00000a80H  Code and data size: eH
  @offCur

sizecur         Offset: 00000ba0H  Code and data size: 1aH
  @sizeCur

ssizecur        Offset: 00000cb0H  Code and data size: 26H
  @rsizeCur         @ssizeCur
```

Summary

4
Foundation screen-handling routines

Starting with this chapter your library-building pace will dramatically increase. If the speed of function presentation in this chapter leaves you gasping for air, you can get relief by looking at Chapter 3, Screen-handling routines, and Chapter 5, More screen routines, in *Building C Libraries: Windows, Menus, and User Interfaces* (Windcrest Book No. 3418).

All the video routines presented in this chapter use the direct video access method of writing to the screen and reading data from the screen. This method is the fastest and creates the most professional-looking results. Briefly, the video display is mapped to an area of memory which I'll refer to as *video RAM*. The display information is held in a 16-bit word. The LSB, Least Significant Byte, of the 16-bit word holds the ASCII character value and the MSB, Most Significant Byte, holds the video attribute information. The video attribute controls the displayed character's foreground color, background color, foreground intensity, and foreground blink.

In this book, the 16-bit video word is defined as a *token*. In other words, a token is a 16-bit value that is comprised of an 8-bit character value and an 8-bit attribute value. Functions are presented in this chapter to write tokens to the screen and read tokens from the screen. There is also a function that makes a token from a designated character value and attribute value.

In this chapter you'll also learn how to write strings to the screen, vertical bars, horizontal bars, change the displayed text attributes without altering text, and finally to save and restore the screen image.

Making screen tokens and attributes

Function mkToken(...) receives an 8-bit character, an 8-bit attribute and returns a 16-bit token. MKTOKEN.ASM, shown in FIG. 4-1, is the assembly source code to this function. Assemble MKTOKEN.ASM and add the resultant MKTOKEN.OBJ object modules to your TABS.LIB, TABM.LIB, and TABL.LIB files. The mkToken(...) function is demonstrated in PROG15.C, shown later in this chapter in FIG. 4-7.

4-1 The source code listing to MKTOKEN.ASM.

```
;////////////////////////////////////
;//
;// mktoken.asm
;//
;// Description:
;// Takes an the LSB of two 16 bit ints
;// and combines then into one 16 bit int.
;// Useful in combining char and attributes
;// for one screen token.
;//
;// token = mkToken(int char_value,int attribute_value)
;//

; declare segment ordering
; and Model

    DOSSEG

if mdl eq 1
    .MODEL SMALL,C
elseif mdl eq 2
    .MODEL MEDIUM,C
else
    .MODEL LARGE,C
endif

; begin code segment here

    .CODE

mkToken PROC schar:BYTE,sattr:BYTE
    mov     AL,schar  ; character to LSB
    mov     AH,sattr  ; attribute to MSB
    ret
mkToken ENDP

    END
```

Function mkAttr(...) receives the foreground color value, the background color value, the foreground intensity value, and the foreground blink values and returns an 8-bit attribute. MKATTR.ASM, shown in FIG. 4-2, is the source code to the mkAttr(...) function. Assemble MKATTR.ASM and add the resultant MKATTR.OBJ object modules to your TABS.LIB, TABM.LIB,

4-2 The source code listing to MKATTR.ASM.

```
;//////////////////////////////////
;//
;// mkattr.asm
;//
;// Description: Makes screen attribute
;//   where
;//     attribute = mkAttr(fc,bc,intensity,blink);
;//
;// fc = int foreground color
;// bc = int background color
;// intensity = int intensity
;// blink = int blink on off

; declare segment ordering
; and Model

    DOSSEG

if mdl eq 1
    .MODEL SMALL,C
elseif mdl eq 2
    .MODEL MEDIUM,C
else
    .MODEL LARGE,C
endif

; begin code segment here

    .CODE

mkAttr PROC fore_c:WORD,back_c:WORD,inten_t:WORD,blink_t:WORD
    xor     AX,AX           ; 0 -> AX
    mov     AX,back_c       ; back ground color to AL
    mov     CL,4            ; prep shift 4 left
    shl     AX,CL           ; means AL * 16
    or      AX,fore_c       ; or foreground color
    or      AX,inten_t      ; or intensity
    or      AX,blink_t      ; or blink
    ret
mkAttr  ENDP
    END
```

and TABL.LIB files. The color defines, intensity defines, and blink defines are presented in TSTRUCT.H (FIG. 2-2). The use of function mkAttr(...) is demonstrated in PROG15.C (FIG. 4-7).

Clearing the visible screen

Function scrnClr(...) uses the video BIOS scroll function to clear the visible screen. Look at FIG. 4-3, which is SCRNCLR.ASM, the source code to this function. Can you see how to modify SCRNCLR.ASM so it could receive a screen attribute parameter? Allowing scrnClr(...) to control the screen attribute is a nice frill to add to this function. Assemble SCRNCLR.ASM and add

4-3 The source code listing to SCRNCLR.ASM.

```
;///////////////////////////////////
;//
;// scrnclr.asm
;//
;// Description;
;//   Clears the screen with the
;//   normal attribute
;//

; declare segment ordering
; and Model

    DOSSEG
if mdl eq 1
    .MODEL SMALL,C
elseif mdl eq 2
    .MODEL MEDIUM,C
else
    .MODEL LARGE,C
endif

; begin code segment here

    .CODE

scrnClr PROC
    xor     AX,AX     ; lines to scroll 0
    xor     CX,CX     ; UL row & UL column to 0
    mov     DH,24     ; LR row to 24
    mov     DL,79     ; LR column to 70
    mov     BH,7      ; fore->white, back->black
    mov     AH,6      ; vid scroll up function
    int     10h       ; bios do it
    mov     AH,0Fh    ; get video page to BH
    int     10h       ; invoke BIOS
    mov     DX,0      ; row & col to 0
    mov     AH,2      ; reset cursor position
    int     10h       ; invoke BIOS to move cursor
    ret
scrnClr ENDP

    END
```

the SCRNCLR.OBJ object modules to your TABS.LIB, TABM.LIB, and TABL.LIB files.

PROG14.C, shown in FIG. 4-4, demonstrates function scrnClr(...). Compile PROG14.C and link the resultant PROG14.OBJ object module with your TABS.LIB file. Run PROG14.EXE and your screen will clear and the cursor will move to the top left portion of the screen.

Initializing direct video access routines

This foundation function, vidInit(...), must be called before any direct video access routines. Function vidInit(...) determines the start address of video

4-4 The source code listing to PROG14.C.

```c
//////////////////////////////////////
//
// prog14.c
//
// Description:
//    Demonstration of scrnClr function.
//

// include files here

#include <tproto.h>

void main(void);

void
main()
{
// clear the screen with the normal (7)
// attribute and move the cursor to row 0
// column 0

scrnClr();

}
```

RAM and places that segment value in a global variable. If this global variable is not properly set then unnatural and unspeakable things will happen to your computer. Be forewarned, function vidInit(...) must be called before all direct video memory access routines presented in this book. A good habit to get into would be to place function vidInit(...) as the first function called in function main(...).

VIDINIT.ASM, shown in FIG. 4-5, is the source code to the vidInit(...) function. Assemble VIDINIT.ASM and add the resultant object modules to your TABS.LIB, TABM.LIB, and TABL.LIB files. PROG15.C, FIG. 4-7, demonstrates the use of function vidInit(...).

4-5 The source code listing to VIDINIT.ASM.

```
;//////////////////////////////////////
;//
;// vidinit.asm
;//
;// Initialize video structures
;//

        DOSSEG
if      mdl eq 1
        .MODEL SMALL,C
elseif  mdl eq 2
        .MODEL MEDIUM,C
else
        .MODEL LARGE,C
```

Initializing direct video access routines   111

4-5 Continued.

```
endif

; video structure

        v STRUC                     ; v STRUCT MUST MATCH
          mode  DW 0                ; data struct of VIDEO
          wid   DW 0                ; struct in tstruct.h
          pag   DW 0
          scrn  DW 0,0
        v ENDS

; declare as public for direct video access routines

        PUBLIC  SCRNSEG,crt,VID_PORT,SPARKLE_FLAG

        .DATA

SPARKLE_FLAG DW 0                   ; No sparkle fix default
VID_PORT     DW 0                   ; video controller status port
SCRNSEG      DW 0                   ; int holds scrn seg
crt          DW 0,0                 ; pointer to VIDEO struct
vid          v <>                   ; structure declaration

        .CODE

vidInit PROC

; move offset of pointer to video structure to global

        mov     crt+2,DS
        mov     crt,offset vid  ; addr of struct -> _crt

; get video mode -> int 10h func 15

        xor     CX,CX           ; CX -> 0
        mov     AH,15           ; BIOS get mode
        int     10h             ; BIOS int
        mov     CL,AL           ; mode -> vid.mode
        mov     [vid.mode],CX   ; store in vid structure
        mov     CL,AH           ; row wid -> vid.width
        mov     [vid.wid],CX    ; store in vid structure
        mov     CL,BH           ; page -> vid.pag
        mov     [vid.pag],CX    ; store in vid structure

; prep structure for mono or color

        cmp     AL,7            ; is mono?
        je      ismono          ; yes ->jump
        mov     AX,CX           ; video page to AX
        mov     CL,8            ; prep left shift
        shl     AX,CL           ; page offset in AX
        add     AX,0B800h       ; add Page 0 start
        mov     VID_PORT,03dah  ; stat color controller port
        mov     SCRNSEG,AX      ; color scrn seg
        mov     [vid.scrn],00h  ; far * offset
        mov     [vid.scrn+2],AX ; far * seg
        jmp     videxit         ; color all done
ismono:                         ; mono has only one page
        mov     VID_PORT,03BAh  ; stat mono controller port
```

112 Foundation screen-handling routines

4-5 Continued.

```
        mov     SCRNSEG,0B000h      ; mono scrn seg
        mov     [vid.scrn],00h      ; far * offset
        mov     [vid.scrn+2],0B000h ; far * seg
videxit:                            ; all done
        ret

vidInit ENDP

        END
```

Writing a character and attribute to the screen

Function vdChar(...) places a designated character and attribute to the screen at a specified row and column location. The character and attribute are sent in 16-bit token form. VDCHAR.ASM, shown in FIG. 4-6, is the source code to the vdChar(...) function. Assemble VDCHAR.ASM and add the resultant VDCHAR.OBJ object modules to your TABS.LIB, TABM.LIB, and TABL.LIB files.

4-6 The source code listing to VDCHAR.ASM.

```
;///////////////////////////////////
;//
;// vdchar.asm
;//
;// Description:
;//   Writes a screen token to the screen
;//   at row and column location
;//
;// void vdChar(row,col,token)
;//
;// int row      row of string write
;// int col      column of string write
;// int token    char + 256*attr

        DOSSEG
if mdl eq 1
        .MODEL SMALL,C
elseif mdl eq 2
        .MODEL MEDIUM,C
else
        .MODEL LARGE,C
endif

        EXTRN   SCRNSEG:WORD

; beginning of code segment

        .CODE

vdChar PROC USES DI SI,prow:BYTE,pcol:BYTE,ptoken:WORD
        mov     CX,SCRNSEG      ; screen segment to CX
```

4-6 Continued.

```
        mov     ES,CX           ; & then to ES
        xor     AX,AX           ; 0 -> AX
        mov     AL,prow         ; row -> AL
        mov     BL,160          ; 80 chars wide * 2
        mul     BL              ; row * scrn width  -> AX
        mov     CL,pcol         ; column to CL
        xor     CH,CH           ; 0 -> CH
        shl     CX,1            ; col * 2
        add     AX,CX           ; column + (row * scrn width)
        mov     DI,AX           ; point DI to scrn
        mov     AX,ptoken       ; token to AX
        stosw                   ; AX -> screen
        ret
vdChar ENDP
        END
```

The program PROG15.C, shown in FIG. 4-7 demonstrates the use of functions mkAttr(...), mkToken(...), vidInit(...), and vdChar(...). Examine the source presented in FIG. 4-7 to see the syntax of all the presented functions. Compile PROG15.C and link the resultant PROG15.OBJ object module to your TABS.LIB file. Run PROG15.EXE and see your screen turn red with black periods. Note how quickly direct video access changes 2000 character bytes and 2000 attribute bytes in screen RAM.

4-7 The source code listing to PROG15.C.

```
//////////////////////////////////////
//
// prog15.c
//
// Description:
//   Demonstration of mkToken,mkAttr,vidInit,vdChar
//

// include files here

#include <tproto.h>

void main(void);

void
main()
{
int row,column;

// initialize the video

vidInit();

// turn off the cursor

offCur();

// fill the screen with periods
```

4-7 Continued.

```
for(row=0; row<25; row++)
    for(column=0; column<80; column++)
        vdChar(row,column,mkToken('.',mkAttr(BLACK,
                                              RED,
                                              OFF_INTENSITY,
                                              OFF_BLINK)));

// wait for key press
getchar();

// clear the screen with the normal (7)
// attribute and move the cursor to row 0
// column 0

scrnClr();

// turn on the cursor

onCur();
}
```

Writing a string to the screen

Function vdWrite(...) permits you to write a string of predetermined length to the screen at a specified row and column location. You also control the video write attribute. This version of vdWrite(...) is more than just a MASM 5.1 version of the routine presented in my *Building C Libraries: Windows, Menus, and User Interfaces* (Windcrest Book No. 3418). This version is an upgrade that allows you to print a NULL (0) terminated string by placing a value of 0 in the length parameter. Because function vdWrite(...) takes five parameters, it seems sensible to present a detailed look of the function's syntax, which is

    vdWrite(*row,col,len,string,attr*);

where *row* = screen row location to start string write (int)
       col = screen column location to start string write (int)
       len = if 0 then print NULL terminated string
            if > 0 then print *len* bytes (int)
      string = pointer to char buffer (char *)
       attr = attribute created using function mkAttr(...) (int)

VDWRITE.ASM, shown in FIG. 4-8, is the source code to the vdWrite(...) function. Assemble VDWRITE.ASM and add the resultant VDWRITE.OBJ object modules to your TABS.LIB, TABM.LIB, and TABL.LIB files.

PROG16.C, shown in FIG. 4-9, is a screen-write comparison program that tests the speed of the standard C function puts(...) and compares it to the speed of the TAB library function vdWrite(...). The speed is tested using the TAB jiffy timer (see FIG. 1-1, in chapter 1, for more information on the jiffy timer). Compile PROG16.C and link the resultant PROG16.OBJ object module with your TABS.LIB file. Run PROG16.EXE and you'll see the screen-write comparison program in action. Here are the jiffy timer results that were reported by my 25 MHz. 386 PC clone computer.

Screen-Write Method	Jiffy Timer Results
C function puts(...)	223 jiffys
TAB function vdWrite(...)	2 jiffys

As you can see, PROG16 demonstrates on my computer that TAB library function vdWrite(...) performs 99 times faster than the C function puts(...). When you see the program running and writing to the screen, the direct video access method of writing to the screen appears much faster than the standard C function puts(...).

4-8 The source code listing to VDWRITE.ASM.

```
;//////////////////////////////////////
;//
;// vdwrite.asm
;//
;// Description:
;//   Writes a string of predetermined length
;//   to the screen at a specified row and
;//   column location. TRhe attribute is
;//   also specified.
;//
;//   void vdWrite(row,col,len,cptr,attr)
;//
;//   int row       row of string write
;//   int col       column of string write
;//   int len       number of bytes to write
;//   char *cptr    pointer to string to write
;//   int attr      attribute of screen write
;//
;//   Note: If length of string is 0 then
;//         string prints until NUL
;//

        DOSSEG

if mdl eq 1
        .MODEL SMALL,C
elseif mdl eq 2
        .MODEL MEDIUM,C
else
        .MODEL LARGE,C
endif

        EXTRN    SCRNSEG:WORD

; beginning of code segment

        .CODE
```

116 Foundation screen-handling routines

4-8 Continued.

```
vdWrite PROC USES DI SI DS,prow:BYTE,pcol:BYTE,plen:WORD,pptr:PTR,pattr:BYTE
        mov     CX,SCRNSEG      ; screen segment to CX
        mov     ES,CX           ; & to ES
if mdl eq 3                     ; DS:SI points to
        lds     si,[pptr]       ; string for large model
else                            ; DS:SI points
        mov     SI,pptr         ; to string
endif                           ;
        xor     AX,AX           ; 0 -> AX
        mov     AL,prow         ; row -> AL
        mov     BL,160          ; 160 = (80 chars wide * 2)
        mul     BL              ; row * scrn width  -> AX
        mov     CL,pcol         ; column to CL
        xor     CH,CH           ; 0 -> CH
        shl     CX,1            ; col * 2
        add     AX,CX           ; column + (row * scrn width)
        mov     DI,AX           ; point DI to scrn
        cld                     ; direction increment forward
        mov     CX,plen         ; string length -> CX
        mov     AH,pattr        ; make word token
        or      CX,CX           ; Is CX 0?
        jz      len_eq_0        ; Jump on yes
len_gt_0:                       ; length greater than 0
        lodsb                   ; get byte from string
        stosw                   ; store token to screen
        loop    len_gt_0        ; loop on string not done
        jmp     all_done        ; vdWrite all done
len_eq_0:                       ; print string until 0 is reached
        lodsb                   ; get byte from string
        or      AL,AL           ; 0 string terminator found?
        jz      all_done        ; Jump and exit on yes
        stosw                   ; store token to screen
        jmp     len_eq_0        ; get next byte
all_done:                       ; vdWrite all done
        ret
vdWrite ENDP

        END
```

4-9 The source code listing to PROG16.C.

```
//////////////////////////////////////
//
// PROG16.C
//
// Description:
//   Function vdWrite performance
//   comparison to a mvCur and puts
//   combination.
//
//////////////////////////////////////

// include files

#include <stdio.h>
#include <dos.h>
```

4-9 Continued.

```c
// _cdecl function prototypes ensures
// standard Microsoft parameter passing
// and pre_underscore function naming

void _cdecl initialize_timer();
void _cdecl remove_timer();
void _cdecl reset_timer();
void _cdecl start_timer();
void _cdecl stop_timer();
int _cdecl get_jiffy(void);

// functions declared without _cdecl
// permit you to use _fastcall (/Gr)
// parameter passing

void main(void);

// data

char    xdat[80] = {
    'X','X','X','X','X','X','X','X','X','X',
    'X','X','X','X','X','X','X','X','X','X',
    'X','X','X','X','X','X','X','X','X','X',
    'X','X','X','X','X','X','X','X','X','X',
    'X','X','X','X','X','X','X','X','X','X',
    'X','X','X','X','X','X','X','X','X','X',
    'X','X','X','X','X','X','X','X','X','X',
    'X','X','X','X','X','X','X','X','X',0 };

char    odat[80] = {
    '0','0','0','0','0','0','0','0','0','0',
    '0','0','0','0','0','0','0','0','0','0',
    '0','0','0','0','0','0','0','0','0','0',
    '0','0','0','0','0','0','0','0','0','0',
    '0','0','0','0','0','0','0','0','0','0',
    '0','0','0','0','0','0','0','0','0','0',
    '0','0','0','0','0','0','0','0','0','0',
    '0','0','0','0','0','0','0','0','0',0 };

// program begins here

void
main()
{
int count,ctr,counter;

// initialize the video

vidInit();

// initialize the jiffy timer

initialize_timer();

// stop and reset the the jiffy timer

reset_timer();
stop_timer();
```

4-9 Continued.

```c
// print message

printf("Screen Write Comparison Program\nPress any key to continue");

// wait for key press

getchar();

// clear the screen

scrnClr();

// start the timer

start_timer();

// repeat mvCur and puts operations

for(counter=0; counter<8; counter++)
    {
    // print 20 rows of Xs to the screen

    for(count=0; count<22; count++)
        {
        mvCur(count,0);
        puts(xdat);
        }

    // print 20 rows of Os to the screen

    for(count=0; count<22; count++)
        {
        mvCur(count,0);
        puts(odat);
        }
    }

// stop the timer

stop_timer();

// adjust the cursor

mvCur(23,0);

// print the jiffy count for screen write

printf("Jiffy Count = %d\n",get_jiffy());
// stop and reset the the jiffy timer

reset_timer();
stop_timer();

// print message

printf("mvCur(...) & puts(...) test complete - PRESS any key to continue");

// wait for key press
```

Writing a string to the screen   119

4-9 Continued.

```c
getchar();

// clear the screen

scrnClr();

// start the timer

start_timer();

// repeat vdWrite operations

for(counter=0; counter<8; counter++)
    {
    // print 20 rows of Xs to the screen

    for(count=0; count<22; count++)
        // write NUL terminated string to screen
        // using NORMAL (7) attribute
        vdWrite(count,0,0,xdat,7);

    // print 20 rows of Os to the screen

    for(count=0; count<22; count++)
        // write NUL terminated string to screen
        // using NORMAL (7) attribute
        vdWrite(count,0,0,odat,7);
    }

// stop the timer

stop_timer();

// adjust the cursor

mvCur(23,0);

// print the jiffy count for screen write

printf("Jiffy Count = %d\n",get_jiffy());

// remove the timer

remove_timer();

// print message

printf("vdWrite(...) test complete - PRESS any key to continue");

// wait for key press

getchar();

// clear the screen and return to DOS

scrnClr();

}
```

Writing a horizontal line to the screen

Function vdHoriz(...) draws a single-line horizontal bar on the screen starting at a specified row and column location of predetermined length. This function also controls the screen-write attribute. VDHORIZ.ASM, shown in FIG. 4-10, is the source code to the vdHoriz(...) function. Assemble VDHORIZ.ASM and add the resultant object modules to your TABS.LIB, TABM.LIB, and TABL.LIB files.

PROG17.C, shown in FIG. 4-11, demonstrates the use of function vdHoriz(...). Compile PROG17.C and link the resultant PROG17.OBJ object module with your TABS.LIB file. Running PROG17.EXE demonstrates how to write a horizontal bar of predetermined length at a specified location to the screen.

4-10 The source code listing to VDHORIZ.ASM.

```
;///////////////////////////////////
;//
;// vdhoriz.asm
;//
;// Description:
;//   Writes a single line horizontal
;//   bar of predetermined length at
;//   a specified row and column location.
;//   The horizontal bar attribute is also
;//   controlled.
;//
;//   vdHoriz(row,col,number,attr)
;//
;//   int row      row of string write
;//   int col      column of string write
;//   int number   number of bar bytes to write
;//   int attr     attribute of screen write

    DOSSEG
if mdl eq 1
    .MODEL SMALL,C
elseif mdl eq 2
    .MODEL MEDIUM,C
else
    .MODEL LARGE,C
endif

    EXTRN    SCRNSEG:WORD

    .CODE

vdHoriz PROC USES DI,prow:BYTE,pcol:BYTE,pnumber:WORD,pattr:BYTE
    mov     CX,SCRNSEG   ; screen segment to CX
    mov     ES,CX        ; & to ES
    xor     AX,AX        ; 0 -> AX
    mov     AL,prow      ; row -> AL
    mov     BL,160       ; 80 chars wide * 2
    mul     BL           ; row * scrn width -> AX
    mov     CL,pcol      ; column to CL
```

Writing a horizontal line to the screen   121

4-10 Continued.

```
        xor     CH,CH           ; 0 -> CH
        shl     CX,1            ; col * 2
        add     AX,CX           ; column + (row * scrn width)
        mov     DI,AX           ; point DI to scrn
        cld                     ; forward increment
        mov     AL,196          ; create screen token
        mov     AH,pattr        ; bar & attribute => AX
        mov     CX,pnumber      ; row to write
rep stosw
        ret

vdHoriz ENDP

        END
```

4-11 The source code listing to PROG17.C.

```c
///////////////////////////////////////
//
// prog17.c
//
// Demonstrates the use of vdHoriz
//
///////////////////////////////////////

// include files here

#include <tproto.h>

void main(void);

void
main()
{
int attr;

// initialize video

vidInit();

// define attribute

attr = mkAttr(WHITE,MAGENTA,OFF_INTENSITY,OFF_BLINK);

// clear the screen

scrnClr();

// turn the cursor off

offCur();

// write 80 bytes at top menu bar
// at row 1 - col 0 to col 79

vdHoriz(1,0,80,attr);

// write  message
```

4-11 Continued.

```c
vdWrite(24,10,0,"Press any key to continue...",attr);

// wait for key press to continue

getchar();

// clear the screen

scrnClr();

// turn on the cursor

onCur();
}
```

Writing a vertical line to the screen

Function vdVert(...) draws a single-line vertical bar on the screen starting at a specified row and column location of predetermined length. The screen-write attribute also is controlled with this function. VDVERT.ASM, shown in FIG. 4-12, is the source code to vdVert(...). Assemble VDVERT.ASM and add the resultant VDVERT.OBJ object modules to your TABS.LIB, TABM.LIB, and TABL.LIB files.

The program PROG18.C, shown in FIG. 4-13, demonstrates the use of function vdVert(...). Compile PROG18.C and link the resultant PROG18.OBJ object module to your TABS.LIB file. Running PROG18.EXE demonstrates how function vdVert(...) writes a vertical bar to the screen.

4-12 The source code listing to VDVERT.ASM.

```
;////////////////////////////////
;//
;// vdVert.asm
;//
;// Description:
;//    Writes a single line vertical
;//    bar of predetermined length at
;//    a specified row and column location.
;//    The vertical bar attribute is also
;//    controlled.
;//
;//    vdVert(row,col,number,attr)
;//
;//    int row      row of string write
;//    int col      column of string write
;//    int number   number of bar bytes to write
;//    int attr     attribute of screen write

        DOSSEG
if mdl eq 1
        .MODEL SMALL,C
elseif mdl eq 2
```

4-12 Continued.

```
    .MODEL MEDIUM,C
else
    .MODEL LARGE,C
endif

    EXTRN    SCRNSEG:WORD

    .CODE

vdVert PROC USES DI,prow:BYTE,pcol:BYTE,pnumber:WORD,pattr:BYTE
    mov     CX,SCRNSEG      ; screen segment to CX
    mov     ES,CX           ; & to ES
    xor     AX,AX           ; 0 -> AX
    mov     AL,prow         ; row -> AL
    mov     BL,160          ; 80 chars wide * 2
    mul     BL              ; row * scrn width  -> AX
    mov     CL,pcol         ; column to CL
    xor     CH,CH           ; 0 -> CH
    shl     CX,1            ; col * 2
    add     AX,CX           ; column + (row * scrn width)
    mov     DI,AX           ; point DI to scrn
    mov     AL,179          ; vertical line
    mov     AH,pattr        ; attrobute
    mov     CX,pnumber      ; row to write
vdv1:                       ; loop start
    mov     ES:[DI],AX      ; AX -> screen
    add     DI,160          ; next row down
    loop    vdv1            ; loop end
    ret
vdVert ENDP

    END
```

4-13 The source code listing to PROG18.C.

```
///////////////////////////////////
//
// prog18.c
//
// Demonstrates the use of vdHoriz & vdVert
//
///////////////////////////////////

// include files here

#include <tproto.h>

void main(void);

void
main()
{
int attr;

// initialize video

vidInit();
```

124 Foundation screen-handling routines

4-13 Continued.

```
// define attribute

attr = mkAttr(WHITE,MAGENTA,OFF_INTENSITY,OFF_BLINK);

// clear the screen

scrnClr();

// turn the cursor off

offCur();

// write box

vdHoriz(1,0,80,attr);                 // top
vdHoriz(23,0,80,attr);                // bottom
vdVert(1,0,23,attr);                  // left bar
vdVert(1,79,23,attr);                 // right bar
vdChar(1,0,mkToken(218,attr));        // left top corner
vdChar(1,79,mkToken(191,attr));       // right top corner
vdChar(23,0,mkToken(192,attr));       // left bottom corner
vdChar(23,79,mkToken(217,attr));      // right bottom corner

// write  message

vdWrite(24,10,0,"Press any key to continue...",7);

// wait for key press to continue

getchar();

// clear the screen

scrnClr();

// turn on the cursor

onCur();
}
```

Changing a string of screen attributes

Function vdAttr(...) permits you to change a designated number of screen attributes at a specified row and column screen location. Function vdAttr(...) will prove very useful when you wish to write user interface routines that highlight the option the user has selected. VDATTR.ASM, shown in FIG. 4-14, is the source code to the vdAttr(...) function. Assemble VDATTR.ASM and add the resultant VDATTR.OBJ object modules to your TABS.LIB, TABM.LIB, and TABL.LIB files.

PROG19.C, shown in FIG. 4-15, demonstrates function vdAttr(...). Compile PROG19.C and link the resultant PROG19.OBJ object module with your TABS.LIB file. Running PROG19.EXE demonstrates how to change a selected number of screen attributes at a specified row and column location without altering screen character information.

4-14 The source code listing to VDATTR.ASM.

```asm
;////////////////////////////////////
;//
;// vdAttr.asm
;//
;// Description:
;//   Changes screen attributes
;//   of predetermined length at
;//   a specified row and column location.
;//
;//   vdAttr(row,col,number,attr)
;//
;//   int row      row of string write
;//   int col      column of string write
;//   int number   number of bar bytes to write
;//   int attr     attribute of screen write

        DOSSEG
if mdl eq 1
    .MODEL SMALL,C
elseif mdl eq 2
    .MODEL MEDIUM,C
else
    .MODEL LARGE,C
endif

        EXTRN       SCRNSEG:WORD

        .CODE

        .CODE
vdAttr  PROC USES DI SI,prow:byte,pcol:byte,plen:word,pattr:byte
        mov     CX,SCRNSEG      ; screen segment to CX
        mov     ES,CX           ; & to ES
        xor     AX,AX           ; 0 -> AX
        mov     AL,prow         ; row -> AL
        mov     BL,160          ; 80 chars wide * 2
        mul     BL              ; row * scrn width  -> AX
        mov     CL,pcol         ; column to CL
        xor     CH,CH           ; 0 -> CH
        shl     CX,1            ; col * 2
        add     AX,CX           ; column + (row * scrn width)
        mov     DI,AX           ; point DI to scrn
        cld                     ; forward direction increment
        mov     AL,pattr        ; attribute to AL
        mov     CX,plen         ; string length parameter
vdr1:                           ; begin loop
        inc     DI              ; bypass character byte
        stosb                   ; AL -> screen
        loop    vdr1            ; end loop
        ret
vdAttr  ENDP
        END
```

126   Foundation screen-handling routines

4-15 The source code listing to PROG19.C.

```c
//////////////////////////////////////
//
// prog19.c
//
// Demonstrates the use of vdAttr
//
//////////////////////////////////////

// include files here

#include <tproto.h>

void main(void);

void
main()
{
int attr,row;

// initialize video

vidInit();

// define attribute

attr = mkAttr(WHITE,MAGENTA,OFF_INTENSITY,OFF_BLINK);

// clear the screen

scrnClr();

// turn the cursor off

offCur();

// change the screen attributes from row 0 to row 23

for(row=0; row<24; row++)
    vdAttr(row,0,80,attr);

// write box

vdHoriz(1,0,80,attr);              // top
vdHoriz(23,0,80,attr);             // bottom
vdVert(1,0,23,attr);               // left bar
vdVert(1,79,23,attr);              // right bar
vdChar(1,0,mkToken(218,attr));     // left top corner
vdChar(1,79,mkToken(191,attr));    // right top corner
vdChar(23,0,mkToken(192,attr));    // left bottom corner
vdChar(23,79,mkToken(217,attr));   // right bottom corner

// alter attribute for last row

vdAttr(24,0,80,mkAttr(WHITE,RED,OFF_INTENSITY,OFF_BLINK));
```

4-15 Continued.

```
// write message

vdWrite(24,10,0,"Press any key to continue...",7);

// wait for key press to continue

getchar();

// clear the screen

scrnClr();

// turn on the cursor

onCur();
}
```

Reading a character and attribute from the screen

Function vrdChar(...) returns a 16-bit screen token from a specified row and column screen location. The C version of function vdChar(...) has been presented so you can see how a C function can access the screen information gathered by function vidInit(...). VRDCHAR.C, shown in FIG. 4-16, is the source code to the vrdChar(...) function. Compile VRDCHAR.C and add the resultant VRDCHAR.OBJ object module to your TABS.LIB, TABM.LIB, and TABL.LIB files.

4-16 The source code listing to VRDCHAR.C.

```
//////////////////////////////////////
//
// vrdchar.c
//
// Description:
//   Reads a screen character and attribute
//   (token) from the screen at row and column
//   screen location via direct memory.
//
//   token = vrdchar(rowm,col);
//
//   token = LSB is char, MSB is attribute
//   row = int screen row location
//   col = int screen column location
//
//////////////////////////////////////

// include files here

#include <tproto.h>


extern VIDEO *crt;
```

4-16 Continued.

```
int
_fastcall vrdChar(row,col)
int row,col;
{
long offset;
unsigned int far *scrn;

// set screen pointer

scrn = (unsigned int far *)crt->scrn;

// calculate screen address offset from
// screen start address

offset = (long)(row*80)+col;

// return screen token

return(*(scrn+offset));
}
```

PROG20.C, shown in FIG. 4-17, demonstrates function vdAttr(...). Compile PROG20.C and link the resultant PROG20.OBJ object module with your TABS.LIB file. Running PROG20.EXE demonstrates how to relocate one section of screen information to another section of the screen.

4-17 The source code listing to PROG20.C.

```
//////////////////////////////////
//
// prog20.c
//
// Tests function vrdchar(...)
//
//////////////////////////////////

// include files here
#include <stdio.h>
#include <tproto.h>

void main(void);

void
main()
{
int row,col,token,ctr1,ctr2;

// initialize TAB library video

vidInit();

// clear the screen

scrnClr();

// print test row via C standard library
```

4-17 Continued.

```
printf("Hello Chuck!");

// relocate message via function vrdchar(...)

// row loop counter

for(ctr1=1; ctr1<20; ctr1++)
    {
    // token counter read & copy loop

    for(ctr2=0; ctr2<12; ctr2++)
        {
        // get the screen token

        token = vrdChar(0,ctr2);

        // write screen token at new location

        vdChar(ctr1,ctr2,token);
        }
    }
// wait for key press

getchar();

// clear screen and return cursor to row 0, col 0

scrnClr();

}
```

Saving and restoring the visible screen

Functions saveScrn(...) and restScrn(...) save the screen display data and restore the previously saved screen display data, respectively. SAVESCRN.C, shown in FIG. 4-18, and RESTSCRN.C, shown in FIG. 4-19, are the source codes to the functions saveScrn(...) and restScrn(...), respectively. Compile SAVESCRN.C and add the resultant object modules to your TABS.LIB, TABM.LIB, and TABL.LIB files. Compile RESTSCRN.C and add the resultant object modules to your TABS.LIB, TABM.LIB, and TABL.LIB files.

4-18 The source code listing to SAVESCRN.C.

```
//////////////////////////////////
//
// savescrn.c
//
// Description:
//   Save text screen to unsigned int SCRN_MEM[80*25]
//
//   WARNING - vidInit MUST be called before this
//             routine!
//////////////////////////////////
```

4-18 Continued.

```c
// include files here

#include <tproto.h>

extern unsigned int SCRN_MEM[80*25];


void
_fastcall saveScrn()
{
unsigned int *iptr;
int row;
int column;

// set pointer to screen buffer

iptr = SCRN_MEM;

// relocate screen token info to buffer by row

for(row=0; row<25; row++)

    // and by column

    for(column=0; column<80; column++)

        // transfer token

        *iptr++ = vrdChar(row,column);
}
```

4-19 The source code listing to RESTSCRN.C.

```c
/////////////////////////////////////
//
// restscrn.c
//
// Description:
//   Restore text screen  fromunsigned int SCRN_MEM[80*25]
//
//   WARNING - vidInit MUST be called before this
//             routine!
/////////////////////////////////////

// include files here

#include <tproto.h>

unsigned int SCRN_MEM[80*25];


void
_fastcall restScrn()
{
unsigned int *iptr;
int row;
int column;
```

4-19 Continued.

```
// set pointer

iptr = SCRN_MEM;

// restore by row

for(row=0; row<25; row++)

    // restore by column

    for(column=0; column<80; column++)

        // write to screen

        vdChar(row,column,*iptr++);
}
```

PROG21.C, shown in FIG. 4-20, demonstrates the use of functions saveScrn(...) and restScrn(...). Compile PROG21.C and link the PROG21.OBJ object module with your TABS.LIB file. Running PROG21.EXE demonstrates how to save the screen image data, alter the screen image, and then restore the previously saved screen image.

4-20 The source code listing to PROG21.C.

```
////////////////////////////////////
//
// prog21.c
//
// Demonstrates the use of saveScrn & restScrn
//
////////////////////////////////////

// include files here

#include <tproto.h>

void main(void);

void
main()
{
int attr,row;

// initialize video

vidInit();

// save cursor location

sCloc();
```

132 Foundation screen-handling routines

4-20 Continued.

```c
// save the screen image

saveScrn();

// define attribute

attr = mkAttr(WHITE,MAGENTA,OFF_INTENSITY,OFF_BLINK);

// clear the screen

scrnClr();

// turn the cursor off

offCur();

// change the screen attributes from row 0 to row 23

for(row=0; row<24; row++)
    vdAttr(row,0,80,attr);

// write box

vdHoriz(1,0,80,attr);              // top
vdHoriz(23,0,80,attr);             // bottom
vdVert(1,0,23,attr);               // left bar
vdVert(1,79,23,attr);              // right bar
vdChar(1,0,mkToken(218,attr));     // left top corner
vdChar(1,79,mkToken(191,attr));    // right top corner
vdChar(23,0,mkToken(192,attr));    // left bottom corner
vdChar(23,79,mkToken(217,attr));   // right bottom corner

// alter attribute for last row

vdAttr(24,0,80,mkAttr(WHITE,RED,OFF_INTENSITY,OFF_BLINK));

// write  message

vdWrite(24,10,0,"Press any key to continue...",7);


// wait for key press to continue

getchar();

// restore original screen image

restScrn();

// restore cursor location

rCloc();

// turn on the cursor

onCur();
}
```

Summary

In this chapter you learned how to create a screen token (character and attribute), create a screen attribute, write a token to the screen, write a string to the screen, write horizontal and vertical bars to the screen, read a token from the screen, and save and restore the screen image. All of this was accomplished using functions that directly wrote data to or read data from screen RAM.

Function vidInit(...) must be called before any of the direct video access screen functions are called.

A screen-write comparison program clearly demonstrated that directly accessing screen RAM to write to the screen provides results far superior to those of writing to the screen using standard C functions.

Figure 4-21 is a listing of all the functions currently contained in your TAB libraries.

4-21 The listing of current TAB library functions.

```
@gtCur...........gtcur              @offCur..........offcur
@onCur...........oncur              @rCloc...........rcloc
@restScrn........restscrn           @rmvCur..........rmvcur
@rsizeCur........ssizecur           @saveScrn........savescrn
@sCloc...........scloc              @sizeCur.........sizecur
@ssizeCur........ssizecur           @vrdChar.........vrdchar
_add1jiff........timer              _crt.............vidinit
_get_jiffhour....timer              _get_jiffmin.....timer
_get_jiffy.......timer              _get_ljiffy......timer
_g_shape.........g_shape            _initialize_timer..timer
_mkAttr..........mkattr             _mkToken.........mktoken
_mvCur...........mvcur              _newtimer........timer
_remove_timer....timer              _reset_timer.....timer
_scrnClr.........scrnclr            _SCRNSEG.........vidinit
_SPARKLE_FLAG....vidinit            _start_timer.....timer
_stop_timer......timer              _s_shape.........s_shape
_vdAttr..........vdattr             _vdChar..........vdchar
_vdHoriz.........vdhoriz            _vdVert..........vdvert
_vdWrite.........vdwrite            _vidInit.........vidinit
_VID_PORT........vidinit

mvcur            Offset: 00000010H  Code and data size: 15H
  _mvCur

timer            Offset: 000000b0H  Code and data size: e0H
  _add1jiff         _get_jiffhour     _get_jiffmin      _get_jiffy
  _get_ljiffy       _initialize_timer                   _newtimer
  _remove_timer     _reset_timer      _start_timer      _stop_timer

gtcur            Offset: 00000390H  Code and data size: 2cH
  @gtCur

rmvcur           Offset: 000004a0H  Code and data size: 30H
  @rmvCur

scloc            Offset: 000005e0H  Code and data size: 26H
  @sCloc
```

4-21 Continued.

rcloc @rCloc	Offset: 00000710H	Code and data size: 10H
oncur @onCur	Offset: 00000830H	Code and data size: eH
s_shape _s_shape	Offset: 00000950H	Code and data size: cH
g_shape _g_shape	Offset: 000009f0H	Code and data size: 7H
offcur @offCur	Offset: 00000a80H	Code and data size: eH
sizecur @sizeCur	Offset: 00000ba0H	Code and data size: 1aH
ssizecur @rsizeCur	Offset: 00000cb0H @ssizeCur	Code and data size: 26H
mktoken _mkToken	Offset: 00000df0H	Code and data size: bH
mkattr _mkAttr	Offset: 00000e90H	Code and data size: 17H
scrnclr _scrnClr	Offset: 00000f30H	Code and data size: 1aH
vidinit _crt _VID_PORT	Offset: 00000fd0H _SCRNSEG	Code and data size: 71H _SPARKLE_FLAG _vidInit
vdchar _vdChar	Offset: 000011a0H	Code and data size: 27H
vdwrite _vdWrite	Offset: 00001270H	Code and data size: 42H
vdhoriz _vdHoriz	Offset: 00001350H	Code and data size: 2cH
vdvert _vdVert	Offset: 00001420H	Code and data size: 32H
vdattr _vdAttr	Offset: 000014f0H	Code and data size: 2eH
vrdchar @vrdChar	Offset: 000015c0H	Code and data size: 3cH
savescrn @saveScrn	Offset: 00001700H	Code and data size: 44H
restscrn @restScrn	Offset: 00001860H	Code and data size: 46H

Summary

5
Foundation keyboard routines

There are two commonly used methods for getting user input into a program. Using the keyboard for program input will be discussed in chapter 5 and using the mouse will be discussed in chapter 8. In this chapter there will be three keyboard functions presented. The first two functions use the BIOS to read a key press' 8-bit scan and character codes and the third function, vdEdit(...), will prove invaluable in data-entry routines where you need to read strings of key presses into memory.

Stopping program and waiting for key press

Function gtKey(...) stops program execution and waits for a key press to continue. The scan and character codes of the key press are returned by function gtKey(...) in a 16-bit int value. The 16-bit int's MSB holds the key press' 8-bit scan code and the LSB holds the 8-bit character code. GTKEY.C, shown in FIG. 5-1, is the source code to the gtKey(...) function. Compile GTKEY.C and add the resultant object modules to your TABS.LIB, TABM.LIB, and TABL.LIB files.

PROG22.C, shown in FIG. 5-2, demonstrates the use of function gtKey (...). Compile PROG22.C and link the resultant PROG22.OBJ object module with your TABS.LIB file. Running PROG22.EXE permits you to get the scan-code and character-code value of a key press.

Not stopping program and returning key press

Function gtKBstat(...) returns a NULL (0) value if there has not been a key press and a 16-bit int scan and character code value if a key has been pressed. This function will prove useful when developing mouse and keyboard driven event queue handler routines.

5-1 The source code listing to GTKEY.C.

```c
//////////////////////////////////////
//
// gtkey.c
//
// Description:
//   Wait for key press and
//   return char code is AL
//   and scan code in AH registers.
//
//   key = gtKey();
//
//   int key => 16 bit key value where
//              key's LSB = char code
//              key's MAB = scan code

#include <tproto.h>

int
_fastcall gtKey()
{
int key;

// invoke inline assembler

_asm
    {
    xor     AX,AX       ; wait and get key function
    int     16h         ; via BIOS
    mov     key,AX      ; AL = char code / AH = scan code
    }

// return char and scan code

return(key);
}
```

5-2 The source code listing to PROG22.C.

```c
//////////////////////////////////////
//
// prog22.c
//
// Description:
//   Tests function gtKey(...);
//
//   key = gtKey();
//
//   key = MSB key scan code
//         LSB key character code
//         (int)
//

// include files here

#include <stdio.h>
#include <tproto.h>
```

138 Foundation keyboard routines

5-2 Continued.

```c
// start program

void main(void);

void
main()
{
int key;

// print program message

printf("\n\nPrints scan and char code until ESCAPE KEY pressed");
printf("\nPress any key to start\n\n");

// print key value until ESCAPE key pressed

do
   {
   printf("Press any key /ESC to exit\n\n");
   key = gtKey();
   printf("Key press is: %c\n",key & 0x00ff);
   printf("Scan code = 0x%02x\n",key>>8 & 0x00ff);
   printf("Char code = 0x%02x\n",key & 0x00ff);
   } while(key != ESCAPE);
}
```

For example, let's say that you wish to write a user interface routine where you will be permitting the user to enter information via the mouse or keyboard. If you used function gtKey(...) you would not be able to monitor the mouse because your function would always be waiting for a key press to continue. Whereas, if you chose to use the function gtKBstat(...) to monitor key press input, you could check mouse movement and a keyboard's press status using one function. More on event queue handlers in chapter 8, Foundation mouse routines.

GTKBSTAT.ASM, shown in FIG. 5-3, is the source code to the gtKBstat(...) function. Assemble GTKBSTAT.ASM and add the resultant GTKBSTAT.OBJ object module to your TABS.LIB, TABM.LIB, and TABL.LIB files.

5-3 The source code listing to GTKBSTAT.ASM.

```
;////////////////////////////////
;//
;// gtkbstat.asm
;//
;//
;// Description:
;//  Does not wait for key press. If
;//  function gtKBstat(...) returns 0
;//  then there is no key waiting
;//  otherwise the character code and
;//  scan code are returned in AX.
```

5-3 Continued.

```
;//
;// ret = gtKBstat()
;//
;// int  0 -> on no key waiting
;//     else key scan & char coode
;//

    DOSSEG

if mdl eq 1
    .MODEL SMALL,C
elseif mdl eq 2
    .MODEL MEDIUM,C
else
    .MODEL LARGE,C
endif

    .CODE

gtKBstat PROC
    mov     AH,1        ; kb stat function
    int     16h         ; keybd int
    jnz     yeskey      ; jmp on key waiting
    mov     AX,0        ; no key wait return 0
    jmp     keyexit     ; jmp to exit here
yeskey:                 ; otherwise return scan & char
    mov     AH,0        ; get waiting char via BIOS
    int     16h         ; AX holds char & scan code
keyexit:
    ret
gtKBstat ENDP

    END
```

PROG23.C, shown in FIG. 5-4, demonstrates function gtKBstat(...). Compile PROG23.C and link the resultant PROG23.OBJ object module with your TABS.LIB file. Running PROG23.EXE shows how to write a continually looping program sequence while monitoring all keyboard press input.

5-4 The source code listing to PROG23.C.

```
///////////////////////////////////
//
// prog23.c
//
// Description:
//   Tests function gtKBstat(...);
//
///////////////////////////////////

#include <stdio.h>
#include <tproto.h>

// start program
```

140   Foundation keyboard routines

5-4 Continued.

```c
void main(void);

void
main()
{
int key;

// print key press info whenever key is pressed
// otherwise display no key pressed message

// print key value until ESCAPE key pressed

printf("Press any key /ESC to exit\n\n");

do
    {
    key = gtKBstat();
    if(key)
        {
        printf("\nKey press is: %c\n",key & 0x00ff);
        printf("Scan code = 0x%02x\n",key>>8 & 0x00ff);
        printf("Char code = 0x%02x\n",key & 0x00ff);
        printf("Press any key to continue /ESC to exit\n\n");
        gtKey();
        }
    else
        printf("No key waiting\n");
    } while(key != ESCAPE);
}
```

Getting sophisticated string input from keyboard

There are five functions presented in this section: Delay(...), bleep(...), onSound(...), offSound(...), and vdEdit(...). The first four are basically bells and whistles for vdEdit(...), the hot keyboard editing function. Let's take a closer look at each function.

Functions onSound(...) and offSound(...) are two timer-based sound functions that allow function vdEdit(...) to alert the user to field-entry boundary limits.

ONSOUND.ASM, shown in FIG. 5-5, is the source code to the onSound(...) function. Assemble ONSOUND.ASM and add the resultant ONSOUND.OBJ object modules to your TABS.LIB, TABM.LIB, and TABL.LIB files.

5-5 The source code listing to ONSOUND.ASM.

```
;//////////////////////////////////
;//
;// onsound.asm
;//
;// Description:
;//    Sets timers to twiddle internal
;//    speaker.
;//
```

5-5 Continued.

```
;// Entry: AX holds (int) tone
;//

    DOSSEG

if mdl eq 1
    .MODEL SMALL,C
elseif mdl eq 2
    .MODEL MEDIUM,C
else
    .MODEL LARGE,C
endif

    .CODE


onSound PROC tone:WORD
    mov    AL,0B6h    ; tell timer prep for new sound
    out    43h,AL
    mov    AX,tone    ; new tone to timer, LSB
    out    42h,AL
    mov    AL,AH      ; MSB -> LSB
    out    42h,AL     ; LSB -> timer
    in     AL,61h     ; enable speaker output via timer
    or     AL,3
    out    61h,AL
    ret
onSound ENDP
    END
```

OFFSOUND.ASM, shown in FIG. 5-6, is the source code to the offSound(...) function. Assemble OFFSOUND.ASM and add the OFFSOUND.OBJ object modules to your TABS.LIB, TABM.LIB, and TABL.LIB files.

5-6 The source code listing to OFFSOUND.ASM.

```
;///////////////////////////////////
;//
;// offsound.asm
;//
;// Description:
;//   Turns speaker tone off.
;//

    DOSSEG

if mdl eq 1
    .MODEL SMALL,C
elseif mdl eq 2
    .MODEL MEDIUM,C
else
    .MODEL LARGE,C
endif
```

142 Foundation keyboard routines

5-6 Continued.

```
    .CODE
offSound PROC
    in      AL,61h      ; disable speaker output via timer
    and     AL,0FCh
    out     61h,AL
    ret
offSound ENDP
    END
```

Function Delay(...) is a variable delay that is microprocessor-speed dependent and is used in the function bleep(...). If you wonder what a "bleep" sounds like then you will just have to type in the code and listen to the sound.

DELAY.C, shown in FIG. 5-7, is the source code to the Delay(...) function. Compile DELAY.C and add the resultant DELAY.OBJ object modules to your TABS.LIB, TABM.LIB, and TABL.LIB files.

5-7 The source code listing to DELAY.C.

```
//////////////////////////////////
//
// delay.c
//
// Description:
//   Short delay
//
// void delay(outer,inner);
//
// int outer => outer loop
// int inner => inner loop

#include <tproto.h>

void
_fastcall delay(outer,inner)
int outer,inner;
{
int cnt1,cnt2;

// outer for / next loop

for(cnt1=0; cnt1<outer; cnt1++)

    // inner for / next loop

    for(cnt2=0; cnt2<inner; cnt2++)

        // to keep for / next kosher

        cnt2=cnt2;
}
```

BLEEP.C, shown in FIG. 5-8, is the source code to the bleep(...) function. Compile BLEEP.C and add the resultant BLEEP.OBJ object modules to your TABS.LIB, TABM.LIB, and TABL.LIB files.

5-8 The source code listing to BLEEP.C.

```
//////////////////////////////////////
//
// bleep.c
//
// Description:
//  Bleep sound (whatever that is)
//
//////////////////////////////////////

#include <tproto.h>

void
_fastcall bleep()
{
int count;

// frequency shift loop

for(count=1000; count>10; count -= 20)
    {
    // turn on sound at a specified frequency value

    onSound(count);

    // short delay here

    delay(100,5);

    }

// turn off sound

offSound();

}
```

Finally, there is function vdEdit(...). Jay Gould, a talented programmer at TSR Systems Ltd decided that 'C'erious Library's function prompt(...) just wasn't adequate. He coded the first version of function vdEdit(...) designed to be compiled using Borland's Turbo C compiler. I have adjusted this function to work with Microsoft C 6.0. Function vdEdit(...) really does have it all.

The syntax for function vdEdit(...) looks like this:

    exit_key = vdEdit(*response,row,col,len,case,attr*);

where exit_key = exit key press (int)
           response = character pointer to field buffer (char *)
           row   = edit start row location (int)

col   = edit start column location
len   = length of response field
case = how response buffer is presented (UPPER, LOWER, NAME)
attr = screen attribute of field

VDEDIT.C, shown in FIG. 5-9, is the source code to the vdEdit(...) function. Compile VDEDIT.C and add the resultant VDEDIT.OBJ object modules to your TABS.LIB, TABM.LIB, and TABL.LIB files.

5-9 The source code listing to VDEDIT.C.

```
/////////////////////////////////////
//
// vdedit.c
//
// Description:
//   Gets keyboard input from entry
//   field.
//
/////////////////////////////////////

// include files here

#include <string.h>
#include <ctype.h>
#include <tproto.h>

int defkey1=0,defkey2=0,defkey3=0,defkey4=0;


int
_fastcall vdEdit(response,row,column,dlen,opt,attr)
char *response;
int dlen,opt;
int row,column,attr;
{
int key;
int start,stop;
char *rptr;
register int i;
int ins=0;
char buf[80];
int cur, start_column;
int ret_val;
int tlen;

// set start coplumn for stopper on left arrow

start_column = column;

// save cursor shape and location

cur = g_shape();
sCloc();

// turn the cursor on
```

Getting sophisticated string input from keyboard   145

5-9 Continued.

```c
onCur();

// place '\0' at end point of response buffer

*(response+dlen)=0;

// make response string upper or lower

switch (opt)
   {
   case LOWER:
       strlwr(response);
       break;

   case UPPER:
       strupr(response);
       break;

   case NAME:
       response = strlwr(response);
       *response = toupper(*response);
       break;
   }

// copy contents of response buffer to buf[]

for (i=0;i<dlen;i++)
   buf[i]=response[i];

// set start and stop variables
start = column;
stop = start + dlen;

// alter screen attributes for edit field

vdAttr(row,column,dlen,attr);

// if *response != 0 then write string to screen

if(*response)
   vdWrite(row,column,0,response,attr);

// adjust cursor location to response string end

mvCur(row,column += strlen(response));

// set response pointer to end of response buffer

rptr = response+strlen(response);

// wait for key press

key = gtKey();

// process key press first time through

switch(key)
       {
```

146 Foundation keyboard routines

5-9 Continued.

```c
case ESCAPE:
case ENTER:
case F1:
case F2:
case F3:
case F4:
case F5:
case F6:
case F7:
case F8:
case F9:
case F10:
case UP_ARROW:
case DOWN_ARROW:
case TAB:
    s_shape(cur);    // restore cursor shape
    rCloc();         // restore cursor location
    return(key);     // return key press value

case HOME:
case PGUP:
    memset(response,0,dlen+1); // clear response buffer
    rptr = response;           // reset pointer
    vdWrite(row,start,dlen,response,attr); // clear screen
    column=start;              // reset column to start
    mvCur(row,column);         // adjust cursor location
    break;

case CNTL_LEFTA:
    while (*--rptr!=' '); // mv ptr to ' ' char
    rptr++;               // and incr ptr by 1

    // adjust cursor if ' ' is after start

    if(start_column<start+(int)(rptr-response))
        mvCur(row,column=start+(int)(rptr-response));
    else
        {
        // set column & adjust cursor

        column = start_column;
        mvCur(row,start_column);
        }

    // write response buffer to screen

    vdWrite(row,start,dlen,response,attr);
    break;

case LEFT_ARROW:
    // is cursor right of start?

    if(start_column<column)
        {
        // yes -> adjust cursor left

    mvCur(row,--column);

    // adjust ptr
```

5-9 Continued.

```
            rptr--;
            }

case END:
case INSERT:
case DELETE:
case RIGHT_ARROW:
case PGDN:

    // write response buffer to screen

    vdWrite(row,start,dlen,response,attr);
    break;

default:
    // default return keys

    if (key==defkey1||key==defkey2||key==defkey3||key==defkey4)
        {
        s_shape(cur);
        rCloc();
        return key;
        }

    // NULL out scan code

    key &=0x00ff;

    // set letter case

    switch (opt)
        {
        case LOWER:
            key = tolower(key);
            break;

        case UPPER:
            key = toupper(key);
            break;
        }

    // if printable character

    if( (key>=0x20)&&(key<=0x7e) )
        {

        // NULL buffer

        memset(response,0,dlen+1);

        // set pointer to response start

        rptr = response;

        // place key in response

        *rptr++ = (char)key;

        // write buffer to screen
```

148 Foundation keyboard routines

5-9 Continued.

```
                vdWrite(row,start,dlen,response,attr);

                // adjust column pointer

                column=start+1;

                // adjust cursor position

                mvCur(row,column);
                }
        // is the key a backspace?

        if(key==aBS)
            {
            // if column is greater than start

                    if(column>start)
                        {
                        // backspace in response beffer

                        rptr--;

                        // place NULL at new location

                        *rptr = 0;

                        // write response buffer

                        vdWrite(row,start,dlen,response,attr);

                        // adjust cursor location

                        mvCur(row,--column);
                        }
                    }
                break;
            }
        // process key press from now on

        do
            {

            // adjust case and write

            if (opt==NAME)
                {
                *response = toupper(*response);
                vdWrite(row,start,dlen,response,attr);
                }

            // stop and wait for key press

            key = gtKey();

            // process key press
```

Getting sophisticated string input from keyboard 149

5-9 Continued.

```
switch(key)
    {
    case F1:              // return from vdedit
    case F2:              // and report key press
    case F3:
    case F4:
    case F5:
    case F6:
    case F7:
    case F8:
    case F9:
    case F10:
    case UP_ARROW:
    case DOWN_ARROW:
    case TAB:
    case ENTER:
        s_shape(cur);
        rCloc();
        return key;

    case ESCAPE:
        s_shape(cur);
        rCloc();
        for (i=0;i<dlen;i++)      // restore original
            response[i]=buf[i];   // buffer contents
        return key;

    case CNTL_G:
    case DELETE:
        // delete char and adjust buffer

        for (i=0;i<stop-column+1;i++)
            *(rptr+i)=*(rptr+1+i);
        vdWrite(row,start,dlen,response,attr);
        break;

    case CNTL_T:

        // erase from cursor to end

        while (*rptr&&*rptr!=' ') // of line
            for (i=0;i<stop-column+1;i++)
                *(rptr+i)=*(rptr+1+i);

        while (*rptr&&*rptr==' ')
            for (i=0;i<stop-column+1;i++)
                *(rptr+i)=*(rptr+1+i);

        vdWrite(row,start,dlen,response,attr);
        break;

    case CNTL_END:
        // erase from cursor to entry end

        memset(rptr,0,stop-column);
        vdWrite(row,start,dlen,response,attr);
        break;
```

5-9 Continued.

```c
case LEFT_ARROW:
    // move cursor left

    if(start_column<column)
        {
        mvCur(row,--column);
        rptr--;
        }
    break;

case CNTL_LEFTA:
    // move by word left

    if(rptr==response)break;
    while (*--rptr==' '&&(int)(rptr-response)>0);
    while (*--rptr!=' '&&(int)(rptr-response)>0);
    if((int)(rptr-response)>0)
        rptr++;
    mvCur(row,column=start+(int)(rptr-response));
    break;

case CNTL_RIGHTA:
    // move by word right

    if(*rptr)while (*++rptr!=' '&&*rptr);
    if(*rptr)while (*++rptr==' '&&*rptr);
    mvCur(row,column=start+(int)(rptr-response));
    break;

case RIGHT_ARROW:
    // move cursor right

    if (*rptr)
        {
        mvCur(row,++column);
        rptr++;
        }
    break;

case CNTL_BS:
    // erase entry and start over

    memset(response,0,dlen+1);
    rptr = response;
    vdWrite(row,start,dlen,response,attr);
    column=start;
    mvCur(row,column);
    break;

case HOME:
    // go to beginning of entry

    mvCur(row,column=start);
    rptr = response;
    break;

case END:
    // go to end of entry
```

Getting sophisticated string input from keyboard   151

5-9 Continued.

```
        mvCur(row,column=start+strlen(response));

        rptr = response+strlen(response);
        break;

case CNTL_H:
case BS:
        // move cursor back and delete

        if(column>start)
            {
            rptr--;
            for (i=0;i<stop-column+1;i++)
                *(rptr+i)=*(rptr+1+i);
            vdWrite(row,start,dlen,response,attr);
            mvCur(row,--column);
            }
        else
            bleep();
        break;

case INSERT:
        // toggle insert and overlay mode

        if(ins)          // cursor size adjusted
            {
            ins=0;
            rsizeCur();
            }
        else
            {
            ins=1;
            ssizeCur();
            sizeCur(0,7);
            }
        break;

default:

        // check default return keys

        if (key==defkey1||
            key==defkey2||
            key==defkey3||
            key==defkey4)
            {
            s_shape(cur); // save cursor shape
            rCloc();      // restore cursor location
            return key;   // return key value
            }

        // NULL scan code

        key &=0x00ff;

        // process option

        switch (opt)
            {
```

152   Foundation keyboard routines

5-9 Continued.

```
    case NAME:
    case LOWER:

        // force lower case

        key = tolower(key);
        break;

    case UPPER:

        // force upper case

        key = toupper(key);
        break;

    }

// NULL scan code

key &=0x00ff;

// is key printable characrter?

if( (key>=0x20)&&(key<=0x7d) )
    {

    // is insert key toggled on

    if(ins)
        {

        // determine length of response

        tlen = strlen(response);

        // is response less that max response?

        if (tlen<dlen)
            {

            // relocate string making
            // space for new key

            for (i=dlen;i>(rptr-response);i--)
                response[i] = response[i-1];

            // write response buffer

            vdWrite(row,start,dlen,response,attr);

            }
        }

    // is end of edit field not reached?

    if(column<stop)
        {
```

Getting sophisticated string input from keyboard **153**

5-9 Continued.

```
                    // write char to screen
                    vdChar(row,column,mkToken(key,attr));
                    // place key in buffer
                    *rptr++ = (char)key;
                    // adjust column 1 right
                    column++;
                     // move the cursor on the screen
                    mvCur(row,column);
                    }
                else
                    // bleep at field end
                    bleep();
                }
        }
    } while(1);
}
//
// End of VDEDIT.C source listing
//
/////////////////////////////////////
```

PROG24.C, shown in FIG. 5-10, shows how to use function vdEdit(...) to edit two fields. The user is permitted to toggle between two fields using the Tab key. Pressing Enter when you are editing the bottom field will take you out of the field edit loop. Running PROG24.EXE will tell you more about the true power of function vdEdit(...) than all the words I could use to describe it. Compile PROG24.C and link the resultant PROG24.OBJ object module to your TABS.LIB file. Put function vdEdit(...) through its paces. I think you'll be quite pleased.

5-10 The source code listing to PROG24.C.

```
/////////////////////////////////////
//
// prog24.c
//
// Description:
//    Function vdEdit(...)
//    demonstration program.
//
/////////////////////////////////////
```

5-10 Continued.

```c
// include files here

#include <stdio.h>
#include <tproto.h>

// delcare varaibles here

// message

char name[25] = {
    'C','h','u','c','k',' ','d','e',' ','D',
    'e','s','t','r','o','y','e','r',0,0,0,0,0,0,0 };

char address[25] = {
    0,0,0,0,0,
    0,0,0,0,0,
    0,0,0,0,0,
    0,0,0,0,0,
    0,0,0,0,0 };

// program start here

void main(void);

void
main()
{
int key;

// initialize TAB video

vidInit();

// clear the screen

scrnClr();

// print messages

mvCur(0,0);
printf("First & Last Name:\n");
printf("Address:\n");

// turn cursor off

offCur();

// edit fields loop

do
    {
    // edit name

    key = vdEdit(name,0,19,25,UPPER,7);

    // edit address

    key = vdEdit(address,1,10,25,UPPER,7);
```

Getting sophisticated string input from keyboard 155

5-10 Continued.

```
    } while(key != ENTER);

// print name and address buffers

mvCur(5,0);
printf("Name buffer: %s\n",name);
printf("Address buffer: %s\n\n",address);

}
```

Summary

In chapter 5 you learned how to stop program execution and read a key from the keyboard, gtKey(...), not stop program execution and check to see if a key had been pressed, gtKBstat(...), and learned how to read a string of input from the keyboard in an elegant fashion, vdEdit(...).

Figure 5-11 presents the current library listing for the TABS.LIB file. Inch-by-inch your Microsoft C 6.0 TAB optimized libraries grow.

5-11 The library listing for TABS.LIB.

```
@bleep............bleep          @delay............delay
@gtCur............gtcur          @gtKey............gtkey
@offCur...........offcur         @onCur............oncur
@rCloc............rcloc          @restScrn.........restscrn
@rmvCur...........rmvcur         @rsizeCur.........ssizecur
@saveScrn.........savescrn       @sCloc............scloc
@sizeCur..........sizecur        @ssizeCur.........ssizecur
@vdEdit...........vdedit         @vrdChar..........vrdchar
_add1jiff.........timer          _crt..............vidinit
_defkey1..........vdedit         _defkey2..........vdedit
_defkey3..........vdedit         _defkey4..........vdedit
_get_jiffhour.....timer          _get_jiffmin......timer
_get_jiffy........timer          _get_ljiffy.......timer
_gtKBstat.........gtkbstat       _g_shape..........g_shape
_initialize_timer..timer         _mkAttr...........mkattr
_mkToken..........mktoken        _mvCur............mvcur
_newtimer.........timer          _offSound.........offsound
_onSound..........onsound        _remove_timer.....timer
_reset_timer......timer          _scrnClr..........scrnclr
_SCRNSEG..........vidinit        _SPARKLE_FLAG.....vidinit
_start_timer......timer          _stop_timer.......timer
_s_shape..........s_shape        _vdAttr...........vdattr
_vdChar...........vdchar         _vdHoriz..........vdhoriz
_vdVert...........vdvert         _vdWrite..........vdwrite
_vidInit..........vidinit        _VID_PORT.........vidinit

mvcur                Offset: 00000010H    Code and data size: 15H
  _mvCur
```

156 Foundation keyboard routines

5-11 Continued.

timer	Offset: 000000b0H	Code and data size: e0H
_add1jiff	_get_jiffhour	_get_jiffmin	_get_jiffy
_get_ljiffy	_initialize_timer		_newtimer
_remove_timer	_reset_timer	_start_timer	_stop_timer

gtcur   Offset: 00000390H   Code and data size: 2cH
  @gtCur

rmvcur   Offset: 000004a0H   Code and data size: 30H
  @rmvCur

scloc   Offset: 000005e0H   Code and data size: 26H
  @sCloc

rcloc   Offset: 00000710H   Code and data size: 10H
  @rCloc

oncur   Offset: 00000830H   Code and data size: eH
  @onCur

s_shape   Offset: 00000950H   Code and data size: cH
  _s_shape

g_shape   Offset: 000009f0H   Code and data size: 7H
  _g_shape

offcur   Offset: 00000a80H   Code and data size: eH
  @offCur

sizecur   Offset: 00000ba0H   Code and data size: 1aH
  @sizeCur

ssizecur   Offset: 00000cb0H   Code and data size: 26H
  @rsizeCur   @ssizeCur

mktoken   Offset: 00000df0H   Code and data size: bH
  _mkToken

mkattr   Offset: 00000e90H   Code and data size: 17H
  _mkAttr

scrnclr   Offset: 00000f30H   Code and data size: 1aH
  _scrnClr

vidinit   Offset: 00000fd0H   Code and data size: 71H
  _crt   _SCRNSEG   _SPARKLE_FLAG   _vidInit
  _VID_PORT

vdchar   Offset: 000011a0H   Code and data size: 27H
  _vdChar

vdwrite   Offset: 00001270H   Code and data size: 42H
  _vdWrite

vdhoriz   Offset: 00001350H   Code and data size: 2cH
  _vdHoriz

5-11 Continued.

vdvert _vdVert	Offset: 00001420H	Code and data size: 32H
vdattr _vdAttr	Offset: 000014f0H	Code and data size: 2eH
vrdchar @vrdChar	Offset: 000015c0H	Code and data size: 3cH
savescrn @saveScrn	Offset: 00001700H	Code and data size: 44H
restscrn @restScrn	Offset: 00001860H	Code and data size: 46H
delay @delay	Offset: 000019d0H	Code and data size: 32H
bleep @bleep	Offset: 00001af0H	Code and data size: 2eH
gtkey @gtKey	Offset: 00001c30H	Code and data size: 14H
vdedit @vdEdit _defkey4	Offset: 00001d30H Code and data size: 75aH _defkey1 _defkey2 _defkey3	
onsound _onSound	Offset: 00002780H	Code and data size: 18H
offsound _offSound	Offset: 00002820H	Code and data size: 7H
gtkbstat _gtKBstat	Offset: 000028b0H	Code and data size: 11H

158 Foundation keyboard routines

6
Foundation rectangle routines

In recent years it has become fashionable to visually divide the screen into discrete data display areas. These areas are most often distinguished by having them placed within a boxed rectangle. Boxed rectangles visually appear the same as windows.

For the programmer, however, there are differences between rectangles and windows. In this book, *rectangles* are placed in a screen area where its origin (row 0, column 0) is set to the upper left-hand corner boundary of the screen. Whereas *windows* (see chapter 7) can be thought of as mini-screens. When you write to a window its origin (row 0, column 0) is the upper left-hand corner of the window border.

Operations on rectangles occur in what might be called a *global* coordinate system. Operations on windows occur in what might be called a *local* coordinate system. For a majority of programmers operating in the local coordinate systems of windows is preferable to the global coordinate system of rectangles.

Because the global coordinate system of rectangles is conceptually easier to grasp for most, rectangles are presented in chapter 6 and windows in chapter 7.

Preparing RECT structures

Function setRect(...) initializes a pointer to and allocates memory required by a RECT structure (see chapter 2, TSTRUCT.H, for more information on the RECT structure). SETRECT.C, shown in FIG. 6-1, is the source code to the setRect(...) function. Compile SETRECT.C and add the resultant SETRECT.OBJ object modules to your TABS.LIB, TABM.LIB, and TABL.LIB files.

6-1 The source code listing to SETRECT.C.

```c
//////////////////////////////////////
//
// setrect.c
//
// Description:
//   Set rectangular RECT structure
//   used by the rectangle functions.
//
// R = setRect(R,ulr,ulc,lrr,lrc);
//
// R = RECT *
// ulr = upper left corner row (int)
// ulc = upper left corner column (int)
// lrr = lower right corner row (int)
// lrc = lower right corner column (int)
//

// include files here

#include <malloc.h>
#include <string.h>
#include <tproto.h>

RECT
*_fastcall setRect(R,ur,uc,lr,lc)
RECT *R;
int ur,uc,lr,lc;
{
int size;

// set pointer to structure

R = (RECT *)malloc(sizeof(RECT));

// set RECT upper left curner and lower right
// corner values

R->ul_row = ur;
R->ul_col = uc;
R->lr_row = lr;
R->lr_col = lc;

// calculate the saize of the rectangle

size = sizeRect(R);

// set pointer to screen image

R->image = (unsigned int *)calloc(size,sizeof(int));

// return pointer

return(R);
}
```

160 Foundation rectangle routines

Function sizeRect(...), an internal function, returns the area of internal memory that must be allocated for holding the screen image under the rectangle. SIZERECT.C, shown in FIG. 6-2, is the source code to the sizeRect(...) function. Compile SIZERECT.C and add the resultant SIZERECT.OBJ object modules to your TABS.LIB, TABM.LIB, and TABL.LIB files.

6-2 The source code listing to SIZERECT.C.

```
//////////////////////////////////////
//
// sizerect.c
//
// Description:
//   Returns value which reflects amount
//   of 16 bit memory to reserve for screen
//   save and restore operations.
//
// size = seizRect(R);
//
// size = size of screen image in ints (int)
// R = RECT *
//

// include files here

#include <malloc.h>
#include <tproto.h>


unsigned int
_fastcall sizeRect(R)
RECT *R;
{
int height,width,size;

// claculate rectangle height

height = R->lr_row - R->ul_row;

// calculate rectnagle width

width = R->lr_col-R->ul_col;

// += 1 for safety

++height;
++width;

// area = widcth * height

size = height * width;

// return calculated area value

return( size );
}
```

Preparing RECT structures 161

PROG25.C, shown in FIG. 6-4, demonstrates the use of functions setRect(...) and sizeRect(...).

Clearing screen rectangles

Function clrRect(...) clears a rectangular screen area as has been described by the pointer to a RECT structure returned in a previously called setRect(...) function. The normal (White Foreground, Black Background, Off Intensity, Off Blink - 7) attribute is used by function clrRect(...). CLRRECT.C, shown in FIG. 6-3, is the source code to the clrRect(...) function. Compile CLRRECT.C and add the resultant CLRRECT.OBJ object modules to your TABS.LIB, TABM.LIB, and TABL.LIB files.

6-3 The source code listing to CLRRECT.C.

```
//////////////////////////////////////
//
// clrrect.c
//
// Description:
//   Clears rectangle with normal
//   attribute (7)
//
// void clrRect(R);
//
// R = RECT *
//

// include files here

#include <tproto.h>


void
_fastcall clrRect(R)
RECT *R;
{
register int row;
register int column;
int row_stop, col_stop;
int token;

// create ' ' and normal attribute token

token = (unsigned int)' '+(7*256);

// calculate rectangle looping limits

row_stop = R->lr_row;
col_stop = R->lr_col;

// clear by row

for(row=R->ul_row; row<row_stop; row++)

    // clear by column
```

162 Foundation rectangle routines

6-3 Continued.

```
    for(column=R->ul_col; column<col_stop; column++)

        // clear screen char

        vdChar(row,column,token);

}
```

PROG25.C, shown in FIG. 6-4, demonstrates the use of functions clr Rect(...), setRect(...), and sizeRect(...). Compile PROG25.C and link the resultant PROG25.OBJ object module to your TABS.LIB file. Running PROG25.EXE demonstrates how to clear a rectangular region of the screen using the normal (7) attribute.

6-4 The source code listing to PROG25.C.

```
//////////////////////////////////////
//
// prog25.c
//
// Description:
//   Demonstrated the use of functions
//   setRect(...), sizeRect(...), and
//   clrRect(...).
//

// include files here

#include <tproto.h>

// declare global variables

RECT *R;

void
main()
{
int row, col;

// initialize TAB video routines

vidInit();

// set RECT *

R = setRect(R,3,10,15,50);

// fill the screen with dots

for(row=0; row<25; row++)
    for(col=0; col<80; col++)
        vdChar(row,col,mkToken('.',7));

// clear a rectangle
```

6-4 Continued.

```
clrRect(R);

// wait for a key press

gtKey();

}
```

Filling screen rectangles

Function fillRect(...) fills the rectangular screen region described by a pointer to a RECT structure with a specified screen token. FILLRECT.C, shown in FIG. 6-5, is the source code to the fillRect(...) function. Compile FILLRECT.C and add the resultant FILLRECT.OBJ object module to your TABS.LIB, TABM.LIB, and TABL.LIB files.

6-5 The source code listing to FILLRECT.C.

```
//////////////////////////////////
//
// fillrect.c
//
// Description:
//    Fills rectangle with screen
//    token
//
// void fillRect(R,token);
//
// R = RECT *
// token = screen attr and char (int)
//
//////////////////////////////////

#include <tproto.h>

void
_fastcall fillRect(RECT *R,int token)
{
register int row;
register int column;
int row_stop, col_stop;

// set limits for loops

row_stop = R->lr_row;
col_stop = R->lr_col;

// write screen token by row

for(row=R->ul_row; row<row_stop; row++)

    // write screen token by column
```

164   Foundation rectangle routines

6-5 Continued.

```
    for(column=R->ul_col; column<col_stop; column++)

        // write the token

        vdChar(row,column,token);
}
```

PROG26.C, shown in FIG. 6-6, demonstrates function fillRect(...). Compile PROG26.C and link the resultant PROG26.OBJ object module with your TABS.LIB file. Running PROG26.EXE shows how to print the '.' character in every space on the screen and then display a rectangle using a different screen attribute. Note the use of the functions mkToken(...) and mkAttr(...) in creating the screen token that is used by function fillRect(...).

6-6 The source code listing to PROG26.C.

```
//////////////////////////////////////
//
// prog26.c
//
// Description:
//   Demonstrated the use of function
//   fillRect(...)
//

// include files here

#include <tproto.h>

// declare global variables

RECT *R;

void
main()
{
int row, col;

// initialize TAB video routines

vidInit();

// set RECT *

R = setRect(R,3,10,15,50);

// fill the screen with dots

for(row=0; row<25; row++)
    for(col=0; col<80; col++)
        vdChar(row,col,mkToken('.',7));
```

6-6 Continued.

```
// fill a rectangle

fillRect(R,mkToken('.',mkAttr(RED,
                              WHITE,
                              OFF_INTENSITY,
                              OFF_BLINK)));

// wait for a key press

gtKey();

}
```

Putting a border on screen rectangles

Function boxRect(...) clears a rectangular area using a specified screen attribute and prints a box border using that attribute. Your four border choices as described in the TSTRUCT.H (see chapter 2, TSTRUCT.H) are:

Border Style	Top	Bottom	Left	Right
S_S_S_S	Single	Single	Single	Single
S_S_D_D	Single	Single	Double	Double
D_D_S_S	Double	Double	Single	Single
D_D_D_D	Double	Double	Double	Double

BOXRECT.C, shown in FIG. 6-7, is the source code to the boxRect(...) function. Compile BOXRECT.C and add the resultant BOXRECT.OBJ object modules to your TABS.LIB, TABM.LIB, and TABL.LIB files.

6-7 The source code listing to BOXRECT.C.

```
//////////////////////////////////
//
// boxrect.c
//
// Desctription:
//   Clears a rectangle with a designated
//   attribute and surrounds this rectangle
//   with a designated border attriibute.
//
// void boxRect(R,border,attr);
//
// R = RECT *
// border = border value S_S_S_S,D_D_D_D,etc (int)
// attr = screen attribute (int)
//

// include files here

#include <stdio.h>
#include <tproto.h>
```

166   Foundation rectangle routines

6-7 Continued.

```c
static char xwb_blank[80] = {
    32,32,32,32,32,32,32,
    32,32,32,32,32,32,32,
    32,32,32,32,32,32,32,
    32,32,32,32,32,32,32,
    32,32,32,32,32,32,32,
    32,32,32,32,32,32,32,
    32,32,32,32,32,32,32,
    32,32,32,32,32,32,32,
    32,32,32,32,32,32,32,
    32,32,32,32,32,32,32,
    32,32,32,32,32,32,32 };

void
_fastcall boxRect(R,border,attr1)
RECT *R;
int border;
int attr1;
{
int row,column;
int token;
int top_bot,left_right,ul,ur,ll,lr;

// choose border characters

switch(border)
    {
    case 1:
        top_bot = 196;
        left_right = 186;
        ul = 214;
        ur = 183;
        ll = 211;
        lr = 189;
        break;
    case 2:
        top_bot = 205;
        left_right = 179;
        ul = 213;
        ur = 184;
        ll = 212;
        lr = 190;
        break;
    case 3:
        top_bot = 205;
        left_right = 186;
        ul = 201;
        ur = 187;
        ll = 200;
        lr = 188;
        break;
    default:
        top_bot = 196;
        left_right = 179;
        ul = 218;
        ur = 191;
        ll = 192;
        lr = 217;
        break;
    }
```

6-7 Continued.

```c
// create screen token to clear rectangle

token = mkToken((int)' ',attr1);

// clear rectnagle by row

for(row=R->ul_row; row<R->lr_row; row++)
    vdWrite(row,R->ul_col,R->lr_col - R->ul_col,xwb_blank,attr1);

// draw top and bottom

for(column=R->ul_col; column<R->lr_col-1; ++column)
    {
    vdChar(R->ul_row,column,mkToken(top_bot,attr1));
    vdChar(R->lr_row-1,column,mkToken(top_bot,attr1));
    }

// draw left and right borders

for(row=R->ul_row; row<R->lr_row-1; ++row)
    {
    vdChar(row,R->ul_col,mkToken(left_right,attr1));
    vdChar(row,R->lr_col-1,mkToken(left_right,attr1));
    }

// plop the four corners

vdChar(R->ul_row,R->ul_col,mkToken(ul,attr1));

vdChar(R->ul_row,R->lr_col-1,mkToken(ur,attr1));

vdChar(R->lr_row-1,R->ul_col,mkToken(ll,attr1));

vdChar(R->lr_row-1,R->lr_col-1,mkToken(lr,attr1));

}
```

PROG27.C, shown in FIG. 6-8, demonstrates function boxRect(...). Compile PROG27.C and link the resultant PROG27.OBJ object module with your TABS.LIB file. Running PROG27.EXE displays all the box (or border) styles supported by your Microsoft C 6.0 TAB libraries.

6-8 The source code listing to PROG27.C.

```c
/////////////////////////////////////
//
// prog27.c
//
// Description:
//   Demonstrated the use of function
//   boxRect(...)
//

// include files here
```

6-8 Continued.

```c
#include <tproto.h>

// declare global variables

RECT *R1;
RECT *R2;
RECT *R3;
RECT *R4;

void
main()
{
int row, col;

// initialize TAB video routines

vidInit();

// set RECT *

R1 = setRect(R1,3,5,9,40);
R2 = setRect(R2,3,50,9,75);
R3 = setRect(R3,12,5,20,40);
R4 = setRect(R4,12,50,20,75);

// fill the screen with dots

for(row=0; row<25; row++)
    for(col=0; col<80; col++)
        vdChar(row,col,mkToken('.',7));

// box R1 rectangle

boxRect(R1,S_S_S_S,mkAttr(RED,
                          BLUE,
                          ON_INTENSITY,
                          OFF_BLINK));
// write border style

vdWrite(R1->ul_row+2,R1->ul_col+4,0,"S_S_S_S border",7);

// box R2 rectangle

boxRect(R2,S_S_D_D,mkAttr(RED,
                          WHITE,
                          ON_INTENSITY,
                          OFF_BLINK));

// write border style

vdWrite(R2->ul_row+2,R2->ul_col+4,0,"S_S_D_D border",7);

// box R3 rectangle

boxRect(R3,D_D_S_S,mkAttr(RED,
                          GREEN,
                          ON_INTENSITY,
                          OFF_BLINK));
```

6-8 Continued.

```
// write border style

vdWrite(R3->ul_row+2,R3->ul_col+4,0,"D_D_S_S border",7);

// box R4 rectangle

boxRect(R4,D_D_D_D,mkAttr(RED,
                         MAGENTA,
                         ON_INTENSITY,
                         OFF_BLINK));

// write border style

vdWrite(R4->ul_row+2,R4->ul_col+4,0,"D_D_D_D border",7);

// wait for a key press

gtKey();

}
```

Saving and restoring screen rectangle images

Functions saveRect(...) and restRect(...) permit you to save the screen image below the rectangle, and restore that screen image, respectively. These functions will prove invaluable when writing and removing overlapping boxes. Remember, when writing overlapping boxes you must treat their placement and removal in the standard stack fashion: last box written, first box removed.

SAVERECT.C, shown in FIG. 6-9, is the source code to the saveRect(...) function. Compile SAVERECT.C and add the resultant SAVERECT.OBJ object modules to your TABS.LIB, TABM.LIB, and TABL.LIB files.

6-9 The source code listing to SAVERECT.C.

```
///////////////////////////////////
//
// saverect.c
//
// Description:
//   Save rectangle screen region described
//   by RECT structure.
//
// void saveRect(R);
//
// R = RECT *
//

// include files here

#include <tproto.h>
```

6-9 Continued.

```
void
_fastcall saveRect(R)
RECT *R;
{
unsigned int *iptr;
register int row;
register int column;

// set pointer to malloc opened with setRect

iptr = (unsigned int *)R->image;

// save image to memory by row

for(row=R->ul_row; row<=R->lr_row; row++)

    // save image to memory by column

    for(column=R->ul_col; column<=R->lr_col; column++)

        // place image token by token in malloc

        *iptr++ = vrdChar(row,column);
}
```

RESTRECT.C, shown in FIG. 6-10, is the source code to the restRect(...) function. Compile RESTRECT.C and add the resultant RESTRECT.OBJ object module to your TABS.LIB, TABM.LIB, and TABL.LIB files.

6-10 The source code listing to RESTRECT.C.

```
///////////////////////////////////
//
// restrect.c
//
// Description:
//   Restore rectangular screen image
//   previously saved by saveRect.
//
// void restRect(R);
//
// R = RECT *
//

// include files here

#include <tproto.h>

void
_fastcall restRect(R)
RECT *R;
{
unsigned int *iptr;
register int row;
```

6-10 Continued.

```
register int column;

// set pointer to image data

iptr =(unsigned int *) R->image;

// restore image by row

for(row=R->ul_row; row<=R->lr_row; row++)

    // restore image by column

    for(column=R->ul_col; column<=R->lr_col; column++)

        // restore image by token

        vdChar(row,column,*iptr++);
}
```

PROG28.C, shown in FIG. 6-11, demonstrates the use of functions saveRect(...) and restRect(...). Compile PROG28.C and link the PROG28.OBJ object module with your TABS.LIB file. Running PROG28.EXE shows how to create overlapping boxed rectangles. These boxed rectangles are written to the screen and removed in very rapid fashion.

6-11 The source code listing to PROG28.C.

```
////////////////////////////////////
//
// prog28.c
//
// Description:
//   Demonstrated the use of function
//   saveRect(...), restRect(...) in an
//   overlapping rectangle situation
//

// include files here

#include <tproto.h>

// declare global variables

RECT *R;
RECT *R1;
RECT *R2;
RECT *R3;
RECT *R4;
RECT *R5;

void
main()
{
```

172   Foundation rectangle routines

6-11 Continued.

```c
int row, col;

// initialize TAB video routines

vidInit();

// set RECT *

R  = setRect(R,3,10,15,50);
R1 = setRect(R2,3+(2*1),10+(4*1),15+(2*1),50+(4*1));
R2 = setRect(R2,3+(2*2),10+(4*2),15+(2*2),50+(4*2));
R3 = setRect(R2,3+(2*3),10+(4*3),15+(2*3),50+(4*3));
R4 = setRect(R2,3+(2*4),10+(4*4),15+(2*4),50+(4*4));
R5 = setRect(R2,3+(2*5),10+(4*5),15+(2*5),50+(4*5));

// save the rectangular screen image
saveRect(R);


// box a rectangle R

boxRect(R,D_D_D_D,mkAttr(RED,
                         BLUE,
                         ON_INTENSITY,
                         OFF_BLINK));

// write message in rectangle

vdWrite(R->ul_row+2,
        R->ul_col+2,
        0,
        "Press any key to continue...",
        mkAttr(WHITE,
               GREEN,
               ON_INTENSITY,
               OFF_BLINK));


// box a rectangle R1

saveRect(R1);

boxRect(R1,D_D_D_D,mkAttr(RED,
                          WHITE,
                          ON_INTENSITY,
                          OFF_BLINK));

// write message in rectangle

vdWrite(R1->ul_row+2,
        R1->ul_col+2,
        0,
        "Press any key to continue...",
        mkAttr(WHITE,

               GREEN,
               ON_INTENSITY,
               OFF_BLINK));
```

Saving and restoring screen rectangle images

6-11 Continued.

```
// box a rectangle R2

saveRect(R2);

boxRect(R2,D_D_D_D,mkAttr(RED,
                          GREEN,
                          ON_INTENSITY,
                          OFF_BLINK));

// write message in rectangle

vdWrite(R2->ul_row+2,
        R2->ul_col+2,
        0,
        "Press any key to continue...",
        mkAttr(WHITE,
               GREEN,
               ON_INTENSITY,
               OFF_BLINK));


// box a rectangle R3

saveRect(R3);

boxRect(R3,D_D_D_D,mkAttr(RED,
                          MAGENTA,
                          ON_INTENSITY,
                          OFF_BLINK));

// write message in rectangle

vdWrite(R3->ul_row+2,
        R3->ul_col+2,
        0,
        "Press any key to continue...",
        mkAttr(WHITE,
               GREEN,
               ON_INTENSITY,
               OFF_BLINK));


// box a rectangle R4

saveRect(R4);

boxRect(R4,D_D_D_D,mkAttr(BLUE,
                          WHITE,
                          ON_INTENSITY,
                          OFF_BLINK));

// write message in rectangle

vdWrite(R4->ul_row+2,
        R4->ul_col+2,
        0,
        "Press any key to continue...",
        mkAttr(WHITE,
```

6-11 Continued.

```
                    GREEN,
                    ON_INTENSITY,
                    OFF_BLINK));

// box a rectangle R5

saveRect(R5);

boxRect(R5,D_D_D_D,mkAttr(WHITE,
                          RED,
                          ON_INTENSITY,
                          OFF_BLINK));

// write message in rectangle

vdWrite(R5->ul_row+2,
        R5->ul_col+2,
        0,
        "Press any key to continue...",
        mkAttr(WHITE,
               GREEN,
               ON_INTENSITY,
               OFF_BLINK));

// wait for a key press

gtKey();

// restore screen image under rectangle

restRect(R5);
restRect(R4);
restRect(R3);
restRect(R2);
restRect(R1);
restRect(R);

}
```

Summary

In this chapter you learned how to clear a rectangular region of the screen using function clrRect(...). Function fillRect(...) was used to fill a rectangular region of the screen with a screen token (8-bit char and 8-bit attribute = 16-bit token). Function boxRect(...) was used to clear a rectangular region of the screen with a specified screen attribute. This rectangular region of the screen was emphasized by a single- or double-lined border. Finally you learned how to save the rectangular region of the screen under the rectangle and later restore that region of the screen. Figure 6-12 presents the library contents listing to TABS.LIB.

6-12 The library contents listing to TABS.LIB.

```
@bleep..........bleep          @boxRect.........boxrect
@clrRect........clrrect        @delay...........delay
@fillRect.......fillrect       @gtCur...........gtcur
@gtKey..........gtkey          @offCur..........offcur
@onCur..........oncur          @rCloc...........rcloc
@restRect.......restrect       @restScrn........restscrn
@rmvCur.........rmvcur         @rsizeCur........ssizecur
@saveRect.......saverect       @saveScrn........savescrn
@sCloc..........scloc          @setRect.........setrect
@sizeCur........sizecur        @sizeRect........sizerect
@ssizeCur.......ssizecur       @vdEdit..........vdedit
@vrdChar........vrdchar        _add1jiff........timer
_crt............vidinit        _defkey1.........vdedit
_defkey2........vdedit         _defkey3.........vdedit
_defkey4........vdedit         _get_jiffhour....timer
_get_jiffmin....timer          _get_jiffy.......timer
_get_ljiffy.....timer          _gtKBstat........gtkbstat
_g_shape........g_shape        _initialize_timer..timer
_mkAttr.........mkattr         _mkToken.........mktoken
_mvCur..........mvcur          _newtimer........timer
_offSound.......offsound       _onSound.........onsound
_remove_timer...timer          _reset_timer.....timer
_scrnClr........scrnclr        _SCRNSEG.........vidinit
_SPARKLE_FLAG...vidinit        _start_timer.....timer
_stop_timer.....timer          _s_shape.........s_shape
_vdAttr.........vdattr         _vdChar..........vdchar
_vdHoriz........vdhoriz        _vdVert..........vdvert
_vdWrite........vdwrite        _vidInit.........vidinit
_VID_PORT.......vidinit
```

```
mvcur            Offset: 00000010H  Code and data size: 15H
  _mvCur

timer            Offset: 000000b0H  Code and data size: e0H
  _add1jiff         _get_jiffhour     _get_jiffmin      _get_jiffy
  _get_ljiffy       _initialize_timer                   _newtimer
  _remove_timer     _reset_timer      _start_timer      _stop_timer

gtcur            Offset: 00000390H  Code and data size: 2cH
  @gtCur

rmvcur           Offset: 000004a0H  Code and data size: 30H
  @rmvCur

scloc            Offset: 000005e0H  Code and data size: 26H
  @sCloc

rcloc            Offset: 00000710H  Code and data size: 10H
  @rCloc

oncur            Offset: 00000830H  Code and data size: eH
  @onCur

s_shape          Offset: 00000950H  Code and data size: cH
  _s_shape

g_shape          Offset: 000009f0H  Code and data size: 7H
  _g_shape
```

6-12 Continued.

offcur @offCur	Offset: 00000a80H	Code and data size: eH
sizecur @sizeCur	Offset: 00000ba0H	Code and data size: 1aH
ssizecur @rsizeCur	Offset: 00000cb0H @ssizeCur	Code and data size: 26H
mktoken _mkToken	Offset: 00000df0H	Code and data size: bH
mkattr _mkAttr	Offset: 00000e90H	Code and data size: 17H
scrnclr _scrnClr	Offset: 00000f30H	Code and data size: 1aH
vidinit _crt _VID_PORT	Offset: 00000fd0H _SCRNSEG	Code and data size: 71H _SPARKLE_FLAG _vidInit
vdchar _vdChar	Offset: 000011a0H	Code and data size: 27H
vdwrite _vdWrite	Offset: 00001270H	Code and data size: 42H
vdhoriz _vdHoriz	Offset: 00001350H	Code and data size: 2cH
vdvert _vdVert	Offset: 00001420H	Code and data size: 32H
vdattr _vdAttr	Offset: 000014f0H	Code and data size: 2eH
vrdchar @vrdChar	Offset: 000015c0H	Code and data size: 3cH
savescrn @saveScrn	Offset: 00001700H	Code and data size: 44H
restscrn @restScrn	Offset: 00001860H	Code and data size: 46H
delay @delay	Offset: 000019d0H	Code and data size: 32H
bleep @bleep	Offset: 00001af0H	Code and data size: 2eH
gtkey @gtKey	Offset: 00001c30H	Code and data size: 14H
vdedit @vdEdit _defkey4	Offset: 00001d30H _defkey1	Code and data size: 75aH _defkey2 _defkey3

Summary 177

6-12 Continued.

onsound _onSound	Offset: 00002780H	Code and data size: 18H
offsound _offSound	Offset: 00002820H	Code and data size: 7H
gtkbstat _gtKBstat	Offset: 000028b0H	Code and data size: 11H
fillrect @fillRect	Offset: 00002950H	Code and data size: 42H
setrect @setRect	Offset: 00002aa0H	Code and data size: 50H
sizerect @sizeRect	Offset: 00002c10H	Code and data size: 10H
clrrect @clrRect	Offset: 00002d10H	Code and data size: 46H
boxrect @boxRect	Offset: 00002e60H	Code and data size: 238H
saverect @saveRect	Offset: 00003200H	Code and data size: 42H
restrect @restRect	Offset: 00003350H	Code and data size: 42H

7
Fundamental window-creation functions

This source-code-laden chapter contains twenty-five source files and two window-creation demonstration programs. I decided to present only two demonstration programs as opposed to a demonstration program for each function because the window-creation functions combine in a synergistic fashion. Some of the routines are internal to the TAB library and other routines may be called by you.

The two demonstration programs (PROG29 and PROG30) are heavily documented and have been designed so that you can use the window-generation functions to create your own user interfaces. PROG29.C (presented in FIG. 7-26) demonstrates how to display a simple text window. This simple text window contains a border and window title. Feel free to use PROG29.C as a template for simple window applications.

PROG30.C (presented in FIG. 7-27) is a much more complex example. It shows you how to display a vertical scroll-bar window, a Lotus-style window, and a grid-style window. The vertical scroll-bar window, Lotus-style window, and grid-style window have all been heavily documented so that you may use those functions as templates for your own user interface designs.

By examining the source code to PROG29.C and PROG30.C you'll quickly see that each window is displayed in the same fashion. The pattern of function calls in the window-display sequence is basically the same in all the window styles. The syntax for pertinent functions also becomes self evident when exploring PROG29.C and PROG30.C.

Twenty-five window-creation functions

putChr(...) Function putChr(...) puts a character to the screen at the current cursor location. The cursor position is not updated and the screen attribute is not changed. PUTCHR.C, shown in FIG. 7-1, is the source code to

7-1 The source code listing to PUTCHR.C.

```c
//////////////////////////////////////
//
// putchr.c
//
//
// void putChr(char)
//
// Description:
//   Puts a character to the page 0 screen
//   at the current cursor location.
//   Cursor location doesn't change.
//
//

#include <tproto.h>
#include <dos.h>

void
_fastcall putChr(char c_val)
{

// inline assembler here
_asm
    {
    mov     BH,0        ; on page 0
    mov     CX,1        ; write 1 char
    mov     AH,0Ah      ; write char functions
    mov     AL,c_val    ; char => AL
    int     10h         ; write char via BIOS
    }
}
```

bute is not changed. PUTCHR.C, shown in FIG. 7-1, is the source code to the putChr(...) function. Compile PUTCHR.C and add the PUTCHR.OBJ object modules to your TABS.LIB, TABM.LIB, and TABL.LIB files.

putCRLF(...)   Function putCRLF(...) moves the cursor down one row and to the left-hand edge of the screen (column 0). PUTCRLF.ASM, shown in FIG. 7-2, is the source code to putCRLF(...). Assemble PUTCRLF.ASM and add the resultant PUTCRLF.OBJ object modules to your TABS.LIB, TABM.LIB, and TABL.LIB files.

7-2 The source code listing to PUTCRLF.ASM.

```
;//////////////////////////////////////
;//
;// putcrlf.asm
;//
;//
;//   putCRLF();
;//
;//
;// Description:
```

180   Fundamental window-creation functions

7-2 Continued.

```
;// Prints CR & LF to screen
;
    DOSSEG

if mdl eq 1
    .MODEL SMALL,C
elseif mdl eq 2
    .MODEL MEDIUM,C
else
    .MODEL LARGE,C
endif

    .CODE

putCRLF PROC
    mov     AH,2
    mov     DL,13
    int     21H
    mov     DL,10
    int     21H
    ret
putCRLF ENDP
    END
```

putStr(...) Function putStr(...) writes a string to the screen via the BIOS starting at the current cursor location. PUTSTR.C, shown in FIG. 7-3, is the source code to the putStr(...) function. Compile PUTSTR.C and add the resultant PUTSTR.OBJ object modules to your TABS.LIB, TABM.LIB, and TABL.LIB files.

7-3 The source code listing to PUTSTR.C.

```
//////////////////////////////////
//
// putStr.c
//
// Put a string to screen at current
// cursor location - retain attribute
// & no wrap
//
//////////////////////////////////

#include <tproto.h>

void
_fastcall putStr(string)
char *string;
{
int row,column;
gtCur(&row,&column);
while(*string!=aNUL)
    {
    putChr(*string++);
    mvCur(row,++column);
    }
}
```

wrImg(...) Function wrImg(...) is an internal window function that writes a previously saved rectangular image to the screen. WRIMG.C, shown in FIG. 7-4, is the source code to the wrImg(...) function. Compile WRIMG.C and add the resultant WRIMG.OBJ object modules to your TABS.LIB, TABM.LIB, and TABL.LIB files.

7-4 The source code listing to WRIMG.C.

```c
//////////////////////////////////////
//
// wrimg.c
//
// Description:
//    Transfers a rectangular region of the screen
//    to buffer and blanks the area. (internal
//    window routine)
//

// include files here

#include <stdio.h>
#include <tproto.h>

void
_fastcall wrImg(WIND *W)
{
register int row,column;
unsigned int *img_ptr;

// set bointer to buffer

img_ptr = (unsigned int *)W->img_ptr;

// restore image by row

for(row=W->ul_row; row<=W->lr_row; row++)
    {
    // restore image by column

    for( column=W->ul_col; column<=W->lr_col; column++)
        {
        // write screen token

        vdChar(row,column,*img_ptr);

        // adjust pointer

        img_ptr++;
        }

    }
}
```

182 Fundamental window-creation functions

wrBox(...) Function wrBox(...), an internal TAB window library function, writes a rectangular border as described by the WIND structure to the screen. WRBOX.C, shown in FIG. 7-5, is the source code to the wrBox(...) function. Compile WRBOX.C and add the resultant WRBOX.OBJ object modules to your TABS.LIB, TABM.LIB, and TABL.LIB files.

7-5 The source code listing to WRBOX.C.

```c
//////////////////////////////////
//
// wrbox.c
//
// Description:
//   Write a box to screen with a single
//   line border. (internal window function)
//

// include files here

#include <stdio.h>
#include <tproto.h>

static char wb_blank[80] = {
    32,32,32,32,32,32,32,32,
    32,32,32,32,32,32,32,32,
    32,32,32,32,32,32,32,32,
    32,32,32,32,32,32,32,32,
    32,32,32,32,32,32,32,32,
    32,32,32,32,32,32,32,32,
    32,32,32,32,32,32,32,32,
    32,32,32,32,32,32,32,32,
    32,32,32,32,32,32,32,32,
    32,32,32,32,32,32,32,32 };

void
_fastcall wrBox(WIND *W)
{
register int row,column;
int token;
int top_bot,left_right,ul,ur,ll,lr;

// select border (box) style

switch(W->box_type)
    {
    case 1:
        top_bot = 196;
        left_right = 186;
        ul = 214;
        ur = 183;
        ll = 211;
        lr = 189;
        break;

    case 2:
        top_bot = 205;
```

7-5 Continued.

```
            left_right = 179;
            ul = 213;
            ur = 184;
            ll = 212;
            lr = 190;
            break;

        case 3:
            top_bot = 205;
            left_right = 186;
            ul = 201;
            ur = 187;
            ll = 200;
            lr = 188;
            break;

        default:
            top_bot = 196;
            left_right = 179;
            ul = 218;
            ur = 191;
            ll = 192;
            lr = 217;
            break;
    }

    // set window clear video token

    token = mkToken((int)' ',W->attr);

    // clear window by row

    for(row=W->ul_row; row<W->lr_row; row++)

        // write blanks on row

        vdWrite(row,W->ul_col,W->lr_col - W->ul_col,wb_blank,W->attr);

    // draw top and bottom borders

    for(column=W->ul_col; column<W->lr_col; ++column)
    {
        // draw top row

        vdChar(W->ul_row,column,mkToken(top_bot,W->attr));

        // draw bottom row

        vdChar(W->lr_row,column,mkToken(top_bot,W->attr));
    }

    // draw left and right borders

    for(row=W->ul_row; row<W->lr_row; ++row)
    {
        // draw left border

        vdChar(row,W->ul_col,mkToken(left_right,W->attr));
```

7-5 Continued.

```
    // draw right border

    vdChar(row,W->lr_col,mkToken(left_right,W->attr));
    }

// plop the four corners

// upper left corner character

vdChar(W->ul_row,W->ul_col,mkToken(ul,W->attr));

// upper right corner character

vdChar(W->ul_row,W->lr_col,mkToken(ur,W->attr));

// lower left corner character

vdChar(W->lr_row,W->ul_col,mkToken(ll,W->attr));

// lower right corner character

vdChar(W->lr_row,W->lr_col,mkToken(lr,W->attr));
}
```

wrWind(...) Function wrWind(...), an internal TAB library window function, writes a previously saved window image to the screen. WRWIND.C, shown in FIG. 7-6, is the source code to the wrWind(...) function. Compile WRWIND.C and add the resultant WRWIND.OBJ object modules to your TABS.LIB, TABM.LIB, and TABL.LIB files.

7-6 The source code listing to WRWIND.C.

```
/////////////////////////////////////
//
// wrwind.c
//
// Description:
//    Transfers a rectangular region of the screen
//    to buffer and blanks the area. (internal
//    window routine)
//

// include files here

#include <stdio.h>
#include <dos.h>
#include <tproto.h>


void
_fastcall wrWind(WIND *W)
{
register int row,column;
unsigned int *img_ptr;
```

7-6 Continued.

```c
// set pointer to buffer

img_ptr = (unsigned int *)W->wind_ptr;

// restore image by row

for(row=W->ul_row; row<=W->lr_row; row++)
    {
    // restore image by column

    for( column=W->ul_col; column<=W->lr_col; column++)
        {
        // write token from buffer to screen

        vdChar(row,column,*img_ptr);

        // adjust pointer to buffer

        img_ptr++;
        }
    }
}
```

rdImg(...) Function rdImg(...), an internal TAB library window function, reads a rectangular image of the screen to dynamically allocated memory. RDIMG.C, shown in FIG. 7-7, is the source code to the rdImg(...) function. Compile RDIMG.C and add the resultant RDIMG.OBJ object modules to your TABS.LIB, TABM.LIB, and TABL.LIB files.

7-7 The source code listing to RDIMG.C.

```c
////////////////////////////////////
//
// rdimg.c
//
// Description:
//   Transfers a rectangular region of the screen
//   to buffer and blanks the area. (internal
//   window function)
//

// include files here

#include <stdio.h>
#include <dos.h>
#include <tproto.h>


void
_fastcall rdImg(WIND *W)
{
register int row,column;
unsigned int *buf_ptr;
```

186   Fundamental window-creation functions

7-7 Continued.

```c
// set pointer to buffer

buf_ptr = (unsigned int *)W->img_ptr;

// relocate screen image to buffer by row

for(row=W->ul_row; row<=W->lr_row; row++)

    // relocate screen image to buffer by column

    for( column=W->ul_col; column<=W->lr_col; column++)

        // relocate screen token to buffer

        *buf_ptr++ = vrdChar(row,column);
}
```

sizeImg(...) Function sizeImg(...), an internal TAB library function, returns the buffer size required to hold the window or screen-under-window image. SIZEIMG.C, shown in FIG. 7-8, is the source code to the sizeImg(...) function. Compile SIZEIMG.C and add the resultant SIZEIMG.OBJ object modules to your TABS.LIB, TABM.LIB, and TABL.LIB files.

7-8 The source code listing to SIZEIMG.C.

```c
////////////////////////////////////
//
//
// sizeimg.c
//
// Description:
//   Returns the pointer to malloc large enough to
//   receive all the screen information for the rectangulat
//   block (internal window function)
//

// include files here

#include <malloc.h>
#include <tproto.h>

unsigned int
_fastcall sizeImg(WIND *W)
{
int height,width,size;

// calculate window height

height = W->lr_row - W->ul_row;

// calculate window width

width = W->lr_col-W->ul_col;
```

7-8 Continued.

```
// add 1 to height & width (to prevent blindness)

++height;
++width;

// area = height * width

size = height * width;

// return area
return( size );
}
```

exit_bad(...) Function exit_bad(...) aborts program execution, prints what is usually an error message, and returns control to DOS. Function exit_bad(...) can be useful in debugging your programs. EXIT_BAD.C, shown in FIG. 7-9, is the source code to the exit_bad(...) function. Compile EXIT_BAD.C and add the resultant EXIT_BAD.OBJ object modules to your TABS.LIB, TABM.LIB, and TABL.LIB files.

7-9 The source code listing to EXIT_BAD.C.

```
//////////////////////////////////////
//
// exir_bad.c
//
// Description:
//   Abort to DOS on error. The error
//   message is passed as a pointer to
//   a string so you will be able to
//   identify the troublesome area.
//   In the window routines function
//   exit_bad(...) is used to check for
//   NULL pointers.

// include files here

#include <tproto.h>

void
_fastcall exit_bad(char *string)
{
scrnClr();
putStr(string);
putCRLF();
putCRLF();
putStr("Program ABORT -> Return to DOS");
exit(0);
}
```

rdWind(...) Function rdWind(...), an internal TAB library function, reads the window image to a dynamically allocated buffer. RDWIND.C, shown in FIG. 7-10, is the source code to the rdWind(...) function. Compile RDWIND.C and add the resultant RDWIND.OBJ object modules to your TABS.LIB, TABM.LIB, and TABL.LIB files.

7-10 The source code listing to RDWIND.C.

```
//////////////////////////////////////
//
// rdwind.c
//
// Description:
//   Transfers a rectangular region of the screen
//   to buffer and blanks the area. (internal
//   window routine)
//

// include files here

#include <stdio.h>
#include <dos.h>
#include <tproto.h>


void
_fastcall rdWind(WIND *W)
{
register int row,column;
unsigned int *buf_ptr;

// set pointer to buffer

buf_ptr = (unsigned int *)W->wind_ptr;

// read image by row

for(row=W->ul_row; row<=W->lr_row; row++)

    // read image by column

    for( column=W->ul_col; column<=W->lr_col; column++)

        // screen token to buffer

        *buf_ptr++ = vrdChar(row,column);
}
```

dispWind(...) Function dispWind(...) displays a window that has previously been displayed using function strtWind(...), which is shown later in this chapter (FIG. 7-18). DISPWIND.C, shown in FIG. 7-11, is the source code to the dispWind(...) function. Compile DISPWIND.C and add the resultant DISPWIND.OBJ object modules to your TABS.LIB, TABM.LIB, and TABL.LIB files.

7-11 The source code listing to DISPWIND.C.

```c
//////////////////////////////////////
//
//
// dispwind.c
//
// Description:
//   Diisplay window which has been previously
//   saved using function remvWind(...).
//

// include files here

#include <malloc.h>
#include <tproto.h>


void
_fastcall dispWind(WIND *W)
{
if(!W->visible)
    {
    // read screen image to buffer

    rdImg(W);

    // restore previously saved window image

    wrWind(W);

    // set visible flag to aTRUE

    W->visible = 1;
    }
}
```

remvWind(...) Function remvWind(...) removes a previously displayed window with the original screen image which the displayed window overlaid. Function remvWind(...) does not destroy the window's WIND structure. After you have removed a displayed window using function remvWind(...) you may display the window again by calling function dispWind(...). REMVWIND.C, shown in FIG. 7-12, is the source code to the remvWind(...) function. Compile REMVWIND.C and add the resultant REMVWIND.OBJ object modules to your TABS.LIB, TABM.LIB, and TABL.LIB files.

7-12 The source code listing to REMVWIND.C.

```c
//////////////////////////////////////
//
// remvwind.c
//
// Description:
//   Removes displayed window from screen
//   and restores previously saved screen
```

190   Fundamental window-creation functions

7-12 Continued.

```
//   image.
//

// include files here

#include <malloc.h>
#include <tproto.h>

void
_fastcall remvWind(WIND *W)
{
if(W->visible)
    {
    // save window image to buffer

    rdWind(W);

    // restore previously saved screen image

    wrImg(W);

    // set window visible flag to aFALSE

    W->visible = 0;
    }
}
```

setTitle(...) Function setTitle(...) tells function strtWind(...) (FIG. 7-18) what title should be centered on the top window border. SETTITLE.C, shown in FIG. 7-13, is the source code to the setTitle(...) function. Compile SETTITLE.C and add the resultant SETTITLE.OBJ object modules to your TABS.LIB, TABM.LIB, and TABL.LIB files.

7-13 The source code listing to SETTITLE.C.

```
/////////////////////////////////////
//
// settitle.c
//
// Descriiption:
//   Print the title to the top of window.
//
//

// include files here

#include <string.h>
#include <stdlib.h>
#include <malloc.h>
#include <tproto.h>

void
_fastcall setTitle(WIND *W,char *top)
{
// set length of title string
```

Twenty-five window-creation functions   **191**

7-13 Continued.

```
W->top_length = strlen(top);

// calculate left offset for center
// print of window title

W->top_offset = ( (W->lr_col-W->ul_col) - W->top_length )/2;
W->top_offset += 1;

// set pointer to buffer for window title

W->t_title = (char *)malloc(W->top_length+1);

// clear window buffer

memset(W->t_title,'\0',W->top_length+1);

// copy title string to newly opened buffer

strcpy(W->t_title,top);

// set top title flag as aTRUE

W->show_top=aTRUE;
}
```

setWind(...)   Function setWind(...) prepares the WIND structure by dynamically allocating memory for the window and screen-under-window images and setting the global upper left-hand corner of the window's border and the lower right-hand corner of the window's border. SETWIND.C, shown in FIG. 7-14, is the source code to the setWind(...) function. Compile SETWIND.C and add the resultant SETWIND.OBJ object modules to your TABS.LIB, TABM.LIB, and TABL.LIB files.

7-14 The source code listing to SETWIND.C.

```
//////////////////////////////////////
//
// setwind.c
//
// Description:
//   Set Window Dimensions and initialize
//   WIND structure.
//

// include files here

#include <malloc.h>
#include <tproto.h>


#define W_SIZE sizeof(WIND)

static char b_wind_msg[] = "NULL returned in SetWind";
```

192   Fundamental window-creation functions

7-14 Continued.

```c
WIND *
_fastcall setWind(WIND *W,int ul_row,int ul_col,int lr_row,int lr_col)
{
// return pointer to WIND structure

W = (WIND *)calloc(W_SIZE,sizeof(char));

// if NULL pointer returned then exit with message

if(W==0)
    exit_bad(b_wind_msg);

// set window dimensions

W->ul_row = ul_row;
W->ul_col = ul_col;
W->lr_row = lr_row;
W->lr_col = lr_col;

// set window screen area size

W->img_size = sizeImg(W);

// get pointer to image buffer

W->img_ptr = (unsigned int *)calloc(W->img_size,sizeof(int));

// if NULL pointer returned the exit with message

if(W->img_ptr==0)
    exit_bad(b_wind_msg);

// get second image pointer

W->wind_ptr = (unsigned int *)calloc(W->img_size,sizeof(int));

// if NULL pointer returned then exit with message

if(W->wind_ptr==0)
    exit_bad(b_wind_msg);

// window not currently displayed

W->visible=aFALSE;

// S_S_S_S default box (border) type

W->box_type=S_S_S_S;

// default - normal screen attribute

W->attr=NORMAL;

// no top title

W->t_title=0;

// no bottom title
```

7-14 Continued.

```
W->b_title=0;

// dont show top title

W->show_top=aFALSE;

// don't show bottom title

W->show_bot=aFALSE;

// return pointer to window

return(W);
}
```

setBord(...) Function setBord(...) tells function strtWind(...) (FIG. 7-18) the type of window border to be drawn. Your options include:

Top	Bottom	Left	Right
Single	Single	Single	Single
Single	Single	Double	Double
Double	Double	Single	Single
Double	Double	Double	Double

SETBORD.C, shown in FIG. 7-15, is the source code to the setBord(...) function. Compile SETBORD.C and add the resultant SETBORD.OBJ object modules to your TABS.LIB, TABM.LIB, and TABL.LIB files.

7-15 The source code listing to SETBORD.C.

```
//////////////////////////////////////
//
// setbord.c
//
// Description:
//   Set window border type.
//
// set the border
//
// #   T B L R
// -  - - - -
// 0 = S_S_S_S
// 1 = S_S_D_D
// 2 = D_D_S_S
// 3 = D_D_D_D
//

// include files here

#include <tproto.h>
```

7-15 Continued.

```
void
_fastcall setBord(WIND *W,int type)
{
// set window border type in structure

W->box_type = type;
}
```

dysWind(...) Function dysWind(...) destroys the WIND structure by freeing memory which had been previously allocated when function setWind(...) (FIG. 7-14) was called. It is important to know that once a window's WIND structure has been destroyed using function dysWind(...), all window functions that refer to the destroyed window will fail. The failure will be ugly and will most likely lock your machine. Be forewarned. Once a WIND structure has been destroyed it may be reinitialized using the WIND's previously held values or a new set of values. DYSWIND.C, shown in FIG. 7-16, is the source code to the dysWind(...) function. Compile DYSWIND.C and add the resultant DYSWIND.OBJ object module to your TABS.LIB, TABM.LIB, and TABL.LIB files.

7-16 The source code listing to DSYWIND.C.

```
/////////////////////////////////////
//
// dsywind.c
//
// Description:
//    Destroy window structure.
//

// include files here

#include <malloc.h>
#include <stddef.h>
#include <tproto.h>

void
_fastcall dsyWind(WIND *W)
{
// if window structure has NOT been destroyed

if(W->img_ptr!=NULL)

    // then free memory

    free((char *)W->img_ptr);

// if window structure has NOT been destroyed

if(W->wind_ptr!=NULL)

    // then free memory
```

Twenty-five window-creation functions   195

7-16 Continued.

```
    free((char *)W->wind_ptr);

// if window structure has NOT been destroyed

if(W!=NULL)

    // then free memory

    free(W);
}
```

setAttr(...) Function setAttr(...) tells function strtWind(...) (FIG. 7-18) what screen attribute to use when initially displaying the window. Of course, you are not limited to one screen attribute when displaying a window. You may alter any window character's attribute by using functions wvdAttr(...) (FIG. 7-19), wvdWrite(...) (FIG. 7-24), and wvdChar(...) (FIG. 7-20). SETATTR.C, shown in FIG. 7-17, is the source code to the setAttr(...) function. Compile SETATTR.C and add the resultant SETATTR.OBJ object modules to your TABS.LIB, TABM.LIB, and TABL.LIB files.

7-17 The source code listing to SETATTR.C.

```
//////////////////////////////////////
//
// setattr.c
//
// Description:
//   Set the window attribute.
//

// include files here

#include <tproto.h>


void
_fastcall setAttr(WIND *R,int attr)
{
// set attribute in window structure

R->attr = attr;
}
```

strtWind(...) Function strtWind(...) should be used when displaying a window for the first time only. This function saves the screen-under-window image, clears the window screen area using the window's screen attribute, draws the window's border, and writes the window's title. STRTWIND.C, shown in FIG. 7-18, is the source code to the strtWind(...) function. Compile STRTWIND.C and add the resultant STRTWIND.OBJ object modules to your TABS.LIB, TABM.LIB, and TABL.LIB files.

7-18 The source code listing to STRTWIND.C.

```c
////////////////////////////////////
//
// strtwind.c
//
// Description:
// Called when displaying window
//   for the first time. The WIND structure
//   MUST be set before this function is called.
//

// include files here

#include <malloc.h>
#include <ascii.h>
#include <tproto.h>

void
_fastcall strtWind(WIND *W)
{
char *tptr,*bptr;

// set pointers to window top and bottom titles

tptr = W->t_title;
bptr = W->b_title;

// read screen image to memory

rdImg(W);

// overlay blank window with border

wrBox(W);

// read window image to memory

rdWind(W);

// if Set window visible flag to aTRUE

W->visible = 1;

// if top title specified

if(W->show_top)

    // write top window title to center of top border

    wvdWrite(W,0,W->top_offset,W->top_length,tptr,W->attr);
}
```

wvdAttr(...) Function wvdAttr(...) permits you to alter the display attributes for a string of screen characters without altering those characters. Function wvdAttr(...) will prove highly useful when writing item selection routines. WVDATTR.C, show in FIG. 7-19, is the source code to the wvdAttr(...)

Twenty-five window-creation functions   **197**

function. Compile WVDATTR.C and add the resultant WVDATTR.OBJ object modules to your TABS.LIB, TABM.LIB, and TABL.LIB files.

7-19 The source code listing to WVDATTR.C.

```c
//////////////////////////////////
//
// wvdattr.c
//
// Description:
//   Change attributes on window row.
//

// include files here

#include <stdio.h>
#include <tproto.h>


void
_fastcall wvdAttr(WIND *W,int row,int col,int length,int attr)
{
// calculate global row and col values

row += W->ul_row;
col += W->ul_col;

// change video attribute string

vdAttr(row,col,length,attr);

}
```

wvdChar(...) Function wvdChar(...) writes a screen token to the window at a specified window row and column location. The window's row=0 and column=0 location refers to the upper left-hand border character of the window. This has purposely been done in case you wish to alter any window border character for a special effect. WVDCHAR.C, shown in FIG. 7-20, is the source code to the wvdChar(...) function. Compile WVDCHAR.C and add the resultant WVDCHAR.OBJ object modules to your TABS.LIB, TABM.LIB, and TABL.LIB files.

7-20 The source code listing to WVDCHAR.C.

```c
//////////////////////////////////
//
// wvdchar.c
//
// Description:
//   Print token to screen at
//   specified row and column location
//
```

198   Fundamental window-creation functions

7-20 Continued.

```c
// Include files here

#include <stdio.h>
#include <tproto.h>

void
_fastcall wvdChar(WIND *W,int row,int col,int token)
{
// convert local window coordinates
// to global screen coordinates

row += W->ul_row;
col += W->ul_col;

// write token to screen

vdChar(row,col,token);
}
```

wvdHoriz(...) Function wvdHoriz(...) permits you to draw a single-bar horizontal line at a specified row and column window location using a designated screen attribute. WVDHORIZ.C, shown in FIG. 7-21, is the source code to the wvdHoriz(...) function. Compile WVDHORIZ.C and add the resultant WVDHORIZ.OBJ object modules to your TABS.LIB, TABM.LIB, and TABL.LIB files.

7-21 The source code listing to WVDHORIZ.C.

```c
//////////////////////////////////
//
// wvdhoriz.c
//
// Description:
//   Draw a horizontal bar in window.
//

// include files here

#include <tproto.h>

void
_fastcall wvdHoriz(WIND *R,int row,int column,int number,int attr)
{
int stop,col_start,token;

// convert local coordinates to
// global coordinates

row += R->ul_row;
column += R->ul_col;

// draw horizontal line

vdHoriz(row,column,number,attr);
}
```

Twenty-five window-creation functions 199

wvdStr(...) Function wvdStr(...), an internal TAB library window function, writes a string to the window. String length and screen attributes during the screen write are controlled. WVDSTR.C, shown in FIG. 7-22, is the source code to the wvdStr(...) function. Compile WVDSTR.C and add the resultant WVDSTR.OBJ object modules to your TABS.LIB, TABM.LIB, and TABL.LIB files.

7-22 The source code listing to WVDSTR.C.

```
///////////////////////////////////
//
// wvdstr.c
//
// Description:
//   Internal video routine.
//

// include files here

#include <stdio.h>
#include <tproto.h>

extern VIDEO *crt;

void
_fastcall wvdStr(WIND *W,int row,int col,int length,char *str,char attr)
{
// convert local coordinates to
// global coordinates

row += W->ul_col;
col += W->ul_col;

// write string to screen

vdWrite(row,col,length,str,(int)attr);
}
```

wvdVert(...) Function wvdVert(...) writes a single vertical bar to the window at a specified row and column location using a designated screen attribute. WVDVERT.C, shown in FIG. 7-23, is the source code to the wvdVert(...) function. Compile WVDVERT.C and add the resultant WVDVERT.OBJ object modules to your TABS.LIB, TABM.LIB, and TABL.LIB files.

7-23 The source code listing to WVDVERT.C.

```
///////////////////////////////////
//
// wvdvert.c
//
// Description:
//   Draw a verticle bar in window.
//
// include files here
```

7-23 Continued.

```
#include <tproto.h>

void
_fastcall wvdVert(WIND *R,int row,int column,int number,int attr)
{
// convert local coordinates to
// global coordinates

row += R->ul_row;
column += R->ul_col;

// write vertical bar in window

vdVert(row,column,number,attr);
}
```

wvdWrite(...)   Function wvdWrite(...) writes a string to the window at a specified row and column location using a designated screen attribute. Function wvdWrite(...) is the backbone function of all window write operations. It is very fast and provides very professional-looking results. WVDWRITE.C, shown in FIG. 7-24, is the source code to the wvdWrite(...) function. Compile WVDWRITE.C and add the resultant WVDWRITE.OBJ object modules to your TABS.LIB, TABM.LIB, and TABL.LIB files.

7-24 The source code listing to WVDWRITE.C.

```
//////////////////////////////////////
//
// wvdwrite.c
//
// Description:
//    Write string in window.
//

// include files here

#include <stdio.h>
#include <tproto.h>

void
_fastcall wvdWrite(WIND *W,int row,int col,int len,char *str,int attr)
{
// convert local coordinates to global coordinates

if(!len)
    len=strlen(str);
if(col==CENTER)
    col=(W->lr_col-W->ul_col-len-1)/2;
row += W->ul_row;
col += W->ul_col;

// write string to screen

vdWrite(row,col,len,str,attr);
}
```

wvrdChar(...) Function wvrdChar(...) reads the screen token from a specified row and column window location. WVRDCHAR.C, shown in FIG. 7-25, is the source code to the wvrdChar(...) function. Compile WVRDCHAR.C and add the resultant WVRDCHAR.OBJ object modules to your TABS.LIB, TABM.LIB, and TABL.LIB files.

7-25 The source code listing to WVRDCHAR.C.

```
//////////////////////////////////
//
// wvrdchar.c
//
// Description:
//   Reads video token in window.
//

// include files here

#include <stdio.h>
#include <tproto.h>

int
_fastcall wvrdChar(WIND *R,int row,int col)
{
int token;

// convert local coordinates to
// global coordinates

row += R->ul_row;
col += R->ul_col;

// read screen token from window

token = vrdChar(row,col);

// return screen token

return(token);
}
```

Window-display and menu demonstrations

PROG29.C, shown in FIG. 7-26, is a demonstration program that provides a clear template for displaying a simple window. The source template provided in PROG29.C provides you with the basic window-creation scheme used in all the window-based demonstration programs that follow. I strongly suggest that you play with PROG29.C and create many different windows. Change the window's size, the window's location, the window's border, the window's display attribute, and the window's information. Once you follow through on writing PROG29's variations, you'll have a very firm grasp of how to use your TAB library to create professional-looking windows.

7-26 The source code listing to PROG29.C.

```c
////////////////////////////////////////
//
// prog29.c
//
// Description:
//   Pop up window demonstration shell
//   program.
//
//

// include files here

#include <stdio.h>
#include <tproto.h>

// declare pointer to window structure

WIND *HELP;

// declare window previously initialized

int help_flag=0;

// info1 window data

char help1[28]    = " Key         Action       ";
char help2[28]    = "  Q  QUIT to DOS          ";
char help3[28]    = "  R  Run Program (.EXE/.COM)";
char help4[28]    = "  S  DOS SYSTEM Prompt    ";
char help5[28]    = "  T  Tag Highlight On/Off ";
char help6[28]    = "  W  Word Proc. (Misc.) file";
char help7[29]    = "  \\  Go to ROOT Directory ";
char help8[28]    = "  .  Back one Directory   ";
char help9[28]    = "  H  For MORE HELP        ";
char help10[28]   = " ANY other Key to Exit Help ";


// blank line data

char b32[] = {
    32,32,32,32,32,32,32,32,
    32,32,32,32,32,32,32,32,
    32,32,32,32,32,32,32,32,
    32,32,32,32,32,32,32,32,
    32,32,32,32,32,32,32,32,
    32,32,32,32,32,32,32,32,
    32,32,32,32,32,32,32,32,
    32,32,32,32,32,32,32,32,
    32,32,32,32,32,32,32,32,
    32,32,32,32,32,32,32,32};

////////////////////////////////////////
//
// How to create a window usin the
// TAB library
//

void
```

7-26 Continued.

```c
helpw1()
{
// holds key press scan and char values

int key;

// if window creation called first time

if(!help_flag)
    {
    ////////////////////////////////////////
    //                                    //
    // Initialize grid menu window        //
    // structure and display window       //
    //                                    //
    ////////////////////////////////////////

    ////////////////////////////////////////
    //
    // Allocate memory and return pointer
    // to structure
    //

    HELP = setWind(HELP,6,24,6+11,24+29);

    ////////////////////////////////////////
    //
    // Set Window Attribute
    // Fore,Back,Intensity,Blink
    //

    setAttr(HELP,mkAttr(BLACK,CYAN,OFF_INTENSITY,OFF_BLINK));

    ////////////////////////////////////////
    //
    // Set Window Border
    //

    setBord(HELP,D_D_D_D);

    ////////////////////////////////////////
    //
    // Set the top title

    setTitle(HELP," TSR SHELL HELP ");

    ////////////////////////////////////////
    //
    // Display window  first time
    //

    strtWind(HELP);
    }
else
    // display window which has been
    // previously initialized

    dispWind(HELP);
```

204 Fundamental window-creation functions

7-26 Continued.

```
// write window messages

wvdWrite(HELP,1,1,28,help1,mkAttr(CYAN,
                                  BLACK,
                                  OFF_INTENSITY,
                                  OFF_BLINK));
wvdWrite(HELP,2,1,28,help2,HELP->attr);
wvdWrite(HELP,3,1,28,help3,HELP->attr);
wvdWrite(HELP,4,1,28,help4,HELP->attr);
wvdWrite(HELP,5,1,28,help5,HELP->attr);
wvdWrite(HELP,6,1,28,help6,HELP->attr);
wvdWrite(HELP,7,1,28,help7,HELP->attr);
wvdWrite(HELP,8,1,28,help8,HELP->attr);
wvdWrite(HELP,9,1,28,help9,HELP->attr);
wvdWrite(HELP,10,1,28,help10,HELP->attr);
wvdAttr(HELP,9,2,3,mkAttr(CYAN,
                          BLACK,
                          OFF_INTENSITY,
                          OFF_BLINK));

// wait for key press

key = gtKey();

// remove window image and restore
// previously saved screen

remvWind(HELP);

}


void
main()
{
int value;
int attr1,attr2;

// initialize TAB library video
// structure

vidInit();

// erase bottom row

vdWrite(24,0,80,b32,7);

// turn off blinking cursor

offCur();

// initialize attributes

attr1 = mkAttr(BLACK,WHITE,OFF_INTENSITY,OFF_BLINK);
attr2 = mkAttr(WHITE,BLACK,ON_INTENSITY,ON_BLINK);

// window pop up loop
```

7-26 Continued.

```
do
    {
    // print pop up message

    vdWrite(24,0,0,
            "Pop Up Window Active, Any key to remove Window    "
            ,attr1);

    // pop up TAB window

    helpw1();

    // not active

    vdWrite(24,0,0,
            "=>  Press ALT X to Exit to DOS, any key Pop Window "
            ,attr1);
    vdAttr(24,0,2,attr2);

    } while(gtKey() != ALT_X);

// turn on blinking cursor

onCur();

// erase bottom row

vdWrite(24,0,80,b32,7);
}
```

Compile PROG29.C and link the resultant PROG29.OBJ object module with your TABS.LIB file. Running PROG29.EXE shows how quickly your TAB library window pops up and down.

PROG30.C, shown in FIG. 7-27, is the first-of-many user interface demonstration programs that provide clearly labeled templates to create a vertical scroll-bar menu, a Lotus-style menu, and a grid-style menu. There are many very useful routines in PROG30.C and I have tried to be very thorough in documenting every one.

7-27 The source code listing to PROG30.C.

```
//////////////////////////////////
//
// prog30.c
//
// Description:
//   Menu demonstration program.
//
//   1) Pop up highlight bar
//      window
//
//   2) Grid Style Highlight Bar
//      Window
```

206   Fundamental window-creation functions

7-27 Continued.

```c
//
// 3) Lotus Style Window
//


// Include Files

#include <stdio.h>
#include <tproto.h>

///////////////////////////////////////
//
// C function prototypes
// Routines used by this demo
//

int tgrid(void);      // display grid type window
void info1(void);     // simple pop-up information window
int tlotus(void);     // display lotue style window
int main(void);       // program main

///////////////////////////////////////
//
// Make variables which must retain their
// value after the function exits, global
//

int lotus_flag=0;
int lotus_item=0;
int grid_item=0;
int grid_flag=0;

///////////////////////////////////////
//
// Pointers to Window Structures
//

WIND *FIRST;
WIND *GRID;
WIND *INFORM;
WIND *LOTUS;

///////////////////////////////////////
//
// Window Messages
//


///////////////////////////////////////
//
// Messages for FIRST Window
//

char title[29] = "    TAB Library Menu Demo    ";
unsigned char i_bar[31] = {
    195,196,196,196,196,196,196,196,
    196,196,196,196,196,196,196,196,
    196,196,196,196,196,196,196,196,
    196,196,196,196,196,196,180 };
```

Window-display and menu demonstrations 207

7-27 Continued.

```
char item1[29] = " Lotus Style Menu           ";
char item2[29] = " Grid Style Menu            ";
char item3[29] = " Some Historical Information ";
char item5[29] = " Quit TAB Menu Demo         ";

///////////////////////////////////
//
// Messages for LOTUS Window
//

char menu1[47] = " Mean   Mode  Median  Range  Standard Deviation ";
char mess1[47] = " Mean is the Average score of the distribution ";
char mess2[47] = " Mode is the most frequent score               ";
char mess3[47] = " Median is the middle score of sample          ";
char mess4[47] = " Range is the distance from highest to lowest  ";
char mess5[47] = " Standard dev. is avg. distance from mean      ";

///////////////////////////////////
//
// lot_map holds mess column offset & length
//

int lot_map[5][2] = {
    1,6,
    7,6,
    13,8,
    21,7,
    28,20 };

///////////////////////////////////
//
// messages for GRID window - holds row & column
//

char gmenu[21] = "     SELECT A NUMBER ";
char grid1[21] = "         1  2  3     ";
char grid2[21] = "         4  5  6     ";
char grid3[21] = "         7  8  9     ";
char grid4[21] = " Press ENTER to Exit ";

///////////////////////////////////
//
// grid_map row,column for start of inverse item
//

int grid_map[9][2] = {
    3,7,
    3,10,
    3,13,
    4,7,
    4,10,
    4,13,
    5,7,
    5,10,
    5,13 };

///////////////////////////////////
//
```

7-27 Continued.

```c
// info1 window data
//

char speed1[28]     = "   Trivia Infomation Window  ";
unsigned char speed2[30] = {
    199,196,196,196,196,196,196,196,
    196,196,196,196,196,196,196,196,
    196,196,196,196,196,196,196,196,
    196,196,196,196,196,182 };
char speed3[28]     = "       Program Coded        ";
char speed4[28]     = "             by             ";
char speed5[28]     = "         Len Dorfman        ";
char speed6[28]     = "            and             ";
char speed7[28]     = "        Chuck Dorfman       ";
char speed8[28]     = "    Press ANY KEY to exit.  ";

///////////////////////////////////////
//
// global variables
//

int xinverse;       // attribute for inverse
int hl_tense;       // highlight bar intensity




///////////////////////////////////////
//                                   //
// Lotus Style Window                //
//                                   //
// Receives: nothing                 //
//                                   //
// Returns: item selection number    //
//                                   //
// Displays Lotus style window       //
// with attendant cursor, high-      //
// light and item description        //
// routines.                         //
//                                   //
///////////////////////////////////////

int
tlotus()
{
int key;   // scan and char value
int exit;  // val for loop cond chk
int exp_a; // item explanation attr

///////////////////////////////////////
//                                   //
// Initialize lotus menu window      //
// structure and display window      //
//                                   //
///////////////////////////////////////

///////////////////////////////////////
//
// Set lotus explanation Attrribute
//  - Fore,Back,Intensity,Blink
//
```

7-27 Continued.

```
exp_a = mkAttr(MAGENTA,BLUE,ON_INTENSITY,OFF_BLINK);

////////////////////////////////////
//
// call window initialization
// routines only once
//

if(!lotus_flag)
    {
    // ensure window startup bypassed
    // next window call

    lotus_flag=1;

    // Allocate memory and return pointer
    // to structure

    LOTUS = setWind(LOTUS,6,20,9,68);

    // Set Window Attr - Fore,Back,Intensity,Blink

    setAttr(LOTUS,mkAttr(WHITE,BLUE,ON_INTENSITY,OFF_BLINK));

    // Set Window Border - top, bot, left, right

    setBord(LOTUS,S_S_S_S);

    // Set the top and bottom title -
    // 0 set no bottom title

    setTitle(LOTUS," Lotus Style Window ");

    // Display window

    strtWind(LOTUS);
    }
else
    // display window if window previously
    // created

    dispWind(LOTUS);

// set loop condition

exit=aFALSE;

do
    {
    // Write title bar - erasing old inverse

    wvdWrite(LOTUS,1,1,47,menu1,LOTUS->attr);

    // Inverse proper menu item using lot_map[][]

    wvdAttr(LOTUS,1,lot_map[lotus_item][0],lot_map[lotus_item][1],hl_tense);

    // print item explanation
```

210 Fundamental window-creation functions

7-27 Continued.

```
    switch(lotus_item)
        {
        case 0:
            wvdWrite(LOTUS,2,1,47,mess1,exp_a);
            break;

        case 1:
            wvdWrite(LOTUS,2,1,47,mess2,exp_a);
            break;

        case 2:
            wvdWrite(LOTUS,2,1,47,mess3,exp_a);
            break;

        case 3:
            wvdWrite(LOTUS,2,1,47,mess4,exp_a);
            break;

        case 4:
            wvdWrite(LOTUS,2,1,47,mess5,exp_a);
            break;
        }

    // wait for key press

    key = gtKey();

    // process key press

    switch(key)
        {
        case RIGHT_ARROW:           // At right item?
            if(lotus_item==4)       // Yes?
                lotus_item=0;       //   set left item
            else                    // Else
                lotus_item++;       //   move rt 1 item
            break;

        case LEFT_ARROW:            // At left item?
            if(lotus_item==0)       // Yes?
                lotus_item=4;       //   set right item
            else                    // Else
                lotus_item--;       //   move lft 1 item
            break;

        case ENTER:
            exit=aTRUE;
            break;
        }
    } while(!exit);

// Remove Lotus Window

remvWind(LOTUS);

// return selected item number

return(lotus_item);
}
```

7-27 Continued.

```
/////////////////////////////////////
//                                 //
// Grid Style Window               //
//                                 //
// Receives: nothing               //
// Returns: item selection number  //
//                                 //
// Displays Grid style window      //
// with attendant cursor & high-   //
// light description routines.     //
//                                 //
/////////////////////////////////////

int
tgrid()
{
int key;    // scan and char value
int exit;   // val for loop cond chk

/////////////////////////////////////
//
// Initialize grid menu window
// structure and display window
//

if(!grid_flag)
    {
    // ensure window initialization bypass

    grid_flag=1;

    // Allocate memory and return pointer
    // to structure

    GRID = setWind(GRID,10,10,18,32);

    // Set Window Attrribute
    //  - Fore,Back,Intensity,Blink
    setAttr(GRID,mkAttr(WHITE,RED,OFF_INTENSITY,OFF_BLINK));

    // Set Window Border

    setBord(GRID,D_D_D_D);

    // Set the top and bottom title
    //  - 0 set no bottom title

    setTitle(GRID," Grid Style Window ");

    // Display window

    strtWind(GRID);
    }
else
    // display window if window had
    // been previoulsy displayed

    dispWind(GRID);
```

212 Fundamental window-creation functions

7-27 Continued.

```
// Write name and exit messages

wvdWrite(GRID,1,1,21,gmenu,xinverse);
wvdWrite(GRID,7,1,21,grid4,GRID->attr);
wvdWrite(GRID,7,8,5,"ENTER",mkAttr(WHITE,RED,OFF_INTENSITY,ON_BLINK));

// set loop condition

exit=aFALSE;

do
    {
    // Write grid entries bar

    wvdWrite(GRID,3,1,21,grid1,GRID->attr);
    wvdWrite(GRID,4,1,21,grid2,GRID->attr);
    wvdWrite(GRID,5,1,21,grid3,GRID->attr);

    // Inverse proper menu item using grid_map[][]

    wvdAttr(GRID,grid_map[grid_item][0],grid_map[grid_item][1],3,xinverse);

    // wait and get key press

    key = gtKey();

    // process key press

    switch(key)
        {
        case RIGHT_ARROW:
            // IF rt col->mv to left col ELSE->mv rt

            if( (grid_item==0)||
                (grid_item==1)||
                (grid_item==3)||
                (grid_item==4)||
                (grid_item==6)||
                (grid_item==7) )
                grid_item++;
            else if(grid_item==2)
                grid_item=0;
            else if(grid_item==5)
                grid_item=3;
            else
                grid_item=6;
            break;

        case LEFT_ARROW:
            // IF left col->mv to rt col ELSE->mv left

            if( (grid_item==2)||
                (grid_item==1)||
                (grid_item==5)||
                (grid_item==4)||
                (grid_item==8)||
                (grid_item==7) )
                grid_item--;
```

7-27 Continued.

```
            else if(grid_item==0)
                grid_item=2;
            else if(grid_item==3)
                grid_item=5;
            else
                grid_item=8;
            break;

        case DOWN_ARROW:
            // IF bottom row->mv to top row ELSE->mv down

            if(grid_item<=5)
                grid_item += 3;
            else if(grid_item==6)
                grid_item=0;
            else if(grid_item==7)
                grid_item=1;
            else
                grid_item=2;
            break;

        case UP_ARROW:
            // IF top row->mv to bottom row ELSE->mv up

            if(grid_item>=3)
                grid_item -= 3;
            else if(grid_item==0)
                grid_item=6;
            else if(grid_item==1)
                grid_item=7;
            else
                grid_item=8;
            break;

        case ENTER:
            exit=aTRUE;
            break;
        }
    } while(!exit);

// Remove Lotus Window

remvWind(GRID);

// return selected item

return(grid_item);
}

//////////////////////////////////////
//                                  //
// Simple Style Window              //
//                                  //
// Receives: nothing                //
// Returns:  nothing                //
//                                  //
// Displays Simple pop up           //
// information window.              //
```

7-27 Continued.

```
//                                    //
//////////////////////////////////////

//////////////////////////////////////
//
// Make variables which must retain their
// value after the function exits global
//

int info1_flag=0;

void
info1()
{
//////////////////////////////////////
//
// Initialize grid menu window
// structure and display window
//

if(!info1_flag)
    {
    // ensure window initialization bypass

    info1_flag=1;

    // Allocate memory and return pointer to structure

    INFORM = setWind(INFORM,12-5,20-5,22-5,49-5);

    // Set Window Attrribute -
    // Fore,Back,Intensity,Blink

    setAttr(INFORM,mkAttr(BLACK,
                          CYAN,
                          OFF_INTENSITY,
                          OFF_BLINK));

    // Set Window Border

    setBord(INFORM,D_D_D_D);

    // Set the bottom title

    setTitle(INFORM," Trivial Information ");

    // Display window

    strtWind(INFORM);
    }
else
    // displya previously initialized window

    dispWind(INFORM);

// Write menu and exit messages

wvdWrite(INFORM,1,1,28,speed1,mkAttr(CYAN,
```

7-27 Continued.

```
                                        BLACK,
                                        OFF_INTENSITY,
                                        OFF_BLINK));
wvdWrite(INFORM,2,0,30,speed2,INFORM->attr);
wvdWrite(INFORM,3,1,28,speed3,INFORM->attr);
wvdWrite(INFORM,4,1,28,speed4,INFORM->attr);
wvdWrite(INFORM,5,1,28,speed5,INFORM->attr);
wvdWrite(INFORM,6,1,28,speed6,INFORM->attr);
wvdWrite(INFORM,7,1,28,speed7,INFORM->attr);
wvdWrite(INFORM,8,0,30,speed2,INFORM->attr);
wvdWrite(INFORM,9,1,28,speed8,INFORM->attr);

// wait for key press

gtKey();

// remove window and display original screen information

remvWind(INFORM);
}

/////////////////////////////////////
//                                 //
// int main(void)                  //
//                                 //
// Receives: nothing               //
// Returns: nothing                //
//                                 //
// Sets up the FISRT window        //
// display and contains the        //
// scroll bar menu selection       //
// routine.                        //
//                                 //
/////////////////////////////////////

int
main()
{
int key;       // recieves Scan & char key code
int exit;      // holds val for main loop check
int old_row;   // Tracker for highlight bar
int row;       // Tracker for highlight bar
int intense;   // intensity attribute value
int beep;      // flag for beep on 'Q' keypress

/////////////////////////////////////
//
// Initialize VIDIO structure
//
// ALWAYS call at prog start!
//

vidInit();

// Set global attribute intense for inverse video

xinverse = mkAttr(BLACK,WHITE,OFF_INTENSITY,OFF_BLINK);
```

7-27 Continued.

```c
// set global attribute hl_tense for
// WHITE,WHITE,INTENSE,OFF_BLINK

hl_tense = mkAttr(WHITE,WHITE,ON_INTENSITY,OFF_BLINK);

// Set intense text attribute for this window

intense = mkAttr(WHITE,MAGENTA,ON_INTENSITY,OFF_BLINK);

// Turn off the cursor

offCur();

////////////////////////////////////////
//
// Initialize main menu window
// structure and display window
//


// Allocate memory and return pointer to structure

FIRST = setWind(FIRST,2,4,10,34);

// Set Window Attr - Fore,Back,Intensity,Blink

setAttr(FIRST,mkAttr(WHITE,MAGENTA,OFF_INTENSITY,OFF_BLINK));

// Set Window Border - top, bot, left, right

setBord(FIRST,D_D_S_S);

// Set the top and bottom title

setTitle(FIRST," MSC 6.0 TAB Library ");

// Display window

strtWind(FIRST);

// Write menu name & line below to window

wvdWrite(FIRST,1,1,29,title,xinverse);
wvdWrite(FIRST,2,0,31,i_bar,FIRST->attr);

// Write menu items to window

wvdWrite(FIRST,3,1,29,item1,FIRST->attr);
wvdWrite(FIRST,4,1,29,item2,FIRST->attr);
wvdWrite(FIRST,5,1,29,item3,FIRST->attr);
wvdWrite(FIRST,6,0,31,i_bar,FIRST->attr);
wvdWrite(FIRST,7,1,29,item5,FIRST->attr);

// highlight first letter of item

wvdAttr(FIRST,3,2,1,intense);      // L intense
wvdAttr(FIRST,4,2,1,intense);      // G intense
```

7-27 Continued.

```
wvdAttr(FIRST,5,2,1,intense);        // S intense
wvdAttr(FIRST,7,2,1,intense);        // Q intense

// Set highlight trackers to start at item1 (row 3)

row = 3;
old_row = 3;

// set default for no beep

beep = aFALSE;

// Set loop condition

exit = aFALSE;

/////////////////////////////////////
//
// Main keyboard loop.
// Selects: tlotus(), tgrid(),
// info1(), & quits
//
// Up,Down arrow or First letter move highlight bar
//

do
   {
   wvdAttr(FIRST,old_row,1,29,FIRST->attr); // off highlight bar
   wvdAttr(FIRST,old_row,2,1,intense);   // intense item let
   wvdAttr(FIRST,row,1,29,xinverse);     // on highlight bar
   wvdAttr(FIRST,row,2,1,hl_tense);      // intense HB letter
   if(beep)                              // YES? beep after
      {                                  //       scrn update
      bleep();                           // Yes-warning beep
      beep=aFALSE;                       // reset-> no beep
      }
   old_row = row;                        // reset OFF tracker
   key = gtKey();                        // get scan & char
   switch(key)                           // eval key press
      {
      case DOWN_ARROW:
         if(row==7)        // If bottom row
            row=3;         //  then->top row
         else if(row==5)   // If row 5
            row=7;         //  then skip to 7
         else              // Otherwise
            row++;         //  then down row
         break;
      case UP_ARROW:
         if(row==7)        // If bottom row
            row=5;         //  then skip to 5
         else if(row==3)   // If row 3
            row=7;         //  then->bot row
         else              // Otherwise
            row--;         //  then up row
         break;
      case ENTER:
         switch(row)       // Eval selection
```

7-27 Continued.

```
                    {
                    case 3:              // sel. lotus demo
                        tlotus();
                        break;
                    case 4:
                        tgrid();         // sel. grid demo
                        break;
                    case 5:
                        info1();         // simple demo
                        break;
                    case 7:              // Exit option
                        exit=aTRUE;
                        break;
                    }
                break;
            default:                     // Check ascii val
                key &=0x00ff;            // mask scan code
                switch(key)              // which key?
                {
                case 'l':                // L->lotus choice
                case 'L':
                    row=3;
                    break;
                case 'g':                // G->grid choice
                case 'G':
                    row=4;
                    break;
                case 's':                // S->simple demo
                case 'S':
                    row=5;
                    break;
                case 'q':                // Q->quit wind
                case 'Q':
                    row=7;
                     beep=aTRUE;  /* set for beep    */
                    break;
                }
            break;
        }
    } while (!exit);

// remove window and restore originial screen

remvWind(FIRST);

// turn on the cursor &
// return 0 to DOS

onCur();
return(0);
}

//
// End of PROG30.C source code
//
///////////////////////////////////////
```

Window display and menu demonstrations

Compile PROG30.C and link the resultant PROG30.OBJ object module to your TABS.LIB file. Running PROG30.EXE visually demonstrates how the Lotus-style, the grid-style, and the vertical-style windows operate. I think you'll be quite pleased with the screen performance in respect to program size. Snappy program performance executed by a small program is what optimization is all about.

Summary

In this chapter, twenty-five window-creation routines were presented. Figures 7-26 (PROG29.C) and 7-27 (PROG30.C) provide source code templates describing the syntax of vital window functions and demonstrating how, in combination, the TAB library window functions arm you with all you need to write virtually any keyboard-driven user interface.

I'm not going to stop with keyboard-driven input. That wouldn't be correct considering how popular rodents, I mean mice have become. Chapter 8 presents routines to read the mouse and a rewrite of PROG30.C that permits both keyboard and mouse input at the same time.

Figure 7-28 presents the current TABS.LIB library listing file.

7-28 The current TABS.LIB contents listing.

```
@bleep............bleep          @boxRect..........boxrect
@clrRect..........clrrect        @delay............delay
@dispWind.........dispwind       @dsyWind..........dsywind
@exit_bad.........exit_bad       @fillRect.........fillrect
@gtCur............gtcur          @gtKey............gtkey
@offCur...........offcur         @onCur............oncur
@putChr...........putchr         @putStr...........putstr
@rCloc............rcloc          @rdImg............rdimg
@rdWind...........rdwind         @remvWind.........remvwind
@restRect.........restrect       @restScrn.........restscrn
@rmvCur...........rmvcur         @rsizeCur.........ssizecur
@saveRect.........saverect       @saveScrn.........savescrn
@sCloc............scloc          @setAttr..........setattr
@setBord..........setbord        @setRect..........setrect
@setTitle.........settitle       @setWind..........setwind
@sizeCur..........sizecur        @sizeImg..........sizeimg
@sizeRect.........sizerect       @ssizeCur.........ssizecur
@strtWind.........strtwind       @vdEdit...........vdedit
@vrdChar..........vrdchar        @wrBox............wrbox
@wrImg............wrimg          @wrWind...........wrwind
@wvdAttr..........wvdattr        @wvdChar..........wvdchar
@wvdHoriz.........wvdhoriz       @wvdStr...........wvdstr
@wvdVert..........wvdvert        @wvdWrite.........wvdwrite
@wvrdChar.........wvrdchar       _add1jiff.........timer
_crt..............vidinit        _defkey1..........vdedit
_defkey2..........vdedit         _defkey3..........vdedit
_defkey4..........vdedit         _get_jiffhour.....timer
_get_jiffmin......timer          _get_jiffy........timer
_get_ljiffy.......timer          _gtKBstat.........gtkbstat
_g_shape..........g_shape        _initialize_timer..timer
_mkAttr...........mkattr         _mkToken..........mktoken
```

7-28 Continued.

```
_mvCur...........mvcur              _newtimer........timer
_offSound........offsound           _onSound.........onsound
_putCRLF.........putcrlf            _remove_timer....timer
_reset_timer.....timer              _scrnClr.........scrnclr
_SCRNSEG.........vidinit            _SPARKLE_FLAG....vidinit
_start_timer.....timer              _stop_timer......timer
_s_shape.........s_shape            _vdAttr..........vdattr
_vdChar..........vdchar             _vdHoriz.........vdhoriz
_vdVert..........vdvert             _vdWrite.........vdwrite
_vidInit.........vidinit            _VID_PORT........vidinit
```

mvcur   Offset: 00000010H   Code and data size: 15H
  _mvCur

timer   Offset: 000000b0H   Code and data size: e0H
  _add1jiff   _get_jiffhour   _get_jiffmin   _get_jiffy
  _get_ljiffy   _initialize_timer   _newtimer
  _remove_timer   _reset_timer   _start_timer   _stop_timer

gtcur   Offset: 00000390H   Code and data size: 2cH
  @gtCur

rmvcur   Offset: 000004a0H   Code and data size: 30H
  @rmvCur

scloc   Offset: 000005e0H   Code and data size: 26H
  @sCloc

rcloc   Offset: 00000710H   Code and data size: 10H
  @rCloc

oncur   Offset: 00000830H   Code and data size: eH
  @onCur

s_shape   Offset: 00000950H   Code and data size: cH
  _s_shape

g_shape   Offset: 000009f0H   Code and data size: 7H
  _g_shape

offcur   Offset: 00000a80H   Code and data size: eH
  @offCur

sizecur   Offset: 00000ba0H   Code and data size: 1aH
  @sizeCur

ssizecur   Offset: 00000cb0H   Code and data size: 26H
  @rsizeCur   @ssizeCur

mktoken   Offset: 00000df0H   Code and data size: bH
  _mkToken

mkattr   Offset: 00000e90H   Code and data size: 17H
  _mkAttr

scrnclr   Offset: 00000f30H   Code and data size: 1aH
  _scrnClr

7-28 Continued.

vidinit
  _crt
  _VID_PORT
	Offset: 00000fd0H
	  _SCRNSEG
		Code and data size: 71H
		  _SPARKLE_FLAG _vidInit

vdchar _vdChar	Offset: 000011a0H	Code and data size: 27H
vdwrite _vdWrite	Offset: 00001270H	Code and data size: 42H
vdhoriz _vdHoriz	Offset: 00001350H	Code and data size: 2cH
vdvert _vdVert	Offset: 00001420H	Code and data size: 32H
vdattr _vdAttr	Offset: 000014f0H	Code and data size: 2eH
vrdchar @vrdChar	Offset: 000015c0H	Code and data size: 3cH
savescrn @saveScrn	Offset: 00001700H	Code and data size: 44H
restscrn @restScrn	Offset: 00001860H	Code and data size: 46H
delay @delay	Offset: 000019d0H	Code and data size: 32H
bleep @bleep	Offset: 00001af0H	Code and data size: 2eH
gtkey @gtKey	Offset: 00001c30H	Code and data size: 14H

vdedit
  @vdEdit
  _defkey4
	Offset: 00001d30H
	  _defkey1
		Code and data size: 75aH
		  _defkey2 _defkey3

onsound _onSound	Offset: 00002780H	Code and data size: 18H
offsound _offSound	Offset: 00002820H	Code and data size: 7H
gtkbstat _gtKBstat	Offset: 000028b0H	Code and data size: 11H
fillrect @fillRect	Offset: 00002950H	Code and data size: 42H
setrect @setRect	Offset: 00002aa0H	Code and data size: 50H
sizerect @sizeRect	Offset: 00002c10H	Code and data size: 10H

7-28 Continued.

clrrect @clrRect	Offset: 00002d10H	Code and data size: 46H
boxrect @boxRect	Offset: 00002e60H	Code and data size: 238H
saverect @saveRect	Offset: 00003200H	Code and data size: 42H
restrect @restRect	Offset: 00003350H	Code and data size: 42H
putcrlf _putCRLF	Offset: 000034a0H	Code and data size: bH
putstr @putStr	Offset: 00003540H	Code and data size: 38H
putchr @putChr	Offset: 00003690H	Code and data size: 14H
wrimg @wrImg	Offset: 00003790H	Code and data size: 42H
wrbox @wrBox	Offset: 000038d0H	Code and data size: 228H
wrwind @wrWind	Offset: 00003c50H	Code and data size: 42H
rdimg @rdImg	Offset: 00003d90H	Code and data size: 42H
sizeimg @sizeImg	Offset: 00003ed0H	Code and data size: 10H
exit_bad @exit_bad	Offset: 00003fd0H	Code and data size: 43H
rdwind @rdWind	Offset: 00004150H	Code and data size: 42H
dispwind @dispWind	Offset: 00004290H	Code and data size: 18H
remvwind @remvWind	Offset: 000043c0H	Code and data size: 18H
settitle @setTitle	Offset: 000044f0H	Code and data size: 56H
setwind @setWind	Offset: 00004670H	Code and data size: cdH
setbord @setBord	Offset: 00004880H	Code and data size: 4H
dsywind @dsyWind	Offset: 00004970H	Code and data size: 3aH

7-28 Continued.

setattr @setAttr	Offset: 00004ab0H	Code and data size: 4H
strtwind @strtWind	Offset: 00004ba0H	Code and data size: 42H
wvdattr @wvdAttr	Offset: 00004d10H	Code and data size: 26H
wvdchar @wvdChar	Offset: 00004e40H	Code and data size: 22H
wvdhoriz @wvdHoriz	Offset: 00004f60H	Code and data size: 28H
wvdstr @wvdStr	Offset: 00005090H	Code and data size: 28H
wvdvert @wvdVert	Offset: 000051c0H	Code and data size: 26H
wvdwrite @wvdWrite	Offset: 000052f0H	Code and data size: 5aH
wvrdchar @wvrdChar	Offset: 00005460H	Code and data size: 20H

8
Foundation mouse routines

Chapter 8 provides tools for writing an optimized keyboard-and-mouse-driven user interface. In recent years the menu-bar and drop-down-window user interface design has virtually become the defacto industry standard. Mouse input is now routinely being meshed with keyboard input. Programmers wishing to write professional-looking and functioning programs must begin to integrate the mouse into their programs. This chapter will clearly show you how.

For those of you familiar with my book *Object-Oriented Assembly Language* (Windcrest Book No. 3620), you'll recall that the method of how you organize information and define terms can profoundly affect how your programs are constructed. There are many different ways to construct mouse-and-keyboard-driven input functions; here however, I have decided to use some of the vocabulary and concepts that can be found in Microsoft Windows 3.0 programming.

I have done this for two reasons. The first is that the text-mode-based interface routines presented in this book have been constructed in a way as to give a Windows-like feel to them. Secondly, I suspect that many of you will be interested in migrating over to the Windows programming environment in the next few years. Becoming familiar with some basic building-block Windows interface concepts at this time can only be helpful later down the road.

The coding of an event queue handler will be presented in the "Writing a simple event queue handler" section of this chapter. Before I continue, however, it makes good sense to explain what an event queue handler is at this time.

An *event queue handler* processes input from different devices and reports messages to the main program for processing. In a sense, you can conceptualize an event queue handler as a program separate from your application. The event queue handler process might be thought of like this:

1. Your application asks the event queue handler if a key has been pressed, the mouse has been moved, or a mouse button has been pressed.
2. The event queue handler reports changes in the keyboard and mouse input status.
3. Your program gets keyboard and mouse status information from the event queue handler and takes appropriate processing action.

PROG32.C, shown later in this chapter in FIG. 8-6, is a meticulously documented simple event queue handler. When you run it you'll be able to see how the keyboard and mouse may both be read at the same time. Press any key and the key press statistics will be reported. Move the mouse and the mouse position will be reported. Press a mouse button and the button pressed will be reported.

Once you've finished reading this chapter you'll be well on your way to writing commercial-quality industry-standard mouse and keyboard user interfaces.

Initializing the mouse

Function msinit(...) uses mouse interrupt 33h to determine if the mouse is present. If a mouse driver and mouse are not present function msinit(...) returns −1, otherwise it returns the number of buttons on the mouse. MSINIT.ASM, shown in FIG. 8-1, is the source code to the msinit.(...) function. Assemble MSINIT.ASM and add the resultant MSINIT.OBJ object module to your TABS.LIB, TABM.LIB, and TABL.LIB files.

8-1 The source code listing to MSINIT.ASM.

```
;////////////////////////////////////
;//
;// msinit.asm
;//
;// Description:
;//   Initialize mouse driver
;//
;// On Entry:
;//     Nothing
;// On Exit:
;//     AX = 0FFFFh  => no mouse
;//     AX = num     => mouse found &
;//                     num = number of
;//                     mouse buttons
;//

        DOSSEG
```

8-1 Continued.

```
if mdl eq 1
    .MODEL SMALL,C
elseif mdl eq 2
    .MODEL MEDIUM,C
else
    .MODEL LARGE,C
endif

    .CODE

msinit PROC
        xor     AX,AX       ; init mouse func #
        int     33h         ; mouse interrupt
        cmp     AX,0        ; no mouse?
        je      nomouse     ; yes -> branch
        mov     AX,BX       ; return number mouse
        ret                 ; buttons
nomouse:                    ; no mouse label
        mov     AX,-1       ; return -1
        ret                 ; on no mouse
msinit ENDP

        END
```

PROG31.C, shown in FIG. 8-2, demonstrates the use of msinit(...). Compile PROG31 and link the resultant PROG31.OBJ object module to your TABS.LIB file. Running PROG31.EXE will report if there is a mouse driver installed in your computer.

8-2 The source code listing to PROG31.C.

```
//////////////////////////////////
//
// prog31.c
//
// Description:
//   Demonstrates use of function
//   msinit(..)
//

// include prototypes & prototype files here

#include <stdio.h>
#include <tproto.h>

void main(void);

// begin program

void
main()
{
int mouse;
```

Initializing the mouse 227

8-2 Continued.

```
// initialize TAB video

vidInit();

// clear the screen

scrnClr();

// check to see if mouse present

mouse = msinit();

// print mouse presence

// no mouse present

if(mouse<0)

    printf("There is no mouse present\n");

// there is a mouse present

else

    printf("There is a %d button mouse present\n",mouse);

}
```

Writing a simple event queue handler

As mentioned in the introductory section to this chapter, using an event queue handler is a very convenient method of ascertaining the status of various input devices. The event queue handler presented in this section uses basically one mouse routine and one keyboard routine.

The mouse routine, function msstat(...) (FIG. 8-5), reads the current mouse location in global screen coordinates. The keyboard function gtKBstat(...) (FIG. 5-3) does not stop program execution when reading the keyboard.

Two additional mouse-driver routines are also presented in this chapter. Function mson(...) (FIG. 8-3) turns the mouse on (makes it visible) and function msoff(...) (FIG. 8-4) turns the mouse off (makes it invisible).

Function mson(...) turns the mouse on and should only be called if it has been previously determined that there is a mouse present on your computer. MSON.ASM, shown in FIG. 8-3, is the source code to the mson(...) function. Assemble MSON.ASM and add the resultant MSON.OBJ object modules to your TABS.LIB, TABM.LIB, and TABL.LIB files.

8-3 The source code listing to MSON.ASM.

```
;///////////////////////////////////
;//
;// mson.asm
```

8-3 Continued.

```
;//
;// Description:
;//   Turn mouse on (display
;//   mouse cursor).
;//
;// On Entry:
;//   Nothing
;// On Exit:
;//   Nothing
;//

        DOSSEG
if mdl eq 1
        .MODEL SMALL,C
elseif mdl eq 2
        .MODEL MEDIUM,C
else
        .MODEL LARGE,C
endif

        .CODE

mson PROC
        mov     ax,1
        int     33h
        ret
mson ENDP

        END
```

Function msoff(...) turns off the mouse and should only be called after it has been previously determined that a mouse driver is presently installed on your computer. MSOFF.ASM, shown in FIG. 8-4, is the source code to the msoff(...) function. Assemble MSOFF.ASM and add the resultant MSOFF.OBJ object modules to your TABS.LIB, TABM.LIB, and TABL.LIB files.

8-4 The source code listing to MSOFF.ASM.

```
;///////////////////////////////////
;//
;// msoff.asm
;//
;// Description:
;//   Turn mouse off (remove
;//   mouse cursor).
;//
;// On Entry:
;//   Nothing
;// On Exit:
;//   Nothing
;//

        DOSSEG
if mdl eq 1
```

8-4 Continued.

```
    .MODEL SMALL,C
elseif mdl eq 2
    .MODEL MEDIUM,C
else
    .MODEL LARGE,C
endif

    .CODE

msoff PROC
    mov    ax,2      ; remove mouse function
    int    33h       ; via mouse interrupt
    ret
msoff ENDP

    END
```

Function msstat(..) returns information about the press of a mouse button. The mouse-button-return values are:

Button Value	Mouse Action
1 (LEFTBUTTON)	Left button pressed
2 (RIGHTBUTTON)	Right button pressed
4 (CNTRBUTTON)	Center button pressed

The addresses to two int's are passed as parameters to function msstat(...). The first parameter holds the X (column) location of the mouse and the second parameter holds the Y (row) location of the mouse. Note that for use of the mouse coordinates in the text mode it makes great sense to divide the X and Y values by 8.

When the division is complete your mouse will be scaled according to standard text-mode locations. In other words, after the division by 8, if your mouse is at location X = 1 and Y = 12, your mouse cursor would be sitting on the character at row 12, column 1.

Let's explore the implications of relating mouse cursor location to the screen's text coordinate system. For example, you can easily write code, PROG32.C (FIG. 8-6), to monitor a mouse cursor location so that when the cursor rests on the character at column 1 and row 12 it takes action if the left mouse button is pressed.

Remember that because function msstat(...) returns button press status and reports the X (column) and Y (row) location of the mouse cursor, this function should only be called if your mouse driver has been installed.

MSSTAT.ASM, shown in FIG. 8-5, is the source code to the msstat(...) function. Assemble MSSTAT.ASM and add the resultant MSSTAT.OBJ object modules to your TABS.LIB, TABM.LIB, and TABL.LIB files.

8-5 The source code listing to MSSTAT.ASM.

```
;//////////////////////////////////////
;//
;// msstat.asm
;//
;// Description:
;//   Return mouse location
;//   and button press status
;//

    DOSSEG
if mdl eq 1
    .MODEL SMALL,C
elseif mdl eq 2
    .MODEL MEDIUM,C
else
    .MODEL LARGE,C
endif

    .CODE

msstat PROC USES DS,x_loc:PTR,y_loc:PTR
        mov     AX,03h          ; get mouse status
        int     33h             ; via mouse interrupt
        mov     AX,BX           ; return button press
if mdl eq 3                     ; if large model
        lds     BX,x_loc        ; set ptr to X loc
        mov     DS:[BX],CX      ; return X loc
        lds     BX,y_loc        ; set ptr to Y loc
        mov     DS:[BX],DX      ; return Y loc
else                            ; small & medium models
        mov     BX,x_loc        ; set ptr to X loc
        mov     word ptr [BX],CX ; return X loc
        mov     BX,y_loc        ; set ptr to Y loc
        mov     word ptr [BX],DX ; return Y loc
endif
        ret
msstat ENDP

        END
```

PROG32.C, shown in FIG. 8-6, demonstrates one way to construct an event queue handler. Mouse movement, button-press information, and keyboard-press information are instantaneously reported to the screen. Compile PROG32.C and link the resultant PROG32.OBJ object module with your TABS.LIB file. Running PROG32.EXE will report every key press and mouse event to the screen.

8-6 The source code listing to PROG32.C.

```
//////////////////////////////////////
//
// prog32.c
//
```

8-6 Continued.

```
// Description:
//   Demonstrates use of an event
//   queue handler using functions
//   mson(...), msoff(...) & msstat(...).
//

// include prototypes & prototype files here

#include <stdio.h>
#include <string.h>
#include <tproto.h>

void main(void);

// begin program

void
main()
{
int mouse_present;
int attr1;
int attr2;
int attr3;
int attr4;
int key_event;
int event_loop;
int button;
int mouse_x;
int mouse_y;
char message[80];

////////////////////////////////////
//
// initialize TAB video
//

vidInit();

////////////////////////////////////
//
// set screen attribute values
//

attr1 = mkAttr(BLACK,WHITE,OFF_INTENSITY,OFF_BLINK);
attr2 = mkAttr(BLACK,MAGENTA,OFF_INTENSITY,OFF_BLINK);
attr3 = mkAttr(BLACK,GREEN,OFF_INTENSITY,OFF_BLINK);
attr4 = mkAttr(BLACK,BROWN,OFF_INTENSITY,OFF_BLINK);

////////////////////////////////////
//
// clear the screen
//

scrnClr();

////////////////////////////////////
//
// check to see if mouse present
```

8-6 Continued.

```
// if mouse_present =
//     -1 then mouse not present
//      1 then 1 button mouse present
//      2 then 2 button mouse present
//      3 then 3 button mouse present
//


mouse_present = msinit();

//////////////////////////////////////
//
// print screen event queue report
// format messages
//

vdWrite(19,0,0,"Event Queue Report (F10 to exit)",attr4);
vdWrite(20,0,0,"--------------------------------",attr4);


// print dummy key scan & character to screen

memset(message,0,80);
sprintf(message,
        "Last Key: Scan: %02Xh | Char: %02Xh | %c |",
        (int)0,
        (int)0,
        (char)' ');

vdWrite(23,0,0,message,attr3);


//////////////////////////////////////
//
// print mouse present report
//

// if mouse not present

if(mouse_present == -1)

    vdWrite(24,0,0,"Mouse not present",attr1);

// otherwise

else
    {
    // prepare message buffer

    memset(message,0,80);

    sprintf(message,
            "There is a %d mouse button present.",
            mouse_present);

    vdWrite(24,0,0,message,attr1);

    // turn on the mouse
```

Writing a simple event queue handler

8-6 Continued.

```
    mson();
    }

//////////////////////////////////
//
// set event loop flag to aTRUE
// - which continues event queue
// looping

event_loop = aTRUE;

//////////////////////////////////
//
// begin event queue loop
//

do
    {
    //////////////////////////////////
    //
    // check to see if there has been a
    // key press event
    //

    key_event = gtKBstat();

    //////////////////////////////////
    //
    // if there has been no key press
    // event then report mouse status

    if(!key_event)
        {
        // if mouse present then
        // evaluate mouse status

        if(mouse_present>0)
            {
            // get mouse location and
            // button press status

            button = msstat(&mouse_x,&mouse_y);

            // report mouse location -
            //
            // NOTE: mouse_x and mouse_y
            // are divided by 8 to convert
            // mouse position to text mode
            // coordinates. This conversion
            // will prove of great value
            // when writing a mouse and
            // keyboard driven interface

            memset(message,0,80);

            sprintf(message,
                    "Mouse X = %03d | Mouse Y = %03d",
                    mouse_x/8,mouse_y/8);
```

8-6 Continued.

```
                vdWrite(22,0,0,message,attr2);

                // print button status report

                if(button==LEFTBUTTON)
                    vdWrite(21,0,0,"Left Button Pressed    ",attr2);
                else if(button==RIGHTBUTTON)
                    vdWrite(21,0,0,"Right Button Pressed   ",attr2);
                else if(button==CNTRBUTTON)
                    vdWrite(21,0,0,"Center Button Pressed ",attr2);
                else
                    vdWrite(21,0,0,"NO Button Pressed      ",attr2);
            }

        }

        ////////////////////////////////////
        //
        // key event has occurred
        //

        else
            {
            // print key scan & character to screen

            memset(message,0,80);
            sprintf(message,
                    "Last Key: Scan: %02Xh | Char: %02Xh | %c |",
                    (int)((key_event&0xff00)>>8),
                    (int)key_event&0x00ff,
                    (char)key_event&0x00ff);

            vdWrite(23,0,0,message,attr3);

            // if F10 key pressed then EXIT loop

            if(key_event==F10)

                event_loop = aFALSE;
            }

    ////////////////////////////////////
    //
    // continue event queue loop or terminate
    // event queue handler
    //

    } while(event_loop);

////////////////////////////////////
//
// if mouse is present then turn mouse off
//

if(mouse_present)

    msoff();
```

Writing a simple event queue handler

8-6 Continued.

```
//////////////////////////////////
//
// clear the screen
//

scrnClr();

}
```

Making the menu demonstration mouse- and keyboard-driven

The demonstration program PROG33.C, discussed in this section, is basically the same menu demonstration presented in PROG30.C (chapter 7, FIG. 7-27). There is one major distinction, however, between these two programs. PROG33.C uses the event queue handler principles presented in PROG32.C (FIG. 8-6) so that the menu program may process input from both the keyboard and the mouse.

If you wish to select a menu item, you may do it in two ways. You may use the arrow keys to highlight the item you wish to select. Pressing the Enter key initiates action. Or, you may move the mouse over an item and click the mouse button to select it. Pressing the right mouse button functions in the same fashion as the Enter key press from the keyboard.

Compile PROG33.C, shown in FIG. 8-7, and link the resultant PROG33.OBJ object module with your TABS.LIB file. Running PROG33.EXE demonstrates the functioning of a mouse and keyboard driven user interface.

8-7 The source code listing to PROG33.C.

```
//////////////////////////////////
//
// PROG33.C
//
// Description:
//   Demonstration program which
//   shows how to create a shadowed
//   LOTUS style window, a shadowed
//   GRID style window, and a
//   shadowed POP UP style window
//
// This program has been designed
// for keyboard input or mouse input
//
//////////////////////////////////
```

8-7 Continued.

```c
//////////////////////////////////////
//
// Include Files */
//

#include <stdio.h>
#include <tproto.h>

//////////////////////////////////////
//
// function prototypes
//

int tgrid(void);         // display grid type window
void info1(void);        // simple pop-up information window
int tlotus(void);        // display lotue style window
int main(void);          // program main
void shadWind(RECT *,int); // shadow window routine
void report_status(void);  // report status of input
void remove_report(void);
void report(void);
int show_mouse(void);
void holder(void);

//////////////////////////////////////
//
// Make variables which must retain their  */
// value after the function exits, global  */
//

int lotus_flag=0;
int lotus_item=0;
int old_lotus=0;
int grid_item=0;
int old_grid=0;
int grid_flag=0;
int sattr;
int lattr;
int mouse_installed=0;
int red_attr,green_attr;

//////////////////////////////////////
//
// Structute Declatations
//

// Pointers to Window Structures

WIND *REPORT;
WIND *FIRST;
WIND *GRID;
WIND *INFORM;
WIND *LOTUS;

// shadow rect structures

RECT *RREPORT;
RECT *RFIRST;
```

8-7 Continued.
```
RECT *RGRID;
RECT *RINFORM;
RECT *RLOTUS;

//////////////////////////////////
//
// Window Messages
//

// Messages for FIRST Window

char title[29]     = " MMenu Demonstration Program ";

unsigned char i_bar[31]   = {
    195,196,196,196,196,196,196,196,196,
    196,196,196,196,196,196,196,196,196,
    196,196,196,196,196,196,196,196,196,
    196,196,196,180 };

char item1[29]     = " Lotus Style Menu            ";
char item2[29]     = " Grid Style Menu             ";
char item3[29]     = " Some Historical Information ";
char item5[29]     = " Quit C-erious Demo          ";

// Messages for LOTUS Window

char menu1[47]     = " Mean  Mode  Median  Range  Standard Deviation ";
char mess1[47]     = " Mean is the Average score of the distribution ";
char mess2[47]     = " Mode is the most frequent score               ";
char mess3[47]     = " Median is the middle score of sample          ";
char mess4[47] = " Range is the distance from highest to lowest  ";
char mess5[47]     = " Standard dev. is avg. distance from mean      ";

// lot_map holds mess column offset & length

int lot_map[5][2] = {
    1,6,
    7,6,
    13,8,
    21,7,
    28,20 };

// messages for GRID window - holds row & column

char gmenu[21]     = "    SELECT A NUMBER  ";
char grid1[21]     = "        1   2   3    ";
char grid2[21]     = "        4   5   6    ";
char grid3[21]     = "        7   8   9    ";
char grid4[21] = " Press ENTER to Exit ";

// grid_map row,column for start of inverse item

int grid_map[9][2] = {
    3,7,
    3,10,
    3,13,
    4,7,
    4,10,
    4,13,
```

8-7 Continued.

```
    5,7,
    5,10,
    5,13 };

// info1 window data

char speed1[28]     = "   TSR 'C'ERIOUS  History    ";
unsigned char speed2[30]     = {
    199,196,196,196,196,196,196,196,196,
    196,196,196,196,196,196,196,196,196,
    196,196,196,196,196,196,196,196,196,
    196,196,182 };

char speed3[28]     = "    TSR   SYSTEMS LIMITED    ";
char speed4[28]     = "  ----------------------     ";
char speed5[28]     = "       'C'erious programs    ";
char speed6[28]     = "       by satvic fellows.    ";
char speed7[28]     = "  ----------------------     ";
char speed8[28]     = "     Press ANY KEY to exit.  ";

///////////////////////////////////
// more global variables
//

int xinverse;       // attribute for inverse
int hl_tense;       // highlight bar intensity

///////////////////////////////////
//
// Lotus Style Window
//
// Receives: nothing
// Returns: item selection number
//
// Displays Lotus style window
// with attendant cursor, high-
// light and item description
// routines.
//

int
tlotus()
{
int key;   // scan and char value
int exit;  // val for loop cond chk
int exp_a; // item explanation attr

///////////////////////////////////
//
// Initialize lotus menu window structure and display window */
//

// Set lotus explanation Attr - Fore,Back,Intensity,Blink

exp_a = mkAttr(MAGENTA,BLUE,ON_INTENSITY,OFF_BLINK);

// call window initialization routines only once
```

8-7 Continued.
```c
if(!lotus_flag)
    {
    // ensure window startup bypassed nexe window call

    lotus_flag=1;

    // Allocate memory and return pointer to structure

    LOTUS = setWind(LOTUS,6,20,9,68);
    RLOTUS = setRect(RLOTUS,6,20,9+1,68+1);

    // save shadow rectangle

    saveRect(RLOTUS);

    // Set Window Attr - Fore,Back,Intensity,Blink

    setAttr(LOTUS,mkAttr(WHITE,BLUE,ON_INTENSITY,OFF_BLINK));

    // Set Window Border - top, bot, left, right

    setBord(LOTUS,S_S_S_S);

    // Set the top and bottom title - 0 set no bottom title

    setTitle(LOTUS," Lotus Style Window ");

     // Display window

    strtWind(LOTUS);
    }
else
    dispWind(LOTUS);

// shadow window

shadWind(RLOTUS,lattr);

// set loop condition

exit=aFALSE;

// print lotus first item

wvdWrite(LOTUS,1,1,47,menu1,LOTUS->attr);

wvdAttr(LOTUS,1,lot_map[lotus_item][0],
              lot_map[lotus_item][1],
              hl_tense);


// print item explanation

switch(lotus_item)
    {
    case 0:
        wvdWrite(LOTUS,2,1,47,mess1,exp_a);
        break;
```

8-7 Continued.

```c
    case 1:
        wvdWrite(LOTUS,2,1,47,mess2,exp_a);
        break;

    case 2:
        wvdWrite(LOTUS,2,1,47,mess3,exp_a);
        break;

    case 3:
        wvdWrite(LOTUS,2,1,47,mess4,exp_a);
        break;

    case 4:
        wvdWrite(LOTUS,2,1,47,mess5,exp_a);
        break;
    }

// report that LOTUS window is active

wvdWrite(REPORT,3,2,21,"Lotus Window Active   ",red_attr);

// mouse on

if(mouse_installed)
    mson();

// short delay

key=0;
holder();

do
    {

    // Write title bar - erasing old inverse

    if(lotus_item != old_lotus)
        {
        // turn mouse off

        msoff();

        // re-write lotus top

        wvdWrite(LOTUS,1,1,47,menu1,LOTUS->attr);

        // Inverse proper menu item using lot_map[][]

        wvdAttr(LOTUS,1,lot_map[lotus_item][0],
                    lot_map[lotus_item][1],
                    hl_tense);
        old_lotus=lotus_item;

        // print item explanation

        switch(lotus_item)
            {
```

Making the menu demonstration mouse- and keyboard-driven

8-7 Continued.

```
            case 0:
                wvdWrite(LOTUS,2,1,47,mess1,exp_a);
                break;

            case 1:
                wvdWrite(LOTUS,2,1,47,mess2,exp_a);
                break;

            case 2:
                wvdWrite(LOTUS,2,1,47,mess3,exp_a);
                break;

        case 3:
            wvdWrite(LOTUS,2,1,47,mess4,exp_a);
            break;

        case 4:
            wvdWrite(LOTUS,2,1,47,mess5,exp_a);
            break;
        }

    // turn mouse on

    mson();
    }

// get key press

key = gtKBstat();                   // get scan & char- no wait
if((!key)&&(mouse_installed))
    {
    key = show_lotus();             // show the mouse location
    if(key == 255)
        key=0;
    else if(key==254)
        key=ENTER;
    else
        lotus_item=key;

    }

switch(key)
    {
    case RIGHT_ARROW:    // At right item?
        if(lotus_item==4) // Yes?
            lotus_item=0;  // set left item
        else              // Else
            lotus_item++;  // move rt 1 item
        break;

    case LEFT_ARROW:     // At left item?
        if(lotus_item==0) // Yes?
            lotus_item=4;  //  set right item
        else              // Else
            lotus_item--;  //  move lft 1 item
        break;
```

242 Foundation mouse routines

8-7 Continued.

```
         case ENTER:
             exit=aTRUE;
             break;
     }

   } while(!exit);

// turn the mouse off

if(mouse_installed)
    msoff();

// Remove Lotus Window

remvWind(LOTUS);

// remove shadow rectangle

restRect(RLOTUS);

// return selected item number

return(lotus_item);

}

///////////////////////////////////
//
// Grid Style Window
//
// Receives: nothing
// Returns: item selection number
//
// Displays Grid style window
// with attendant cursor & high-
// light description routines.
//
///////////////////////////////////

///////////////////////////////////
//
// Make variables which must retain their
// value after the function exits global
//
///////////////////////////////////


int
tgrid()
{
int key;    // scan and char value
int exit;   // val for loop cond chk

///////////////////////////////////
//
// Initialize grid menu window structure
// and display window
//
///////////////////////////////////
```

8-7 Continued.

```
if(!grid_flag)
    {
    // ensure window initialization bypass

    grid_flag=1;

    // Allocate memory and return pointer to structure

    GRID = setWind(GRID,10,10,18,32);
    RGRID = setRect(RGRID,10,10,18+1,32+1);

    // save shadow rectangle

    saveRect(RGRID);

    // Set Window Attr - Fore,Back,Intensity,Blink

    setAttr(GRID,mkAttr(WHITE,RED,OFF_INTENSITY,OFF_BLINK));

    // Set Window Border

    setBord(GRID,D_D_D_D);

    // Set the top and bottom title - 0 set no bottom title

    setTitle(GRID," Grid Style Window ");

    // Display window

    strtWind(GRID);
    }
else
    // display window

    dispWind(GRID);

// draw shadow

shadWind(RGRID,lattr);

// Write name and exit messages

wvdWrite(GRID,1,1,21,gmenu,xinverse);
wvdWrite(GRID,7,1,21,grid4,GRID->attr);
wvdWrite(GRID,7,8,5,"ENTER",mkAttr(WHITE,RED,OFF_INTENSITY,ON_BLINK));

// Write grid entries bar

wvdWrite(GRID,3,1,21,grid1,GRID->attr);
wvdWrite(GRID,4,1,21,grid2,GRID->attr);
wvdWrite(GRID,5,1,21,grid3,GRID->attr);

// Inverse proper menu item using grid_map[][]

wvdAttr(GRID,grid_map[grid_item][0],grid_map[grid_item][1],3,xinverse);

// set old grid to new grid
```

8-7 Continued.

```c
old_grid = grid_item;

// set loop condition

exit=aFALSE;

// turn the mouse on if installed

if(mouse_installed)
    mson();

do
    {
    wvdWrite(REPORT,3,2,21,"Grid Window Active    ",red_attr);

    if(grid_item != old_grid)
        {
        // turn the mouse off

        msoff();

        // Write grid entries bar

        wvdWrite(GRID,3,1,21,grid1,GRID->attr);
        wvdWrite(GRID,4,1,21,grid2,GRID->attr);
        wvdWrite(GRID,5,1,21,grid3,GRID->attr);

        // Inverse proper menu item using grid_map[][]

        wvdAttr(GRID,grid_map[grid_item][0],grid_map[grid_item][1],3,xinverse);

        // set old grid to new grid

        old_grid = grid_item;

        // turn the mouse on

        mson();

        }

    key = gtKBstat();                   // get scan & char- no wait
    if((!key)&&(mouse_installed))
        {
        key = show_grid();              // show the mouse location
        if(key == 255)
            key=0;
        else if(key==254)
            key=ENTER;
        else
            grid_item=key;

        }

    switch(key)
        {
        case RIGHT_ARROW:
```

8-7 Continued.

```c
            // IF rt col->mv to left col ELSE->mv rt

            if( (grid_item==0)||(grid_item==1)||
                (grid_item==3)||(grid_item==4)||
                (grid_item==6)||(grid_item==7) )
                grid_item++;
            else if(grid_item==2)
                grid_item=0;
            else if(grid_item==5)
                grid_item=3;
            else
                grid_item=6;
            break;

        case LEFT_ARROW:

            // IF left col->mv to rt col ELSE->mv left
            if( (grid_item==2)||(grid_item==1)||
                (grid_item==5)||(grid_item==4)||
                (grid_item==8)||(grid_item==7) )
                grid_item--;
            else if(grid_item==0)
                grid_item=2;
            else if(grid_item==3)
                grid_item=5;
            else
                grid_item=8;
            break;

        case DOWN_ARROW:
            // IF bottom row->mv to top row ELSE->mv down
            if(grid_item<=5)
                grid_item += 3;
            else if(grid_item==6)
                grid_item=0;
            else if(grid_item==7)
                grid_item=1;
            else
                grid_item=2;
            break;

        case UP_ARROW:
            // IF top row->mv to bottom row ELSE->mv up
            if(grid_item>=3)
                grid_item -= 3;
            else if(grid_item==0)
                grid_item=6;
            else if(grid_item==1)
                grid_item=7;
            else
                grid_item=8;
            break;

        case ENTER:
            exit=aTRUE;
            break;
    }

} while(!exit);
```

8-7 Continued.

```c
// remove mouse

msoff();

// Remove Lotus Window

remvWind(GRID);
// remove shadow

restRect(RGRID);

// return selected item

return(grid_item);
}

////////////////////////////////////
//
//
// Simple Style Window
//
// Receives: nothing
// Returns: nothing
//
// Displays Simple pop up
// information window.
//
//
////////////////////////////////////


////////////////////////////////////
//
// Make variables which must retain their
// value after the function exits global
//
////////////////////////////////////

int info1_flag=0;

void
info1()
{
int e_flag;
int key;
int x,y;

////////////////////////////////////
//
// Initialize grid menu window structure
// and display window
//
////////////////////////////////////
```

8-7 Continued.

```
if(!info1_flag)
    {
    // ensure window initialization bypass

    info1_flag=1;

    // Allocate memory and return pointer to structure

    INFORM = setWind(INFORM,12-5,20-5,22-5,49-5);
    RINFORM = setRect(RINFORM,12-5,20-5,22-5+1,49-5+1);
    // save shadow rectangle

    saveRect(RINFORM);

    // Set Window Attr - Fore,Back,Intensity,Blink

    setAttr(INFORM,mkAttr(BLACK,CYAN,OFF_INTENSITY,OFF_BLINK));

    // Set Window Border

    setBord(INFORM,D_D_D_D);

    // Set the bottom title

    setTitle(INFORM," Esoteric Information ");

    // Display window

    strtWind(INFORM);
    }
else
    dispWind(INFORM);

// display shadow

shadWind(RINFORM,lattr);


wvdWrite(REPORT,3,2,21,"Info Window Active   ",red_attr);

// Write menu and exit messages

wvdWrite(INFORM,1,1,28,speed1,
        mkAttr(CYAN,BLACK,OFF_INTENSITY,OFF_BLINK));
wvdWrite(INFORM,2,0,30,speed2,INFORM->attr);
wvdWrite(INFORM,3,1,28,speed3,INFORM->attr);
wvdWrite(INFORM,4,1,28,speed4,INFORM->attr);
wvdWrite(INFORM,5,1,28,speed5,INFORM->attr);
wvdWrite(INFORM,6,1,28,speed6,INFORM->attr);
wvdWrite(INFORM,7,1,28,speed7,INFORM->attr);
wvdWrite(INFORM,8,0,30,speed2,INFORM->attr);
wvdWrite(INFORM,9,1,28,speed8,INFORM->attr);

// turn on the mouse

mson();

// wait for key press or right button press
```

8-7 Continued.

```
e_flag=0;

holder();

key = gtKBstat();
key = 0;

do
    {
    // scan for key press

    key = gtKBstat();
    if((!key)&&(mouse_installed))
        {
        key = msstat(&x,&y);
        if(key==2)
            e_flag=1;
        key=0;
        }
    if(key)
        e_flag=1;
    } while(!e_flag);

// turn off the mouse

msoff();

// remove window and display original screen information

remvWind(INFORM);

// remove shadow

restRect(RINFORM);

}


////////////////////////////////////
//
// Filter the key press for
// first letter
//
////////////////////////////////////

int filter_key(int);

int
filter_key(int key)
{
int row;
row = 0;

// mask all but 8 bit char code

key &= 0x000000ff;

// set row value according to key press
```

Making the menu demonstration mouse- and keyboard-driven

8-7 Continued.

```c
if((key=='l')||(key=='L'))
    row=3;
else if((key=='g')||(key=='G'))
    row=4;
else if((key=='s')||(key=='S'))
    row=5;
else if((key=='q')||(key=='Q'))
    {
    row=6;
    }
else
    row=row;

return row;
}

//////////////////////////////////////
//
//
// Simple Style Window
//
// Receives: nothing
// Returns: nothing
//
// Displays Simple pop up
// information window.
//
//
//////////////////////////////////////



//////////////////////////////////////
//
// Make variables which must retain their
// value after the function exits global
//
//////////////////////////////////////


void
report()
{

//////////////////////////////////////
//
// Initialize grid menu window structure
// and display window
//
//////////////////////////////////////


// Allocate memory and return pointer to structure

REPORT = setWind(REPORT,16,50,20,78);
RREPORT = setRect(RREPORT,16,50,20+1,78+1);

// save shadow rectangle
```

8-7 Continued.

```c
saveRect(RREPORT);

// Set Window Attr - Fore,Back,Intensity,Blink
setAttr(REPORT,mkAttr(BLACK,CYAN,OFF_INTENSITY,OFF_BLINK));

// Set Window Border
setBord(REPORT,D_D_D_D);

// Set the bottom title
setTitle(REPORT," Program Status ");


// Display window
strtWind(REPORT);

// display shadow
shadWind(RREPORT,sattr);

// Write menu and exit messages
//wvdWrite(REPORT,1,1,28,speed1,
//          mkAttr(CYAN,BLACK,OFF_INTENSITY,OFF_BLINK));
//wvdWrite(REPORT,3,1,28,speed3,REPORT->attr);
//wvdWrite(REPORT,4,1,28,speed4,REPORT->attr);
//wvdWrite(REPORT,5,1,28,speed5,REPORT->attr);
//wvdWrite(REPORT,6,1,28,speed6,REPORT->attr);
//wvdWrite(REPORT,7,1,28,speed7,REPORT->attr);
//wvdWrite(REPORT,8,0,30,speed2,REPORT->attr);
//wvdWrite(REPORT,9,1,28,speed8,REPORT->attr);


}

int

show_lotus()
{
int x,y,rattr;
int button;
char buffer[30];
rattr = mkAttr(WHITE,GREEN,ON_INTENSITY,OFF_BLINK);

button = msstat(&x,&y);
sprintf(buffer,"Mouse X=%03d Mouse Y=%03d",x,y);
wvdWrite(REPORT,2,2,24,buffer,rattr);

if(button==2)
    return 254;

if(y!=56)
    return 255;
else if((x>=168)&&(x<=208)&&(button==1))
```

8-7 Continued.

```c
    return 0;
else if((x>=216)&&(x<=256)&&(button==1))
    return 1;
else if((x>=264)&&(x<=320)&&(button==1))
    return 2;
else if((x>=328)&&(x<=376)&&(button==1))
    return 3;
else if((x>=384)&&(x<=536)&&(button==1))
    return 4;
else
    return 255;
}

int
show_grid()
{
int x,y,rattr;
int button;
char buffer[30];
rattr = mkAttr(WHITE,GREEN,ON_INTENSITY,OFF_BLINK);

button = msstat(&x,&y);
sprintf(buffer,"Mouse X=%03d Mouse Y=%03d",x,y);
wvdWrite(REPORT,2,2,24,buffer,rattr);

if(button==2)
    return 254;

if((y<104)||(y>120))
    return 255;
else if((y==104)&&(x>=136)&&(x<=152)&&(button==1))
    return 0;
else if((y==104)&&(x>=160)&&(x<=176)&&(button==1))
    return 1;
else if((y==104)&&(x>=184)&&(x<=200)&&(button==1))
    return 2;
else if((y==112)&&(x>=136)&&(x<=152)&&(button==1))
    return 3;
else if((y==112)&&(x>=160)&&(x<=176)&&(button==1))
    return 4;
else if((y==112)&&(x>=184)&&(x<=200)&&(button==1))
    return 5;
else if((y==120)&&(x>=136)&&(x<=152)&&(button==1))
    return 6;
else if((y==120)&&(x>=160)&&(x<=176)&&(button==1))
    return 7;
else if((y==120)&&(x>=184)&&(x<=200)&&(button==1))
    return 8;
else
    return 255;
}

int
show_mouse()
{
int x,y,rattr;
int button;
char buffer[30];
rattr = mkAttr(WHITE,GREEN,ON_INTENSITY,OFF_BLINK);
```

8-7 Continued.

```c
button = msstat(&x,&y);
sprintf(buffer,"Mouse X=%03d Mouse Y=%03d",x,y);
wvdWrite(REPORT,2,2,24,buffer,rattr);

 if(x>264)
    return 0;
 else if(x<40)
    return 0;
 else if(y>72)
    return 0;
 else if(y<40)
    return 0;
 else if((y==40)&&(button==1))
    return K_L;
 else if((y==48)&&(button==1))
    return K_G;
 else if((y==56)&&(button==1))
    return K_S;
 else if((y==64)&&(button==1))
    return K_Q;
 else
    return 0;
}

void
remove_report()
{
// remove window and display original screen information

remvWind(REPORT);

// remove shadow

restRect(RREPORT);

}


////////////////////////////////////
//
// int main(void)
//
// Receives: nothing
// Returns: nothing
//
// Sets up the FISRT window
// display and contains the
// scroll bar menu selection
// routine.
//
//
////////////////////////////////////

int
main()
{
int key;       // recieves Scan & char key code
```

8-7 Continued.

```c
int exit;      // holds val for main loop check
int old_row;   // Tracker for highlight bar
int row;       // Tracker for highlight bar
int intense;   // intensity attribute value
int ret_val;   // return value from filter_key
int rattr,screen_attr;
int count;

// initialize video

vidInit();

// set main window shadow attribute

rattr = mkAttr(WHITE,BLUE,OFF_INTENSITY,OFF_BLINK);

// set program info message attribute

red_attr = mkAttr(WHITE,RED,OFF_INTENSITY,OFF_BLINK);
green_attr = mkAttr(WHITE,GREEN,ON_INTENSITY,OFF_BLINK);


// set secondary window shadow attribute

lattr = mkAttr(WHITE,BLACK,OFF_INTENSITY,OFF_BLINK);

// set main window shadow attribute

sattr = mkAttr(WHITE,BLACK,OFF_INTENSITY,OFF_BLINK);

// Set global attribute intense for inverse video

xinverse = mkAttr(BLACK,WHITE,OFF_INTENSITY,OFF_BLINK);

// set global attribute hl_tense for WHITE,WHITE,INTENSE,OFF_BLINK

hl_tense = mkAttr(WHITE,WHITE,ON_INTENSITY,OFF_BLINK);

// Set intense text attribute for this window

intense = mkAttr(WHITE,MAGENTA,ON_INTENSITY,OFF_BLINK);

// Set intense text attribute for this window

screen_attr = mkAttr(BLACK,WHITE,OFF_INTENSITY,OFF_BLINK);

///////////////////////////////////
//
// turn the screen white
//

for(count=0; count<25; count++)
    vdAttr(count,0,80,screen_attr);

// open report window

report();
```

8-7 Continued.

```
// check for mouse installed

ret_val = msinit();

if(ret_val==0xffff) // no mouse
    wvdWrite(REPORT,1,2,18,"No mouse installed",rattr);
else
    {
    wvdWrite(REPORT,1,2,18,"Mouse installed    ",rattr);
    mouse_installed=1;
    }

// Turn off the cursor  and save location

offCur();
sCloc();

////////////////////////////////////////
//
// Initialize main menu window structure and display window
//

// Allocate memory and return pointer to structure

FIRST = setWind(FIRST,2,4,9,34);
RFIRST = setRect(RFIRST,2,4,9+1,34+1);

// save shadow rectangle

saveRect(RFIRST);

// Set Window Attr - Fore,Back,Intensity,Blink

setAttr(FIRST,mkAttr(WHITE,MAGENTA,OFF_INTENSITY,OFF_BLINK));

// Set Window Border - top, bot, left, right

setBord(FIRST,D_D_S_S);

// Set the top and bottom title

setTitle(FIRST," Cerious Mouse Menu ");

// Display window

strtWind(FIRST);

// shadow window

shadWind(RFIRST,sattr);

// Write menu name & line below to window

wvdWrite(FIRST,1,1,29,title,xinverse);
wvdWrite(FIRST,2,0,31,i_bar,FIRST->attr);

// Write menu items to window

wvdWrite(FIRST,3,1,29,item1,FIRST->attr);
```

8-7 Continued.

```c
wvdWrite(FIRST,4,1,29,item2,FIRST->attr);
wvdWrite(FIRST,5,1,29,item3,FIRST->attr);
// wvdWrite(FIRST,6,0,31,i_bar,FIRST->attr);
wvdWrite(FIRST,6,1,29,item5,FIRST->attr);

// highlight first letter of item

wvdAttr(FIRST,3,2,1,intense);        /* L intense */
wvdAttr(FIRST,4,2,1,intense);        /* G intense */
wvdAttr(FIRST,5,2,1,intense);        /* S intense */
wvdAttr(FIRST,6,2,1,intense);        /* Q intense */

// Set highlight trackers to start at item1 (row 3)

row = 3;
old_row = 3;

// Set loop condition

exit = aFALSE;

////////////////////////////////////
//
// highlight first row
//

wvdAttr(FIRST,old_row,1,29,FIRST->attr); // off highlight
wvdAttr(FIRST,old_row,2,1,intense);   // intense item let
wvdAttr(FIRST,row,1,29,xinverse);     // on highlight bar
wvdAttr(FIRST,row,2,1,hl_tense);      // intense HB letter
old_row = row;                        // reset OFF tracker

////////////////////////////////////
// turn the mouse on
//

mson();

////////////////////////////////////
//
// Main keyboard loop. Selects: tlotus(), tgrid(),
//                              info1(), & quits
// Up,Down arrow or First letter move highlight bar
//
////////////////////////////////////

do
    {
    wvdWrite(REPORT,3,2,21,"Main Window Active   ",red_attr);

    if(old_row != row)
        {
        if(mouse_installed)
            msoff();
        wvdAttr(FIRST,old_row,1,29,FIRST->attr); // off highlight
        wvdAttr(FIRST,old_row,2,1,intense);   // intense item let
        wvdAttr(FIRST,row,1,29,xinverse);     // on highlight bar
        wvdAttr(FIRST,row,2,1,hl_tense);      // intense HB letter
```

8-7 Continued.

```
            old_row = row;                  // reset OFF tracker
         if(mouse_installed)
             mson();
         }

      key = gtKBstat();                    // get scan & char- no wait
      if((!key)&&(mouse_installed))

      {
      key = show_mouse();                  // show the mouse location

      switch(key)
            {
            case K_L:
                if(row==3)
                    key=ENTER;
                break;
            case K_G:
                if(row==4)
                    key=ENTER;
                break;
            case K_S:
                if(row==5)
                    key=ENTER;
                break;
            case K_Q:
                if(row==6)
                    key=ENTER;
                break;
            }
      }

   switch(key)                             // eval key press
      {
      // Arrow key and Enter Key presses

         case DOWN_ARROW:
             if(row==6)         // If bottom row
                 row=3;         // then->top row
             else               // Otherwise
                 row++;         // then down row
             break;
         case UP_ARROW:
             if(row==3)    // If row 3
                 row=6;         // then->bot row
             else               // Otherwise
                 row--;         // then up row
             break;
         case  ENTER:
             switch(row)        // Eval selection
                {
                case 3:         // sel. lotus demo
                    msoff();    // turn mouse off
                    tlotus();
                    mson();     // turn mouse on
                    break;

                case 4:
                    msoff();    // turn mouse off
```

8-7 Continued.

```
            tgrid();      // sel. grid demo
            mson();       // turn mouse on
            break;

        case 5:
            msoff();      // turn mouse off
            info1();      // simple demo
            mson();       // turn mouse on
            break;

        case 6:           // Exit option
            exit=aTRUE;
            break;
        }

    break;

// First letter of Item Press

default:
    // filter key press

    ret_val = filter_key(key);

    // if key not valid then exit

    if(!ret_val)
        break;
    else
                // otherwise set row
                row=ret_val;
            break;

        }
    key=0;
    } while (!exit);

// delay here

holder();

// remove window and restore originial screen

remvWind(FIRST);

// restore shadow rectangle

restRect(RFIRST);

////////////////////////////////////
//
// close the report window
//

remove_report();

// turn off the mouse
```

8-7 Continued.

```c
msoff();

////////////////////////////////////////
//
// turn the screen normal
//

for(count=0; count<25; count++)
    vdAttr(count,0,80,7);


// turn on the cursor

onCur();

// restore cursor location

rCloc();

// return to DOS

return(0);

}

////////////////////////////////////////
//
// shadWind(...)
//
// shadow window
//
////////////////////////////////////////

void
shadWind(RECT *R,int sattr)
{
int count;

// highlight row below rectangle

vdAttr(R->lr_row,R->ul_col+1,R->lr_col-R->ul_col-1,sattr);

// highlight column right of rectangle

for(count=R->ul_row+1; count<R->lr_row+1; count++)
    vdAttr(count,R->lr_col,1,sattr);

}

void

holder()
{
int i1,i2;
for(i1=0; i1<50; i1++)
    for(i2=0; i2<3000; i2++)
        i2=i2;
```

8-7 Continued.

```
}

//
// End of PROG33.C source file
//
/////////////////////////////////////
```

Summary

This chapter presented four mouse-handler utility routines. Function msinit(...) initialized the mouse, function mson(...) turned the mouse on, function msoff(...) turned the mouse off, and function msstat(...) reported the button press status and mouse X and Y location. These functions were pulled together to create an event queue handler.

The event queue handler may be thought of as a program separate from your application that may be polled for information on whether a keyboard or mouse-related event had occurred. Once the event has been reported by the event queue handler to your application, it is your application's responsibility to process the event report and take appropriate action.

Figure 8-8 represents the source code listing the current contents of your TABS.LIB file.

8-8 The TABS.LIB library current listing.

```
@bleep...........bleep              @boxRect.........boxrect
@clrRect.........clrrect            @delay...........delay
@dispWind........dispwind           @dsyWind.........dsywind
@exit_bad........exit_bad           @fillRect........fillrect
@gtCur...........gtcur              @gtKey...........gtkey
@offCur..........offcur             @onCur...........oncur
@putChr..........putchr             @putStr..........putstr
@rCloc...........rcloc              @rdImg...........rdimg
@rdWind..........rdwind             @remvWind........remvwind
@restRect........restrect           @restScrn........restscrn
@rmvCur..........rmvcur             @rsizeCur........ssizecur
@saveRect........saverect           @saveScrn........savescrn
@sCloc...........scloc              @setAttr.........setattr
@setBord.........setbord            @setRect.........setrect
@setTitle........settitle           @setWind.........setwind
@sizeCur.........sizecur            @sizeImg.........sizeimg
@sizeRect........sizerect           @ssizeCur........ssizecur
@strtWind........strtwind           @vdEdit..........vdedit
@vrdChar.........vrdchar            @wrBox...........wrbox
@wrImg...........wrimg              @wrWind..........wrwind
@wvdAttr.........wvdattr            @wvdChar.........wvdchar
@wvdHoriz........wvdhoriz           @wvdStr..........wvdstr
@wvdVert.........wvdvert            @wvdWrite........wvdwrite
@wvrdChar........wvrdchar           _add1jiff........timer
_crt.............vidinit            _defkey1.........vdedit
_defkey2.........vdedit             _defkey3.........vdedit
```

8-8 Continued.

_defkey4..........vdedit	_get_jiffhour.....timer
_get_jiffmin......timer	_get_jiffy........timer
_get_ljiffy.......timer	_gtKBstat.........gtkbstat
_g_shape..........g_shape	_initialize_timer..timer
_mkAttr...........mkattr	_mkToken..........mktoken
_msinit...........msinit	_msoff............msoff
_mson.............mson	_msstat...........msstat
_mvCur............mvcur	_newtimer.........timer
_offSound.........offsound	_onSound..........onsound
_putCRLF..........putcrlf	_remove_timer.....timer
_reset_timer......timer	_scrnClr..........scrnclr
_SCRNSEG..........vidinit	_SPARKLE_FLAG.....vidinit
_start_timer......timer	_stop_timer.......timer
_s_shape..........s_shape	_vdAttr...........vdattr
_vdChar...........vdchar	_vdHoriz..........vdhoriz
_vdVert...........vdvert	_vdWrite..........vdwrite
_vidInit..........vidinit	_VID_PORT.........vidinit

```
mvcur           Offset: 00000010H  Code and data size: 15H
  _mvCur

timer           Offset: 000000b0H  Code and data size: e0H
  _add1jiff       _get_jiffhour    _get_jiffmin     _get_jiffy
  _get_ljiffy     _initialize_timer                 _newtimer
  _remove_timer   _reset_timer     _start_timer     _stop_timer

gtcur           Offset: 00000390H  Code and data size: 2cH
  @gtCur

rmvcur          Offset: 000004a0H  Code and data size: 30H
  @rmvCur

scloc           Offset: 000005e0H  Code and data size: 26H
  @sCloc

rcloc           Offset: 00000710H  Code and data size: 10H
  @rCloc

oncur           Offset: 00000830H  Code and data size: eH
  @onCur

s_shape         Offset: 00000950H  Code and data size: cH
  _s_shape

g_shape         Offset: 000009f0H  Code and data size: 7H
  _g_shape

offcur          Offset: 00000a80H  Code and data size: eH
  @offCur

sizecur         Offset: 00000ba0H  Code and data size: 1aH
  @sizeCur

ssizecur        Offset: 00000cb0H  Code and data size: 26H
  @rsizeCur       @ssizeCur
```

Summary

8-8 Continued.

mktoken _mkToken	Offset: 00000df0H	Code and data size: bH
mkattr _mkAttr	Offset: 00000e90H	Code and data size: 17H
scrnclr _scrnClr	Offset: 00000f30H	Code and data size: 1aH
vidinit _crt _VID_PORT	Offset: 00000fd0H _SCRNSEG	Code and data size: 71H _SPARKLE_FLAG _vidInit
vdchar _vdChar	Offset: 000011a0H	Code and data size: 27H
vdwrite _vdWrite	Offset: 00001270H	Code and data size: 42H
vdhoriz _vdHoriz	Offset: 00001350H	Code and data size: 2cH
vdvert _vdVert	Offset: 00001420H	Code and data size: 32H
vdattr _vdAttr	Offset: 000014f0H	Code and data size: 2eH
vrdchar @vrdChar	Offset: 000015c0H	Code and data size: 3cH
savescrn @saveScrn	Offset: 00001700H	Code and data size: 44H
restscrn @restScrn	Offset: 00001860H	Code and data size: 46H
delay @delay	Offset: 000019d0H	Code and data size: 32H
bleep @bleep	Offset: 00001af0H	Code and data size: 2eH
gtkey @gtKey	Offset: 00001c30H	Code and data size: 14H
vdedit @vdEdit _defkey4	Offset: 00001d30H _defkey1	Code and data size: 75aH _defkey2 _defkey3
onsound _onSound	Offset: 00002780H	Code and data size: 18H
offsound _offSound	Offset: 00002820H	Code and data size: 7H
gtkbstat _gtKBstat	Offset: 000028b0H	Code and data size: 11H

262 Foundation mouse routines

8-8 Continued.

fillrect @fillRect	Offset: 00002950H	Code and data size: 42H
setrect @setRect	Offset: 00002aa0H	Code and data size: 50H
sizerect @sizeRect	Offset: 00002c10H	Code and data size: 10H
clrrect @clrRect	Offset: 00002d10H	Code and data size: 46H
boxrect @boxRect	Offset: 00002e60H	Code and data size: 238H
saverect @saveRect	Offset: 00003200H	Code and data size: 42H
restrect @restRect	Offset: 00003350H	Code and data size: 42H
putcrlf _putCRLF	Offset: 000034a0H	Code and data size: bH
putstr @putStr	Offset: 00003540H	Code and data size: 38H
putchr @putChr	Offset: 00003690H	Code and data size: 14H
wrimg @wrImg	Offset: 00003790H	Code and data size: 42H
wrbox @wrBox	Offset: 000038d0H	Code and data size: 228H
wrwind @wrWind	Offset: 00003c50H	Code and data size: 42H
rdimg @rdImg	Offset: 00003d90H	Code and data size: 42H
sizeimg @sizeImg	Offset: 00003ed0H	Code and data size: 10H
exit_bad @exit_bad	Offset: 00003fd0H	Code and data size: 43H
rdwind @rdWind	Offset: 00004150H	Code and data size: 42H
dispwind @dispWind	Offset: 00004290H	Code and data size: 18H
remvwind @remvWind	Offset: 000043c0H	Code and data size: 18H

Summary

8-8 Continued.

msoff _msoff	Offset: 00005620H	Code and data size: 6H
msstat _msstat	Offset: 000056b0H	Code and data size: 18H
msinit _msinit	Offset: 00005750H	Code and data size: 10H
settitle @setTitle	Offset: 000044f0H	Code and data size: 56H
setwind @setWind	Offset: 00004670H	Code and data size: cdH
setbord @setBord	Offset: 00004880H	Code and data size: 4H
dsywind @dsyWind	Offset: 00004970H	Code and data size: 3aH
setattr @setAttr	Offset: 00004ab0H	Code and data size: 4H
strtwind @strtWind	Offset: 00004ba0H	Code and data size: 42H
wvdattr @wvdAttr	Offset: 00004d10H	Code and data size: 26H
wvdchar @wvdChar	Offset: 00004e40H	Code and data size: 22H
wvdhoriz @wvdHoriz	Offset: 00004f60H	Code and data size: 28H
wvdstr @wvdStr	Offset: 00005090H	Code and data size: 28H
wvdvert @wvdVert	Offset: 000051c0H	Code and data size: 26H
wvdwrite @wvdWrite	Offset: 000052f0H	Code and data size: 5aH
wvrdchar @wvrdChar	Offset: 00005460H	Code and data size: 20H
mson _mson	Offset: 00005590H	Code and data size: 6H

9
Mouse- and keyboard-driven, Lotus-style interface routines

This chapter presents the complex source code listings required to create very powerful simple-to-use high-level functions. These high-level functions permit the easy creation and modification of a Lotus-style user interface.

It is my perception that the Lotus-style interface has fallen into a back position as compared to the menu-bar/drop-down-window-style interface. It is, nonetheless, still used by well known programs and all applications programmers will find it useful to be able to quickly create and modify a keyboard- and mouse-driven, Lotus-style user interface.

There are basically two visual components to the Lotus-style interface. The first component is the menu bar which is displayed at the top (row 0) of the display. There are menu items that refer to different program functions.

The second visual component of the Lotus-style interface is a one-line explanation of the menu choice. When a menu item becomes highlighted the item explanation appears directly below the menu bar. As you highlight different menu items the appropriate item explanations appear.

The code presented in this book permits the user to highlight a menu item by pressing the left or right arrow keys. If the user wishes to select a menu item function all he/she needs to do is press the Enter key. If a mouse is installed the user may select a menu item by moving the mouse cursor over the item and pressing the left mouse button. The keyboard and mouse interface functions are working all the time. If a mouse is not present only the keyboard will function.

A heavily documented Lotus-style interface shell is presented in PROG35.C (FIG. 9-6). Using this shell program you will be able to create Lotus-style interfaces in minutes. Once you have the high-level functions compiled all you need to create a Lotus-style interface is to:

1. Create an array of text that contains the menu items
2. Create another array of text that contains item explanations
3. Decide on your menu item, explanation, and item highlight colors

If you decide to create a new Lotus-style interface all you need to do is modify the menu item name list or the menu explanation list. That's all there is to creating and modifying a Lotus-style user interface.

Preparatory files

Before moving directly to the creation of a Lotus-style user interface, two preparatory routines must be presented here. Function vdChr(..) writes a character to the screen at a specified row and column location without changing the screen attribute associated with that location. VDCHR.ASM, shown in FIG. 9-1, is the source code to the vdChr(...) function. Assemble VDCHR.ASM and add the resultant VDCHR.OBJ object modules to your TABS.LIB, TABM.LIB, and TABL.LIB files.

9-1 The source code listing to VDCHR.ASM.

```
;//////////////////////////////////
;//
;// vdchr.asm
;//
;// Description:
;//   Writes a character at a
;//   specified row and column
;//   screen location without
;//   changing the existing
;//   screen attribute.
;//
;// vdChr(row,col,ch)
;//
;// int row     row of string write
;// int col     column of string write
;// char ch     char
;//

    DOSSEG

if mdl eq 1
    .MODEL SMALL,C
elseif mdl eq 2
    .MODEL MEDIUM,C
else
    .MODEL LARGE,C
endif


    EXTRN     SCRNSEG:word
```

9-1 Continued.

```
    .CODE

vdChr PROC USES DI SI,prow:BYTE,pcol:BYTE,pch:BYTE
        mov     CX,SCRNSEG      ; relocate screen segment
        mov     ES,CX           ; to ES
        xor     AX,AX           ; 0 -> AX
        mov     AL,prow         ; row -> AL
        mov     BL,160          ; 80 chars wide * 2
        mul     BL              ; row * scrn width -> AX
        mov     CL,pcol         ; column to CL
        XOR     CH,CH           ; 0 -> CH
        shl     CX,1            ; col * 2
        add     AX,CX           ; column + (row * scrn width)
        mov     DI,AX           ; point DI to scrn
        mov     al,pch          ; char to AL
        stosb                   ; AL -> screen
        ret

vdChr ENDP

    END
```

Function scrnAttr(...) changes the screen's display attributes without altering display text. SCRNATTR.C, shown in FIG. 9-2, is the source code to the scrnAttr(...) function. Compile SCRNATTR.C and add the resultant SCRNATTR.OBJ object modules to your TABS.LIB, TABM.LIB, and TABL.LIB files.

9-2 The source code listing to SCRNATTR.C.

```
/////////////////////////////////////
//
// SCRNATTR.C
//
// Change the screen attribute
//
/////////////////////////////////////

// include files here

#include <tproto.h>

void
_fastcall scrnAttr(int attr)
{
int row,col;

// change screen attributes by row

for(row=0; row<25; row++)

    // change 80 bytes of screen attributes

    vdAttr(row,0,80,attr);
}
```

Creating a standard pop-up window for quit program

Function quitProgram(...) creates a pop-up window that displays when the quit program option has been selected. This window contains two shadowed buttons. There is an OK button and CANCEL button.

The user can depress a button by moving the mouse cursor over the button and clicking once or by pressing the Q key (in the case of the QUIT button) or the C key (in the case of the CANCEL) button. When one button is depressed the other button pops up. Pressing the Enter key closes the quit window and returns the window button-press status.

All the user needs to do to select a Quit Window option using a mouse (simulating an Enter key press from the keyboard) is to place the mouse cursor over a depressed window button and click the left mouse button once. If a mouse is not active then the user can select a depressed button by pressing the Enter key. Function quitProgram(...) returns a FALSE (0) if CANCEL has been selected and a TRUE (1) if QUIT has been selected.

Function quitProgram(...) pops what I call a standard Quit Window because it is standard to your TAB library. Although chapter 10 presents a much more complex user interface, the standard quitProgram(...) pop-up window is used as in the Lotus-style user interface demonstration program. Whenever possible I always try to create re-usable function modules. This practice saves coding time while adding a uniform feel to all of your user interfaces. Not a bad practice if you are maintaining different programs in your stable.

QUITPROG.C, shown in FIG. 9-3, is the source code to the quitProgram(...) function. This source code has been heavily commented. By carefully examining the code you will learn how to create 3-D pop-up buttons and to use the mouse and keyboard to operate on those buttons. Compile QUIT PROG.C and add the resultant QUITPROG.OBJ object module to your TABS.LIB, TABM.LIB, and TABL.LIB files.

9-3 The source code listing to QUITPROG.C.

```
//////////////////////////////////
//
// QUITPROG.C
//
//////////////////////////////////

#include <stdio.h>
#include <string.h>
#include <tproto.h>

extern int mouse_installed;

//////////////////////////////////
//
// Quit program dialog box
//
//////////////////////////////////
```

9-3 Continued.

```c
void c_up(void);
void q_up(void);
void c_down(void);
void q_down(void);
void quit_holder(void);
void quit_mess(void);
void cancel_mess(void);

static char buf32[] = {
 32,32,32,32,32,32,32,32,
 32,32,32,32,32,32,32,32,
 32,32,32,32,32,32,32,32,
 32,32,32,32,32,32,32,32 };

static char buf220[] = {
 220,220,220,220,220,220,220,220,
 220,220,220,220,220,220,220,220,
 220,220,220,220,220,220,220,220,
 220,220,220,220,220,220,220,220 };

static char buf195[] = { 195,195 };
static char buf196[] = {
 196,196,196,196,196,196,196,196,
 196,196,196,196,196,196,196,196,
 196,196,196,196,196,196,196,196,
 196,196,196,196,196,196,196,196,
 196,196,196,196,196,196,196,196,
 196,196,196,196,196,196,196,196,
 196,196,196,196,196,196,196,196,
 196,196,196,196,196,196,196 };
static char buf180[] = { 180,180 };

static char buf223[] = { 223,223 };

static int gif_col;    // inverse for color
static int gib_col;    // inverse back color
static int i_up_attr;  // button up inv attr
static int i_dn_attr;  // button dn inv attr
static int ret_val;
static int old_ret_val;
static int q_button;

static WIND *QUITPROG;
static int first=0;
static char quit_buff[sizeof(WIND)];
static int shad_attr;

int
_fastcall quitProgram(int f_col,int b_col,int if_col,int ib_col)
{
int e_flag;
int event;

// set screen attributes

i_up_attr = mkAttr(if_col,ib_col,ON_INTENSITY,OFF_BLINK);
i_dn_attr = mkAttr(if_col,ib_col,OFF_INTENSITY,OFF_BLINK);
shad_attr = mkAttr(b_col,BLACK,OFF_INTENSITY,OFF_BLINK);
```

Creating a standard pop-up window for quit program 269

9-3 Continued.

```c
// if the mouse is installed then
// turn the mouse off

if(mouse_installed)
    msoff();

// execute on first time quit prog window is
// opened

if(!first)
    {
    // set window structure

    QUITPROG = setWind(QUITPROG,8,25,16,56);

    // set window attribute

    setAttr(QUITPROG,mkAttr(f_col,b_col,ON_INTENSITY,OFF_BLINK));

    // set the window border

    setBord(QUITPROG,S_S_S_S);

    // set the window title

    setTitle(QUITPROG," Quit Program ");

    // save window structure

    memcpy(quit_buff,QUITPROG,sizeof(WIND));

    // display the window

    strtWind(QUITPROG);

    // set first time flag

    first = 1;
    }
else
    // display the window if the window
    // has been previously opened

    dispWind(QUITPROG);


// write the window text info

wvdAttr(QUITPROG,0,9,14,i_up_attr);
wvdWrite(QUITPROG,4,0,1,buf195,QUITPROG->attr);
wvdWrite(QUITPROG,4,1,30,buf196,QUITPROG->attr);
wvdWrite(QUITPROG,4,31,1,buf180,QUITPROG->attr);

// draw window buttons

q_up();
c_up();
cancel_mess();
```

270 Mouse- and keyboard-driven, Lotus-style interface routines

9-3 Continued.

```c
// initialize quit prog loop variables

ret_val = 0;
old_ret_val = 0;
e_flag=0;

// if the mouse is installed turn the
// mouse on

if(mouse_installed)
    mson();

// main quit prog loop

do
    {
    // if left button press
    // then depress quit button

    if(q_button==1)
        {
        quit_holder();
        q_button=0;
        }

    // quit prog event queue handler

    if(quitEvent(&event))
        {
        // if event occurs then
        // process the event

        switch(event)
            {
            // if event is key Q or q

            case K_Q:
            case K_q:
                quit_mess();
                q_down();
                c_up();
                ret_val=1;
                break;

            // if event is key C or c

            case K_C:
            case K_c:
                cancel_mess();
                q_up();
                c_down();
                ret_val=0;
                break;

            // if event is key ENTER

            case ENTER:
                e_flag=aTRUE;
```

9-3 Continued.

```
                break;
            }
        }

    // loop until event is key ENTER

    } while(!e_flag);

// if the mouse is installed
// then turn the mouse off

if(mouse_installed)
    msoff();

// remove the window

remvWind(QUITPROG);

// if the mouse is installed then
// turn the mouse on

if(mouse_installed)
    mson();

// return depressed button
// value

return ret_val;
}

/////////////////////////////////////
//
// cancel button up
//

void
c_up()
{
// if mouse installed then
// turn off the mouse

if(mouse_installed)
    msoff();

// erase cancel

wvdWrite(QUITPROG,6,19,9,buf32,QUITPROG->attr);
wvdWrite(QUITPROG,7,19,9,buf32,QUITPROG->attr);

// draw button up

wvdWrite(QUITPROG,6,19,8," CANCEL ",i_up_attr);
wvdWrite(QUITPROG,6,19+8,1,buf223,shad_attr);
wvdWrite(QUITPROG,7,20,8,buf220,shad_attr);

// if the mouse is installed then
// turn on the mouse
```

272 Mouse- and keyboard-driven, Lotus-style interface routines

9-3 Continued.

```c
if(mouse_installed)
    mson();

}

///////////////////////////////////////
//
// quit button up
//

void
q_up()
{
// if the mouse is installed
// then turn the mouse off

if(mouse_installed)
    msoff();

// erase quit

wvdWrite(QUITPROG,6,4,7,buf32,QUITPROG->attr);
wvdWrite(QUITPROG,7,4,7,buf32,QUITPROG->attr);

// quit button UP

wvdWrite(QUITPROG,6,4,6," QUIT ",i_up_attr);
wvdWrite(QUITPROG,6,4+6,1,buf223,shad_attr);
wvdWrite(QUITPROG,7,5,6,buf220,shad_attr);

// if the mouse is installed then
// turn the mouse on

if(mouse_installed)
    mson();

}


///////////////////////////////////////
//
// cancel button down
//

void
c_down()
{
// if the mouse is installed then
// turn off the mouse

if(mouse_installed)
    msoff();

// erase cancel

wvdWrite(QUITPROG,6,19,9,buf32,QUITPROG->attr);
wvdWrite(QUITPROG,7,19,9,buf32,QUITPROG->attr);
```

9-3 Continued.

```c
// write cancel message

wvdWrite(QUITPROG,6,19+1,8," CANCEL ",i_dn_attr);

// if the mouse is installed then
// turn the mouse on

if(mouse_installed)
    mson();

}

//////////////////////////////////////
//
// quit button down
//

void
q_down()
{
// if the mouse is installed then
// turn the mouse off

if(mouse_installed)
    msoff();

// erase quit

wvdWrite(QUITPROG,6,4,7,buf32,QUITPROG->attr);
wvdWrite(QUITPROG,7,4,7,buf32,QUITPROG->attr);

// quit button DOWN

wvdWrite(QUITPROG,6,4+1,6," QUIT ",i_dn_attr);

// if the mouse is installed then
// turn the mouse on

if(mouse_installed)
    mson();

}

//////////////////////////////////////
//
// quit event queue handler
//

int
_fastcall quitEvent(int *event)
{
int key,e_flag;
int x,y;
int val;

key = 0;
e_flag = 0;
```

274 Mouse- and keyboard-driven, Lotus-style interface routines

9-3 Continued.

```
////////////////////////////////////
//
// quit prog window
// loop

do
    {
    // if one button down then
    // other button up

    if(old_ret_val != ret_val)
        {
        if(ret_val)
            {
            q_down();
            c_up();
            }
        else
            {
            q_up();
            c_down();
            }
        old_ret_val=ret_val;
        quit_holder();
        }

    // scan for key press

    key = gtKBstat();

    // if there is no key press and the
    // mouse is installed then process
    // mouse status

    if((!key)&&(mouse_installed))
        {
        q_button = msstat(&x,&y);

        // if the mouse button has been
        // pressed and the mouse is
        // over the quit button and
        // the quit button is depressed

        if((q_button==1)&&(y==112))
            {
            if((x>=232)&&(x<=280))
                {
                if(ret_val)
                    {
                    *event = ENTER;
                    e_flag=1;
                    val=1;
                    }

                // if the quit button is
                // not depressed
```

Creating a standard pop-up window for quit program 275

9-3 Continued.

```c
            else
                {
                *event = K_Q;
                val=1;
                e_flag=1;
                }
            }

        // if the mouse is over the
        //   cancel button and the
        //   cancel button is depressed

        if((x>=352)&&(x<=416))
            {
            if(!ret_val)
                {
                *event = ENTER;
                e_flag=1;
                val=1;
                }

            // if the cancel button is
            // not depressed

            else
                {
                *event = K_C;
                val=1;
                e_flag=1;
                }
            }
        }
    }

// if there has been a key event
// then process the key event

else if(key)
    {
    switch(key)
        {
        // is key event Q or q

        case K_Q:
        case K_q:
            *event = K_Q;
            val=1;
            e_flag=1;
            break;

        // is key event C or c

        case K_C:
        case K_c:
                *event = K_C;
                e_flag=1;
                val=1;
                break;
```

9-3 Continued.

```
                    // is key event ENTER

                    case ENTER:
                        *event = ENTER;
                        e_flag=1;
                        val=1;
                        break;
                }

            }
        // quit prog event queue handler
        // loop end

        } while(!e_flag);

    // return button press value

    return val;
    }

//////////////////////////////////////
//
// quit prog window messages
//

static char *qm[2] = {
    "QUIT program session",
    " and return to DOS. " };

static char *cm[2] = {
    "CANCEL and return to",
    "  program session.  " };

//////////////////////////////////////
//
// print quit message to the screen

void
quit_mess()
{
wvdWrite(QUITPROG,2,6,20,
        (char *)qm[0],
        QUITPROG->attr);

wvdWrite(QUITPROG,3,6,20,
        (char *)qm[1],
        QUITPROG->attr);
}

//////////////////////////////////////
//
// print cancel message to the screen
//

void
cancel_mess()
{
wvdWrite(QUITPROG,2,6,20,
```

9-3 Continued.

```
            (char *)cm[0],
            QUITPROG->attr);

wvdWrite(QUITPROG,3,6,20,
         (char *)cm[1],
         QUITPROG->attr);
}

////////////////////////////////////
//
// short delay to adjust mouse button
// processing
//

void
quit_holder()
{

int i1,i2;
for(i1=0; i1<100; i1++)
    for(i2=0; i2<3000; i2++)
        i2=i2;
}
```

PROG34.C, shown in FIG.9-4, demonstrates function quitProgram(...) and how to process the selected window button. Once you see how function quitProgram(...) is called you will be able to use it in all of your text based programs. Compile PROG34.C and link the resultant PROG34.OBJ object module with your TABS.LIB file. Running PROG34.EXE demonstrates how to pop up a Quit Window and use the mouse or keyboard to make a choice.

9-4 The source code listing to PROG34.C.

```
////////////////////////////////////
//
// prog34.c
//
// Description:
//   Demonstrate use of function
//   quitProgram(...)
//

// include files here

#include <stdio.h>
#include <tproto.h>

// function prototype

void main(void);

// mouse installed variable
```

278　Mouse- and keyboard-driven, Lotus-style interface routines

9-4 Continued.

```c
int mouse_installed;

// start program

void
main()
{
int e_flag,ret_val;

// set up TAB library video

vidInit();

// check to see if the mouse
// is installed

ret_val = msinit();

// if no mouse is installed

if(ret_val<0)

   mouse_installed=0;

// mouse is installed

else
    {
    // set mouse installed flag

     mouse_installed=1;

    // turn on the mouse

    mson();
    }


// display quit prog window

e_flag = quitProgram(WHITE,BROWN,WHITE,GREEN);

// if cancel pressed then print cancel message

if(!e_flag)

   printf("\nCANCEL button pressed\n");

// otherwise quit button pressed
else
    printf("\nQUIT button pressed\n");

// if mouse is installed than turn the mouse off

if(mouse_installed)
   msoff();

}
```

Creating a Lotus-style user interface

Functions openLotus(...), lotusEvent(...), and showLotus(...) are all used to create a Lotus-style interface. LOTUS.C, shown in FIG. 9-5, is the source code to these three functions. Compile LOTUS.C and add the resultant LOTUS.OBJ object modules to your TABS.LIB, TABM.LIB, and TABL.LIB files.

9-5 The source code listing to LOTUS.C.

```
////////////////////////////////////
//
// LOTUS.C
//
////////////////////////////////////
//
// Include Header Prototype files
//

#include <stdio.h>
#include <string.h>
#include <tproto.h>
#include <malloc.h>

// Function Prototypes

/***************************************
void hideLotus(LOTUS_CLASS *);
void showLotus(LOTUS_CLASS *);
void saveLotus(LOTUS_CLASS *);
void restoreLotus(LOTUS_CLASS *);
LOTUS_CLASS * _fastcall openLotus(LOTUS_CLASS *, // Lotus Class pointer
              char **,       // pointer to item name list
              char **,       // pointer to item explain list
              int,           // item attribute
              int,           // inverse item attribute
              int);          // explain attribute

int _fastcall lotusEvent(LOTUS_CLASS *, // Lotus Class pointer
            int *);    // pointer to event

int _fastcall quitProgram(void);
***************************************/

void lot_delay(void);

////////////////////////////////////
//
// EXTRERNS
//
////////////////////////////////////

extern int mouse_installed;
static int si_attr;        // item attribute
static int sinv_attr;      // inverse item attribute
static int se_attr;        // explain attribute
static int lot_flag=0;
```

280 Mouse- and keyboard-driven, Lotus-style interface routines

9-5 Continued.

```c
//////////////////////////////////
//
// openLotus(...)
//
// Open Lotus Style window for
// business
//
//
//////////////////////////////////

static unsigned char buf32[80] = {
    32,32,32,32,32,32,32,32,
    32,32,32,32,32,32,32,32,
    32,32,32,32,32,32,32,32,
    32,32,32,32,32,32,32,32,
    32,32,32,32,32,32,32,32,
    32,32,32,32,32,32,32,32,
    32,32,32,32,32,32,32,32,
    32,32,32,32,32,32,32,32,
    32,32,32,32,32,32,32,32,
    32,32,32,32,32,32,32,32 };

LOTUS_CLASS
* _fastcall openLotus(LOTUS_CLASS *LC,   // Lotus Class pointer
          char **lname,     // pointer to item name list
          char **lexp,      // pointer to item explain list
          int i_attr,       // item attribute
          int inv_attr,     // inverse item attribute
          int e_attr)       // explain attribute

{

int row,column,item;
unsigned int *ui_ptr;
char *cptr;
int offset;
int len;
int index;

// allocate memory for structure

LC = (LOTUS_CLASS *)malloc(sizeof(LOTUS_CLASS));


// set lotus flag as lotus opened

LC->lotus_open=1;

si_attr = i_attr;
sinv_attr = inv_attr;
se_attr = e_attr;


// initialize structure to 0

// memset(LC,0,sizeof(LC));
```

Creating a Lotus-style user interface 281

9-5 Continued.

```c
// set item list number of objects

LC->number = 0;
while(lname[LC->number])
    LC->number++;

// Initialize LOTUS_LIST structure with data

for(index=0; index<LC->number; index++)
    {
    LC->name[index] = lname[index];
    LC->explain[index] = lexp[index];
    }

// turn mouse off
if(mouse_installed)
    msoff();

// calculate LC->lot_map values

for(row=0; row<LOTUS_ITEM_MAX; row++)
    {
    LC->lot_map[row][0] = 0;
    LC->lot_map[row][1] = 0;
    }

offset = 0;
for(item=0; item<LC->number; item++)
    {
    LC->lot_map[item][0] = offset;
    len = strlen(LC->name[item]);   // highlight offset
    LC->lot_map[item][1] = len+2;   // highlight length
    offset += LC->lot_map[item][1];
    }
LC->lot_map[item][0] = offset;

// save top two rows of screen image

ui_ptr = LC->imgbuf;
for(row=0; row<2; row++)
    for(column=0; column<80; column++)
        *ui_ptr++ = vrdChar(row,column);

// erase first two rows

vdWrite(0,0,80,buf32,i_attr);
vdWrite(1,0,80,buf32,e_attr);

// write items to top bar

column=1;
item = 0;
row=0;

for(item=0; item<LC->number; item++)
    {
    cptr = (char *)LC->name[item];
    for(;;)
```

9-5 Continued.

```
        {
        vdChr(0,column++,*cptr++);
        if(!*cptr)
            break;
        }
    column += 2;
    }

// write item explanation for first item

column = 1;
cptr = LC->explain[0];
for(;;)
    {
    vdChr(1,column++,*cptr++);
    if(!*cptr)
        break;
    }


// highlight first item

vdAttr(0,0,strlen(LC->name[0])+2,inv_attr);

// turn mouse on
if(mouse_installed)
    mson();


LC->lotus_item=0;
LC->old_lotus=1;

return(LC);
}

//////////////////////////////////////
//
// check to see if a LOTUS menu
// event has occurred
//

int
_fastcall lotusEvent(LOTUS_CLASS *LC,int *event)
{
int column;
char *cptr;
int x,y;
int key,e_flag;
int ret_val;


key = 0;
e_flag = 0;

do
    {

        // Write title bar - erasing old inverse
```

9-5 Continued.

```c
if(LC->lotus_item != LC->old_lotus)
    {
    // turn mouse off
    if(mouse_installed)
        msoff();

    // erase old highlight

vdAttr(0,0,80,si_attr);

// Inverse proper menu item using lot_map[][]

vdAttr(0,LC->lot_map[LC->lotus_item][0],
       LC->lot_map[LC->lotus_item][1],sinv_attr);

LC->old_lotus=LC->lotus_item;

// print item explanation

    vdWrite(1,0,80,buf32,se_attr);
    column = 1;
    cptr = LC->explain[LC->lotus_item];
    while(*cptr)
        vdChar(1,column++,mkToken(*cptr++,se_attr));

    // turn mouse on

    if(mouse_installed)
        mson();

    lot_delay();
    }

// scan for key press

key = gtKBstat();
if((!key)&&(mouse_installed))
    {
    key = msstat(&x,&y);
    if((key==1)&&(y==0))    // left button press
        {
        // set lot_delay flag

        lot_flag=1;

        // calculate cursor location at text column

        x /= 8;
        if(x<LC->lot_map[1][0])
            if(LC->lotus_item==0)
                {
                ret_val = 1;
                e_flag=aTRUE;
                }
            else
                LC->lotus_item=0;
```

9-5 Continued.

```c
    else if(x<LC->lot_map[2][0])
        if(LC->lotus_item==1)
            {
            ret_val = 1;
            e_flag=aTRUE;
            }
        else
            LC->lotus_item=1;

    else if(x<LC->lot_map[3][0])
        if(LC->lotus_item==2)
            {
            ret_val = 1;
            e_flag=aTRUE;
            }
        else
            LC->lotus_item=2;

    else if(x<LC->lot_map[4][0])
        if(LC->lotus_item==3)
            {
            ret_val = 1;
            e_flag=aTRUE;
            }
        else
            LC->lotus_item=3;

    else if(x<LC->lot_map[5][0])
        if(LC->lotus_item==4)
            {
            ret_val = 1;
            e_flag=aTRUE;
            }
        else
            LC->lotus_item=4;

    else if(x<LC->lot_map[6][0])
        if(LC->lotus_item==5)
            {
            ret_val = 1;
            e_flag=aTRUE;

            }
        else
            LC->lotus_item=5;

    else if(x<LC->lot_map[7][0])
        if(LC->lotus_item==6)
            {
            ret_val = 1;
            e_flag=aTRUE;
            }
        else
            LC->lotus_item=6;

    else if(x<LC->lot_map[8][0])
        if(LC->lotus_item==7)
            {
```

9-5 Continued.

```
                        ret_val = 1;
                        e_flag=aTRUE;
                        }
                 else
                        LC->lotus_item=7;

           else if(x<LC->lot_map[9][0])
                 if(LC->lotus_item==8)
                        {
                        ret_val = 1;
                        e_flag=aTRUE;
                        }
                 else
                        LC->lotus_item=8;

           else if(x<LC->lot_map[10][0])
                 if(LC->lotus_item==9)
                        {
                        ret_val = 1;
                        e_flag=aTRUE;
                        }
                 else
                        LC->lotus_item=9;

           else if(x<LC->lot_map[11][0])
                 if(LC->lotus_item==10)
                        {
                        ret_val = 1;
                        e_flag=aTRUE;
                        }
                 else
                        LC->lotus_item=10;

           else
                 LC->lotus_item = LC->lotus_item;
                 }

      else if(key==2)
           e_flag=1;

      else
           e_flag = e_flag;
      key=0;
      }

// on key press event

else if(key)
     {
     switch(key)
          {
          case RIGHT_ARROW:      // At right item?
              if(LC->lotus_item==LC->number-1) // Yes?
                  LC->lotus_item=0;  // set left item
              else                   // Else
                  LC->lotus_item++;  // move rt 1 item
              break;
```

9-5 Continued.

```
            case LEFT_ARROW:        // At left item?
                if(LC->lotus_item==0) // Yes?
                    LC->lotus_item=LC->number-1;  // set right item
                else                 // Else
                    LC->lotus_item--;  //  move lft 1 item
                break;

            case ENTER:
                ret_val = 1;
                e_flag=aTRUE;
                break;
            }

        }
} while(!e_flag);

*event = LC->lotus_item;
return ret_val;
}

/////////////////////////////////////
//
// mouse adjust delay
//

void
lot_delay()
{
int i1,i2;
if(lot_flag)
    {
    for(i1=0; i1<200; i1++)
        for(i2=0; i2<2000; i2++)
            i2=i2;
    lot_flag=0;
    }
}

/////////////////////////////////////
//
// display lotus menu bar
//


void
_fastcall showLotus(LOTUS_CLASS *LC)
{
int column,item;
char *cptr;

if(mouse_installed)
    msoff();

// erase first two rows

vdWrite(0,0,80,buf32,si_attr);
vdWrite(1,0,80,buf32,se_attr);

// write items to top bar
```

Creating a Lotus-style user interface 287

9-5 Continued.

```c
column=1;
item = 0;

for(item=0; item<LC->number; item++)
    {
    cptr = (char *)LC->name[item];
    for(;;)
        {
        vdChr(0,column++,*cptr++);
        if(!*cptr)
            break;
        }
    column += 2;
    }

// write item explanation for first item

column = 1;
cptr = LC->explain[0];
for(;;)
    {
    vdChr(1,column++,*cptr++);
    if(!*cptr)
        break;
    }

// highlight first item

vdAttr(0,0,strlen(LC->name[0])+2,sinv_attr);

LC->lotus_item=0;
LC->old_lotus=1;

if(mouse_installed)
    mson();
}
```

PROG35.C, shown in FIG. 9-6, should be used as both an explanatory demonstration program and a shell program which you may freely use to create your own Lotus-style interface programs. To customize PROG35.C to your individual needs simply alter the text in the MENU1_name[...] and MENU1_exp[...] character arrays. The mouse-position reads and menu-item placement are automatically calculated at compile time. Look at the source code to PROG35.C and see how easy it is to use the program as a shell for your own Lotus-style user interface needs. Compile PROG35.C and link the resultant PROG35.OBJ object module with your TABS.LIB file. Running PROG35.EXE demonstrates the look and function of a mouse and keyboard-driven Lotus-style interface. Take your time when exploring both the source to LOTUS.C (FIG. 9-5) and PROG35.C (FIG. 9-6). These programs offer a variety of tools which you may wish to use in your programs.

9-6 The source code listing to PROG35.C.

```c
///////////////////////////////////////
//
// prog35.c
//
// Beginning workings of LOTUS window
// structures
//
// Date: 7/1/90
//
///////////////////////////////////////

///////////////////////////////////////
//
// Include Header Prototype files
//

#include <stdio.h>
#include <string.h>
#include <tproto.h>

// Function Prototypes

void main(void);

/***************************************

void showLotus(LOTUS_CLASS *);
void hideLotus(LOTUS_CLASS *);
LOTUS_CLASS *openLotus(LOTUS_CLASS *,   // Lotus Class pointer
                char **,        // pointer to item name list
                char **,        // pointer to item explain list
                int,            // item attribute
                int,            // inverse item attribute
                int);           // explain attribute

***********************************************/


///////////////////////////////////////
//
// Declare function prototypes for
// Lotrus function list
//
///////////////////////////////////////

void fun0(void);
void fun1(void);
void fun2(void);
void fun3(void);
void fun4(void);
void fun5(void);


///////////////////////////////////////
//
// Structure and global data declarations
//
///////////////////////////////////////
```

Creating a Lotus-style user interface 289

9-6 Continued.

```c
// Declare Lotus Menu with 7 items

LOTUS_CLASS *MENU1;

// mouse flag

int mouse_installed;

//////////////////////////////////
//
// Interface Menu Data Declarations
//
//////////////////////////////////

char *MENU1_name[8] = {
    "Mean",            // pos 0 name
    "Mode",            // pos 1 name
    "Median",          // pos 2 name
    "Range",           // pos 3 name
    "Standard Dev.",   // pos 4 name
    "Correlation",     // pos 5 name

    "QUIT",            // pos 6
    NULL };            // NULL list terminator

char *MENU1_exp[8] = {
    "Mean is the average score of the distribution",        // 0 exp
    "Mode is the most frequent score",                      // 1 exp
    "Median is the middle score of the sample",             // 2 exp
    "Range is the distance from highest score to lowest",   // 3 exp
    "Standard Deviation is average score distance from mean", // 4 exp
    "Calculate relationship between variables",             // 5 exp
    "QUIT to DOS",
    NULL };            // NULL list terminator


//////////////////////////////////
//
// Interface Functions
//
//////////////////////////////////

void
fun0()
{
vdWrite(22,0,18,"Item 1 Highlighted",
        mkAttr(WHITE,RED,ON_INTENSITY,OFF_BLINK));
}

void
fun1()
{
vdWrite(22,0,18,"Item 2 Highlighted",
        mkAttr(WHITE,BLUE,ON_INTENSITY,OFF_BLINK));

}

void
fun2()
```

9-6 Continued.

```c
{
vdWrite(22,0,18,"Item 3 Highlighted",
        mkAttr(WHITE,BLACK,ON_INTENSITY,OFF_BLINK));
}

void
fun3()
{
vdWrite(22,0,18,"Item 4 Highlighted",
        mkAttr(WHITE,BROWN,ON_INTENSITY,OFF_BLINK));
}

void
fun4()
{
vdWrite(22,0,18,"Item 5 Highlighted",
        mkAttr(BLACK,WHITE,ON_INTENSITY,OFF_BLINK));
}

void
fun5()
{

vdWrite(22,0,18,"Item 6 Highlighted",
        mkAttr(BLACK,CYAN,ON_INTENSITY,OFF_BLINK));
}

///////////////////////////////////////
//
// main(...)
//
// Program Start
//
///////////////////////////////////////

void
main()
{
int cnt;
char *name[6];
int screen_attr;
int ret_val;
int event;
int e_flag;

// set attributes

screen_attr = mkAttr(BLACK,WHITE,OFF_INTENSITY,OFF_BLINK);

// initialize video structure

vidInit();

// clear the screen

scrnClr();
```

9-6 Continued.

```c
// turn the screen white
scrnAttr(screen_attr);

// turn the cursor off

offCur();

// check for mouse installed

ret_val = msinit();

if(ret_val==0xffff) // no mouse
    vdWrite(23,0,18,"No mouse installed",
            mkAttr(WHITE,GREEN,ON_INTENSITY,OFF_BLINK));
else
    {
    vdWrite(23,0,18,"Mouse installed   ",
            mkAttr(WHITE,GREEN,ON_INTENSITY,OFF_BLINK));
    mouse_installed=1;
    }

// turn the mouse on

if(mouse_installed)
    mson();


////////////////////////////////////////////////////////////////
//                                                            //
// Open Lotus style window                                    //
//                                                            //
//                                                            //
MENU1 = openLotus((LOTUS_CLASS *)MENU1, // pointer to LOTUS CLASS //
    MENU1_name,                    // Item name list          //
    MENU1_exp,                     // Item explanation list   //
    mkAttr(BLACK,CYAN,OFF_INTENSITY,OFF_BLINK), // Item attr  //
    mkAttr(WHITE,BLUE,OFF_INTENSITY,OFF_BLINK), // Item inverse //
    mkAttr(RED,CYAN,OFF_INTENSITY,OFF_BLINK));  // Expl. attr  //

e_flag = 0;

do
    {
    if(lotusEvent(MENU1,&event))
        {
        switch(event)
            {
            case 0:
                fun0();
                break;
            case 1:
                fun1();
                break;
            case 2:
                fun2();
                break;
            case 3:
                fun3();
```

9-6 Continued.

```
                break;
        case 4:
                fun4();
                break;
        case 5:
                fun5();
                break;
        case 6:
                e_flag=quitProgram(WHITE,BROWN,WHITE,GREEN);
                if(!e_flag)
                    showLotus(MENU1);
                break;
        }
    }
} while(!e_flag);


//                                                              //
////////////////////////////////////////////////////////////////////

// turn the mouse on

if(mouse_installed)
    msoff();

// clear the screen

scrnClr();

// turn the cursor on

onCur();

}
//
// prog35.c
//
/////////////////////////////////////////
```

Summary

In chapter 9 the building-block routines were presented for the creation of a standard pop-up-type Quit Window and a Lotus-style window interface. Every function that required user input was driven by both the mouse and keyboard.

The source file to PROG35.C may be used as a shell that you may modify to create your own Lotus-style window interfaces. The process is as easy as changing text in an array and recompiling PROG35.C.

Figure 9-7 represents the source code listing that contains the current contents of TABS.LIB. Chapter by chapter your TAB libraries are growing.

9-7 The current library contents listing for TABS.LIB.

```
@bleep...........bleep           @boxRect.........boxrect
@clrRect.........clrrect         @delay...........delay
@dispWind........dispwind        @dsyWind.........dsywind
@exit_bad........exit_bad        @fillRect........fillrect
@gtCur...........gtcur           @gtKey...........gtkey
@lotusEvent......lotus           @offCur..........offcur
@onCur...........oncur           @openLotus.......lotus
@putChr..........putchr          @putStr..........putstr
@quitEvent.......quitprog        @quitProgram.....quitprog
@rCloc...........rcloc           @rdImg...........rdimg
@rdWind..........rdwind          @remvWind........remvwind
@restRect........restrect        @restScrn........restscrn
@rmvCur..........rmvcur          @rsizeCur........ssizecur
@saveRect........saverect        @saveScrn........savescrn
@sCloc...........scloc           @scrnAttr........scrnattr
@setAttr.........setattr         @setBord.........setbord
@setRect.........setrect         @setTitle........settitle
@setWind.........setwind         @showLotus.......lotus
@sizeCur.........sizecur         @sizeImg.........sizeimg
@sizeRect........sizerect        @ssizeCur........ssizecur
@strtWind........strtwind        @vdEdit..........vdedit
@vrdChar.........vrdchar         @wrBox...........wrbox
@wrImg...........wrimg           @wrWind..........wrwind
@wvdAttr.........wvdattr         @wvdChar.........wvdchar
@wvdHoriz........wvdhoriz        @wvdStr..........wvdstr
@wvdVert.........wvdvert         @wvdWrite........wvdwrite
@wvrdChar........wvrdchar        _add1jiff........timer
_cancel_mess.....quitprog        _crt.............vidinit
_c_down..........quitprog        _c_up............quitprog
_defkey1.........vdedit          _defkey2.........vdedit
_defkey3.........vdedit          _defkey4.........vdedit
_get_jiffhour....timer           _get_jiffmin.....timer
_get_jiffy.......timer           _get_ljiffy......timer
_gtKBstat........gtkbstat        _g_shape.........g_shape
_initialize_timer..timer         _lot_delay.......lotus
_mkAttr..........mkattr          _mkToken.........mktoken
_msinit..........msinit          _msoff...........msoff
_mson............mson            _msstat..........msstat
_mvCur...........mvcur           _newtimer........timer
_offSound........offsound        _onSound.........onsound
_putCRLF.........putcrlf         _quit_holder.....quitprog
_quit_mess.......quitprog        _q_down..........quitprog
_q_up............quitprog        _remove_timer....timer
_reset_timer.....timer           _scrnClr.........scrnclr
_SCRNSEG.........vidinit         _SPARKLE_FLAG....vidinit
_start_timer.....timer           _stop_timer......timer
_s_shape.........s_shape         _vdAttr..........vdattr
_vdChar..........vdchar          _vdChr...........vdchr
_vdHoriz.........vdhoriz         _vdVert..........vdvert
_vdWrite.........vdwrite         _vidInit.........vidinit
_VID_PORT........vidinit

mvcur            Offset: 00000010H  Code and data size: 15H
  _mvCur

timer            Offset: 000000b0H  Code and data size: e0H
  _add1jiff         _get_jiffhour      _get_jiffmin        _get_jiffy
  _get_ljiffy       _initialize_timer                      _newtimer
```

294 Mouse- and keyboard-driven, Lotus-style interface routines

9-7 Continued.

    _remove_timer   _reset_timer   _start_timer   _stop_timer

gtcur   Offset: 00000390H Code and data size: 2cH
  @gtCur

rmvcur   Offset: 000004a0H Code and data size: 30H
  @rmvCur

scloc   Offset: 000005e0H Code and data size: 26H
  @sCloc

rcloc   Offset: 00000710H Code and data size: 10H
  @rCloc

oncur   Offset: 00000830H Code and data size: eH
  @onCur

s_shape   Offset: 00000950H Code and data size: cH
  _s_shape

g_shape   Offset: 000009f0H Code and data size: 7H
  _g_shape

offcur   Offset: 00000a80H Code and data size: eH
  @offCur

sizecur   Offset: 00000ba0H Code and data size: 1aH
  @sizeCur

ssizecur   Offset: 00000cb0H Code and data size: 26H
  @rsizeCur   @ssizeCur

mktoken   Offset: 00000df0H Code and data size: bH
  _mkToken

mkattr   Offset: 00000e90H Code and data size: 17H
  _mkAttr

scrnclr   Offset: 00000f30H Code and data size: 1aH
  _scrnClr

vidinit   Offset: 00000fd0H Code and data size: 71H
  _crt   _SCRNSEG   _SPARKLE_FLAG   _vidInit
  _VID_PORT

vdchar   Offset: 000011a0H Code and data size: 27H
  _vdChar

vdwrite   Offset: 00001270H Code and data size: 42H
  _vdWrite

vdhoriz   Offset: 00001350H Code and data size: 2cH
  _vdHoriz

vdvert   Offset: 00001420H Code and data size: 32H
  _vdVert

9-7 Continued.

vdattr   Offset: 000014f0H Code and data size: 2eH
  _vdAttr

vrdchar   Offset: 000015c0H Code and data size: 3cH
  @vrdChar

savescrn   Offset: 00001700H Code and data size: 44H
  @saveScrn

restscrn   Offset: 00001860H Code and data size: 46H
  @restScrn

delay   Offset: 000019d0H Code and data size: 32H
  @delay

bleep   Offset: 00001af0H Code and data size: 2eH
  @bleep

gtkey   Offset: 00001c30H Code and data size: 14H
  @gtKey

vdedit   Offset: 00001d30H Code and data size: 75aH
  @vdEdit   _defkey1   _defkey2   _defkey3
  _defkey4

onsound   Offset: 00002780H Code and data size: 18H
  _onSound

offsound   Offset: 00002820H Code and data size: 7H
  _offSound

gtkbstat   Offset: 000028b0H Code and data size: 11H
  _gtKBstat

fillrect   Offset: 00002950H Code and data size: 42H
  @fillRect

setrect   Offset: 00002aa0H Code and data size: 50H
  @setRect

sizerect   Offset: 00002c10H Code and data size: 10H
  @sizeRect

clrrect   Offset: 00002d10H Code and data size: 46H
  @clrRect

boxrect   Offset: 00002e60H Code and data size: 238H
  @boxRect

saverect   Offset: 00003200H Code and data size: 42H
  @saveRect

restrect   Offset: 00003350H Code and data size: 42H
  @restRect

putcrlf   Offset: 000034a0H Code and data size: bH
  _putCRLF

9-7 Continued.

putstr @putStr	Offset: 00003540H	Code and data size: 38H
putchr @putChr	Offset: 00003690H	Code and data size: 14H
wrimg @wrImg	Offset: 00003790H	Code and data size: 42H
wrbox @wrBox	Offset: 000038d0H	Code and data size: 228H
wrwind @wrWind	Offset: 00003c50H	Code and data size: 42H
rdimg @rdImg	Offset: 00003d90H	Code and data size: 42H
sizeimg @sizeImg	Offset: 00003ed0H	Code and data size: 10H
exit_bad @exit_bad	Offset: 00003fd0H	Code and data size: 43H
rdwind @rdWind	Offset: 00004150H	Code and data size: 42H
dispwind @dispWind	Offset: 00004290H	Code and data size: 18H
remvwind @remvWind	Offset: 000043c0H	Code and data size: 18H
settitle @setTitle	Offset: 000044f0H	Code and data size: 56H
setwind @setWind	Offset: 00004670H	Code and data size: cdH
setbord @setBord	Offset: 00004880H	Code and data size: 4H
dsywind @dsyWind	Offset: 00004970H	Code and data size: 3aH
setattr @setAttr	Offset: 00004ab0H	Code and data size: 4H
strtwind @strtWind	Offset: 00004ba0H	Code and data size: 42H
wvdattr @wvdAttr	Offset: 00004d10H	Code and data size: 26H
wvdchar @wvdChar	Offset: 00004e40H	Code and data size: 22H

9-7 Continued.

wvdhoriz 　　　　　　Offset: 00004f60H Code and data size: 28H
　@wvdHoriz

wvdstr 　　　　　　　Offset: 00005090H Code and data size: 28H
　@wvdStr

wvdvert 　　　　　　Offset: 000051c0H Code and data size: 26H
　@wvdVert

wvdwrite 　　　　　　Offset: 000052f0H Code and data size: 5aH
　@wvdWrite

wvrdchar 　　　　　　Offset: 00005460H Code and data size: 20H
　@wvrdChar

mson 　　　　　　　　Offset: 00005590H Code and data size: 6H
　_mson

msoff 　　　　　　　Offset: 00005620H Code and data size: 6H
　_msoff

msstat 　　　　　　　Offset: 000056b0H Code and data size: 18H
　_msstat

msinit 　　　　　　　Offset: 00005750H Code and data size: 10H
　_msinit

scrnattr 　　　　　　Offset: 000057f0H Code and data size: 2cH
　@scrnAttr

quitprog 　　　　　　Offset: 00005920H Code and data size: 698H
　@quitEvent 　　　　@quitProgram 　　_cancel_mess 　　_c_down
　_c_up 　　　　　　_quit_holder 　　_quit_mess 　　　_q_down
　_q_up

lotus 　　　　　　　Offset: 00006440H Code and data size: 63eH
　@lotusEvent 　　　@openLotus 　　　@showLotus 　　　_lot_delay

vdchr 　　　　　　　Offset: 00006d10H Code and data size: 27H
　_vdChr

10
Menu-bar/drop-down window interface routines

This final chapter is like a cousin to chapter 9, it provides a shell program for the creation of a user interface that contains a menu bar of items at the top of the screen. When a menu-bar item is selected, a drop-down window containing more options falls. The user may select a menu-bar or drop-down item using the keyboard or the mouse. If the mouse is not installed the interface will function just fine using the keyboard alone. If there is a mouse present, however, the keyboard will function in the same fashion as if there were no mouse present.

You can select a menu-bar item from the keyboard by pressing the Alt key in combination with the RED menu-item letter. You select the menu-bar item with the mouse by moving the mouse cursor over the menu-bar item text and pressing the left mouse button.

Once the drop-down window appears you can highlight an item from the keyboard by using the up and down arrow keys. If you wish to select a highlighted item simply press the Enter key. If you are using the mouse simply move the mouse cursor over the drop-down window item you wish to select and press the left mouse button.

As with the Lotus-style window presented in chapter 9, the drop-down/menu-bar window uses arrays of text for the drop-down window and menu-bar item lists. If you wish to add items to a drop-down window then add one element to the drop-down window array.

There is one additional array used by the drop-down window/menu-bar scheme. An array of hot key press values (see FIG. 10-4) is passed to the menu-bar and drop-down window routines. This method gives you (the programmer) total control over hot key values.

Let's say you have a two-element array for a drop-down window. In this hypothetical setup the first menu-bar item is called File... and the second menu-bar item is called Quit.... When you pass the addresses of these arrays (see FIG. 10-4) the "F" and "Q" keys will automatically appear RED. You can use the Alt "F" and Alt "Q" hot keys to invoke the related menu-bar item choices by using ALT_F and ALT_Q (see the KEYBOARD.H file presented in chapter 2) choices. That doesn't seem too hard, does it?

Preparatory files

There are three source files that must still be added as object modules to your TAB libraries before the PROG36.C, the drop-down window/menu-bar demonstration shell program, is presented.

Function dsyRect(...) frees up memory which had been previously allocated during a function setRect(...) call. DSYRECT.C, shown in FIG. 10-1, is the source code to the dsyRect(...) function. Compile DSYRECT.C and add the resultant DSYRECT.OBJ object modules to your TABS.LIB, TABM.LIB, and TABL.LIB files.

10-1 The source code listing to DSYRECT.C.

```
//////////////////////////////////
//
// dsyrect.c
//
// Description:
//   Destroy RECT structure by freeing
//   memory allocated during function
//   setRect(...)
//

// include files here

#include <tproto.h>

void
_fastcall dsyRect(R)
RECT *R;
{
// free memory for image

free(R->image);

// free memory for structure

free(R);
}
```

Function openMessage(...) pops up a window to the screen with a simple text display message. Although this window does not provide any facility for user input it will prove quite valuable in providing a professional look to program feedback. MESSAGE.C, shown in FIG. 10-2, is the source code to the openMessage(...) function. Compile MESSAGE.C and add the resultant MESSAGE.OBJ object modules to your TABS.LIB, TABM.LIB, and TABL.LIB files.

10-2 The source code listing to MESSAGE.C.

```c
//////////////////////////////////////
//
// MESSAGE.C
//
//////////////////////////////////////

#include <malloc.h>
#include <tproto.h>
#include <string.h>

extern int mouse_installed;

int
_fastcall openMessage(char **M,int f_col,int b_col,int if_col, int ib_col)
{
RECT *R;
int width,height,ur,uc,lr,lc;
int count,value,row,offset;
int number,key,e_flag,x,y,q_button;
char mouse_dot[3] = { 91,254,93 };
char buf220[4] = {220,220,220,220};
char buf223[4] = {223,223,223,223};
int i_up_attr,shad_attr;
int attr;
int ret_val;

attr = mkAttr(f_col,b_col,ON_INTENSITY,OFF_BLINK);

i_up_attr = mkAttr(if_col,ib_col,ON_INTENSITY,OFF_BLINK);

//i_dn_attr = mkAttr(if_col,ib_col,OFF_INTENSITY,OFF_BLINK);

shad_attr = mkAttr(b_col,BLACK,OFF_INTENSITY,OFF_BLINK);

// get height + offset for button box

height = 0;

while(M[height])
    height++;

number=height;

height += 5;

ur = (25-height)/2;
lr = ur  + height;

// get width

width=0;
count=0;

for(count=0; count<number; count++)
    {
    value = strlen(M[count]);
    if(value>width)
        width=value;
```

Preparatory files

10-2 Continued.

```c
    }

width += 6;

uc = (80-width)/2;
lc = uc+width;

// draw rectangle

R = setRect(R,ur,uc,lr,lc);

// if mouse installed turn mouse off

if(mouse_installed)
    msoff();

// save screen image under RECT

saveRect(R);

// draw box around the rectangle

boxRect(R,D_D_D_D,attr);

// print message

for(row=1; row<number; row++)
    {
    value = strlen(M[row-1]);
    offset = (width-value)/2;
    vdWrite(R->ul_row+row,R->ul_col+offset,value,M[row-1],attr);
    }

// print OK box

vdWrite(R->ul_row+row+2,R->ul_col+(width/2)-2,4," OK ",i_up_attr);
vdWrite(R->ul_row+row+3,R->ul_col+(width/2)-1,4,buf220,shad_attr);
vdWrite(R->ul_row+row+2,R->ul_col+(width/2)+2,1,buf223,shad_attr);

// write mouse button

vdWrite(R->ul_row,R->ul_col+1,3,mouse_dot,attr);

// if mouse installed turn on the mouse

if(mouse_installed)
    mson();

// loop initialization

key = 0;
e_flag = 0;

// keyboard and mouse loop

do
   {
   // check key waiting
```

10-2 Continued.

```c
  key = gtKBstat();

// if no key waitint and the mouse
// is installed

  if((!key)&&(mouse_installed))
      {
    // get button status

       q_button = msstat(&x,&y);

    // convert mouse to text coordinates

       x /= 8;
       y /= 8;

    // if left button and in OK box

       if((q_button==1)&&(y==R->ul_row+row+2))
           {
           if( (x>=R->ul_col+(width/2)-2)&&(x<=R->ul_col+(width/2)-2+4))
               {
               e_flag=1;
               ret_val=1;
               }
           }

    // if left button and in close dot

       if((q_button==1)&&(y==R->ul_row))
           {
           if(x==R->ul_col+2)
               {
               e_flag=1;
               ret_val=0;
               }
           }
      }

// process key press

  else if(key)
      {

  switch(key)
      {
      case ESCAPE:
          ret_val=0;
          e_flag=1;
          break;

      case ENTER:
          e_flag=1;
          ret_val=1;
          break;
      }
  }
```

Preparatory files   303

10-2 Continued.

```
    else
        e_flag=e_flag;

// loop end

} while(!e_flag);


// if the mouse is installed
// turn the mouse off

if(mouse_installed)
    msoff();

// restore screen image under
// rectangle

restRect(R);

// destroy rectangle structure and
// free memory

dsyRect(R);

// if the mouse is installed
// then turn the mouse on

if(mouse_installed)
    mson();

// return selection value

return ret_val;
}
```

MENUBAR.C, shown in FIG. 10-3, contains the functions that are used to create the drop-down window/menu-bar user interface. See PROG36.C (FIG. 10-4) for a description of function syntax. PROG36.C is a heavily commented program. Compile MENUBAR.C and add the MENUBAR.OBJ object modules to your TABS.LIB, TABM.LIB, and TABL.LIB files.

10-3 The source code listing to MENUBAR.C.

```
//////////////////////////////////
//
// MENUBAR.C
//
//////////////////////////////////
//
// Include Header Prototype files
//
```

10-3 Continued.

```c
#include <stdio.h>
#include <string.h>
#include <tproto.h>
#include <malloc.h>

// Function Prototypes

static void lot_delay(void);

/////////////////////////////////////
//
// EXTERNS
//
/////////////////////////////////////

extern int mouse_installed;
static int si_attr;        // item attribute
static int sinv_attr;      // inverse item attribute
static int sk_attr;        // explain attribute
static int lot_flag=0;
static int right_flag=0;
static int left_flag=0;

/////////////////////////////////////
//
// openMenuBar(...)
//
// Open MenuBar Style window for
// business
//
//
/////////////////////////////////////

static unsigned char buf32[80] = {
    32,32,32,32,32,32,32,32,
    32,32,32,32,32,32,32,32,
    32,32,32,32,32,32,32,32,
    32,32,32,32,32,32,32,32,
    32,32,32,32,32,32,32,32,
    32,32,32,32,32,32,32,32,
    32,32,32,32,32,32,32,32,
    32,32,32,32,32,32,32,32,
    32,32,32,32,32,32,32,32,
    32,32,32,32,32,32,32,32 };

int key_tab[10];

MENUBAR_CLASS
* _fastcall openMenuBar(MENUBAR_CLASS *MB,  // MenuBar Class pointer
         char **lname,       // pointer to item name list
         int *active_keys,   // pointer to list of keys
         int i_attr,         // item attribute
         int inv_attr,       // inverse item attribute
         int k_attr)         // explain attribute

{
int row,column,item;
unsigned int *ui_ptr;
```

10-3 Continued.

```c
char *cptr;
int offset;
int len;
int index;

// allocate memory

MB = (MENUBAR_CLASS *)malloc(sizeof(MENUBAR_CLASS));

// set menubar flag as menubar opened

MB->menubar_open=1;

// set structure attributes

MB->si_attr = si_attr = i_attr;
MB->sinv_attr = sinv_attr = inv_attr;
MB->sk_attr = sk_attr = k_attr;

// set item list number of objects

MB->number = 0;
while(lname[MB->number])
    MB->number++;

// Initialize MENUBAR_LIST structure with data

for(index=0; index<MB->number; index++)
    {
    MB->name[index] = lname[index];
    MB->key_list[index] = active_keys[index];
    }

// turn mouse off

if(mouse_installed)
    msoff();

// calculate MB->mb_map values

for(row=0; row<MENUBAR_ITEM_MAX; row++)
    {
    MB->mb_map[row][0] = 0;
    MB->mb_map[row][1] = 0;
    }

offset = 0;
for(item=0; item<MB->number; item++)
    {
    MB->mb_map[item][0] = offset;
    len = strlen(MB->name[item]); // highlight offset
    MB->mb_map[item][1] = len+2;  // highlight length
    offset += MB->mb_map[item][1];
    }
MB->mb_map[item][0] = offset;

// save top two rows of screen image
```

10-3 Continued.

```c
ui_ptr = MB->imgbuf;
for(row=0; row<2; row++)
    for(column=0; column<80; column++)
        *ui_ptr++ = vrdChar(row,column);

// erase first two rows

vdWrite(0,0,80,buf32,i_attr);

// write items to top bar

column=1;
item = 0;
row=0;

for(item=0; item<MB->number; item++)
    {
    cptr = (char *)MB->name[item];
    vdAttr(0,column,1,sk_attr);
    key_tab[item] = column;
    for(;;)
        {
        vdChr(0,column++,*cptr++);
        if(!*cptr)
            break;
        }
    column += 2;
    }

// turn mouse on

if(mouse_installed)
    mson();

MB->menubar_item=0;
MB->old_menubar=0;

return(MB);
}

////////////////////////////////////////
//
// report mouse and keyboard event
// on the menu bar
//
////////////////////////////////////////

int
_fastcall menubarEvent(MENUBAR_CLASS *MB,int *event)
{
int item,x,y;
int key,e_flag;
int ret_val;


key = 0;
e_flag = 0;
```

10-3 Continued.

```
do
    {
    // Write title bar - erasing old inverse

    if(MB->menubar_item != MB->old_menubar)
        {
        // turn mouse off

        if(mouse_installed)
            msoff();

        // erase old highlight

        vdAttr(0,0,80,si_attr);

        for(item=0; item<MB->number; item++)
            vdAttr(0,key_tab[item],1,sk_attr);

        // Inverse proper menu item using mb_map[][]

        vdAttr(0,MB->mb_map[MB->menubar_item][0],
                 MB->mb_map[MB->menubar_item][1],sinv_attr);

        MB->old_menubar=MB->menubar_item;

        // turn mouse on

        if(mouse_installed)
            mson();

        lot_delay();
        }

    // check for open window LEFT / RIGHT arrow
    // from openDropDown

    if(right_flag)
        {
        right_flag=0;
        ret_val=1;
        e_flag=1;
        key=RIGHT_ARROW;
        goto HOT_BYPASS;
        }

    if(left_flag)
        {
        left_flag=0;
        ret_val=1;
        e_flag=1;
        key=LEFT_ARROW;
        goto HOT_BYPASS;
        }

    // scan for key press

    key = gtKBstat();
```

10-3 Continued.

```c
// check for mouse & button press

if((!key)&&(mouse_installed))
    {
    key = msstat(&x,&y);
    if((key==1)&&(y==0))    // left button press
        {
        // set lot_delay flag

        lot_flag=1;

        // calculate cursor location at text column

        x /= 8;

        if(x<MB->mb_map[1][0])
            {
            if(MB->number<1)
                break;
            else if(MB->menubar_item==0)
                {
                ret_val = 1;
                e_flag=aTRUE;
                }
            else
                MB->menubar_item=0;
            }

        else if(x<MB->mb_map[2][0])
            {
            if(MB->number<2)
                break;
            else if(MB->menubar_item==1)
                {
                ret_val = 1;
                e_flag=aTRUE;
                }
            else
                MB->menubar_item=1;
            }

        else if(x<MB->mb_map[3][0])
            {
            if(MB->number<3)
                break;
            else if(MB->menubar_item==2)
                {
                ret_val = 1;
                e_flag=aTRUE;
                }
            else
                MB->menubar_item=2;
            }

        else if(x<MB->mb_map[4][0])
            {
            if(MB->number<4)
```

10-3 Continued.

```
            break;
        else if(MB->menubar_item==3)
            {
            ret_val = 1;
            e_flag=aTRUE;
            }
        else
            MB->menubar_item=3;
        }

    else if(x<MB->mb_map[5][0])
        {
        if(MB->number<5)
            break;
        else if(MB->menubar_item==4)
            {
            ret_val = 1;
            e_flag=aTRUE;


            }
        else
            MB->menubar_item=4;
        }

    else if(x<MB->mb_map[6][0])
        {
        if(MB->number<6)
            break;
        else if(MB->menubar_item==5)
            {
            ret_val = 1;
            e_flag=aTRUE;
            }
        else
            MB->menubar_item=5;
        }


    else if(x<MB->mb_map[7][0])
        {
        if(MB->number<7)
            break;
        else if(MB->menubar_item==6)
            {
            ret_val = 1;
            e_flag=aTRUE;
            }
        else
            MB->menubar_item=6;
        }

    else if(x<MB->mb_map[8][0])
        {
        if(MB->number<8)
            break;
        else if(MB->menubar_item==7)
            {
```

10-3 Continued.

```
            ret_val = 1;
            e_flag=aTRUE;
            }
    else
        MB->menubar_item=7;
    }
else if(x<MB->mb_map[9][0])
    {
    if(MB->number<9)
        break;
    else if(MB->menubar_item==8)
        {
        ret_val = 1;
        e_flag=aTRUE;
        }
    else
        MB->menubar_item=8;
    }
else if(x<MB->mb_map[10][0])
    {
    if(MB->number<10)
        break;
    else if(MB->menubar_item==9)
        {
        ret_val = 1;
        e_flag=aTRUE;
        }
    else
        MB->menubar_item=9;
    }
else if(x<MB->mb_map[11][0])
    {
    if(MB->number<11)
        break;
    else if(MB->menubar_item==10)
        {
        ret_val = 1;
        e_flag=aTRUE;
        }
            else
                MB->menubar_item=10;
            }
        else
            MB->menubar_item = MB->menubar_item;
        }
    else if(key==2)
        e_flag=1;
    else
        e_flag = e_flag;
    key=0;
    }
else if(key)
    {
    // check of active_keys match
```

10-3 Continued.

```c
            for(item=0; item<MB->number; item++)
                {
                if(MB->key_list[item]==key)
                    {
                    MB->menubar_item = item;
                    ret_val = 1;
                    e_flag=aTRUE;
                    key=0;
                    break;
                    }
                }

// label for openDropDown bypass

HOT_BYPASS:

            // check for left or right arrow key match

            switch(key)
                {
                case RIGHT_ARROW:      // At right item?
                    if(MB->menubar_item==MB->number-1) // Yes?
                        MB->menubar_item=0;   // set left item
                    else                      // Else
                        MB->menubar_item++;   // move rt 1 item
                    break;

                case LEFT_ARROW:       // At left item?
                    if(MB->menubar_item==0) // Yes?
                        MB->menubar_item=MB->number-1;  //  set right item
                    else                      // Else
                        MB->menubar_item--;   //  move lft 1 item
                    break;

                case ENTER:
                    ret_val = 1;
                    e_flag=aTRUE;
                    break;
                }

        }
} while(!e_flag);

if(MB->menubar_item != MB->old_menubar)
    {
    // turn mouse off

    if(mouse_installed)
        msoff();

    // erase old highlight

    vdAttr(0,0,80,si_attr);

    for(item=0; item<MB->number; item++)
        vdAttr(0,key_tab[item],1,sk_attr);

    // Inverse proper menu item using mb_map[][]
```

10-3 Continued.

```c
vdAttr(0,MB->mb_map[MB->menubar_item][0],
        MB->mb_map[MB->menubar_item][1],sinv_attr);

// turn mouse on

        if(mouse_installed)
            mson();
    }

*event = MB->menubar_item;

return ret_val;
}


////////////////////////////////////
//
// short delay
//
////////////////////////////////////

static void
lot_delay()
{
int i1,i2;
if(lot_flag)
    {
    for(i1=0; i1<50; i1++)
        for(i2=0; i2<200; i2++)
            i2=i2;
    lot_flag=0;
    }
}


////////////////////////////////////
//
// display the menu bar
//
////////////////////////////////////

void
_fastcall showMenuBar(MENUBAR_CLASS *MB)
{
int column,item;
char *cptr;

// if mouse is installed turn the mouse
// off

if(mouse_installed)
    msoff();

// erase first two rows

vdWrite(0,0,80,buf32,si_attr);

// write items to top bar
```

10-3 Continued.

```c
    column=1;
    item = 0;

    for(item=0; item<MB->number; item++)
        {
        vdAttr(0,column,1,sk_attr);
        cptr = (char *)MB->name[item];
        for(;;)
            {
            vdChr(0,column++,*cptr++);
            if(!*cptr)
                break;
            }
        column += 2;
        }

MB->menubar_item=0;
MB->old_menubar=0;

// if the mouse is installed then
// turn on the mouse

if(mouse_installed)
    mson();
}


////////////////////////////////////
//
// drop down window
//

int
_fastcall openDropDown(MENUBAR_CLASS * MB,int item,char **i_list,int k_list[])
{
int row,col;
int count;
int uc,ur,lc,lr;
int item_number;
int width;
int val;
int key,e_flag;
RECT *R;
int new_row;
int old_row;
int q_button;
int x,y;
int first;

// set for first time delay

first = 0;

// check item array for size

item_number=0;
while(i_list[item_number])
    item_number++;
```

10-3 Continued.

```
// get window width

width=0;
for(count=0; count<item_number; count++)
    {
    val = strlen(i_list[count]);
    if(val>width)
        width=val;
    }

width += 4;

// get upper left hand column

uc = MB->mb_map[item][0];

// set lower right hand corner

lc = uc + width;

// set upper row

ur = 1;

// set lower row

lr = item_number+3;

// if the mouse is installed turn off the mouse

if(mouse_installed)
    msoff();

// allocate rectangular structure

R = setRect(R,ur,uc,lr,lc);

// save rect screen image

saveRect(R);

// clear rect

for(row=R->ul_row;row<R->lr_row;row++)
    for(col=R->ul_col;col<R->lr_col; col++)
        vdChar(row,col,mkToken(' ',MB->si_attr));

// put box arount rect

boxRect(R,S_S_S_S,MB->si_attr);

// if mouse installed then
// turn on the mouse

if(mouse_installed)
    mson();

// write items
```

Preparatory files   315

10-3 Continued.

```
for(count=0; count<item_number; count++)
    {
    vdWrite(count+2,
            R->ul_col+2,
            strlen(i_list[count]),
            i_list[count],
            MB->si_attr);
    vdAttr(count+2,
            R->ul_col+2,1,MB->sk_attr);
    }

// set row location for top item

new_row = 2;
old_row = 3;

// initialize loop variables


key = 0;
e_flag = 0;

do
    {
    // highlight proper item

    if(new_row!= old_row)
        {
        // write items

        for(count=0; count<item_number; count++)
            {
            vdWrite(count+2,
                    R->ul_col+2,
                    strlen(i_list[count]),
                    i_list[count],
                    MB->si_attr);
            vdAttr(count+2,
                    R->ul_col+2,1,MB->sk_attr);
            }

        // turn off inverse on old row

        vdAttr(old_row,R->ul_col+1,width-2,MB->si_attr);

        // turn on key highlight

        vdAttr(old_row,R->ul_col+2,1,MB->sk_attr);

        // inverse new row

        vdAttr(new_row,R->ul_col+1,width-2,MB->sinv_attr);

        // set old_row = new_row

        old_row = new_row;
        }
```

10-3 Continued.

```c
if(!first)
    {
    for(count=0; count<25000; count++)
        lot_delay();
    first = 1;
    }

// scan for key press

key = gtKBstat();

// if no key press and the mouse is
// installed

if((!key)&&(mouse_installed))
    {
    // get button value

    q_button = msstat(&x,&y);

    // convert to text coordinates

    x /= 8;
    y /= 8;

///////////////////////////////////////
//      mvCur(22,40);
//      printf("X = %03d    Y = %03d item_row = %d",x,y,item_number);
//      mvCur(23,40);
//      printf("ur = %03d, uc = %03d, lr = %03d lc = %03d",ur,uc,lr,lc);
///////////////////////////////////////

    // if button press is left button

    if(q_button==1)
        {
        if((y<=1)||(y>=item_number+2))
            {
            e_flag=1;
            new_row=315;
            }
        else if((x<=uc)||(x>=lc-1))
            {
            e_flag=1;
            new_row=315;
            }
        else
            {
            e_flag=1;
            new_row=y;
            }
        }
    }

// process key press

switch(key)
    {
```

Preparatory files 317

10-3 Continued.

```c
        case RIGHT_ARROW:
            e_flag=1;
            new_row=315;
            right_flag=1;
            break;

        case LEFT_ARROW:
            e_flag=1;
            new_row=315;
            left_flag=1;
            break;

        case ESCAPE:
            e_flag=1;
            new_row=315;
            break;

        case DOWN_ARROW:
            if(new_row==item_number+1)
                new_row = 2;
            else
                new_row++;
            break;

        case UP_ARROW:
            if(new_row==2 )
                new_row = item_number+1;
            else
                new_row--;
            break;

        case ENTER:
            e_flag=1;
            break;

        default:
            for(count=0; count<item_number; count++)
                {
                if(key==k_list[count])
                    {
                    e_flag=1;
                    new_row = count+2;
                    }
                }
            break;
        }

    // end of loop

    } while(!e_flag);

// if the mosue is installed
// then turn off the mouse

if(mouse_installed)
    msoff();

// restore screen rect image
```

10-3 Continued.

```
restRect(R);

// destroy screen rect

dsyRect(R);

// if the mouse is installed
// then turn on the mouse

if(mouse_installed)
    mson();

// return the menu item selected

return new_row-2;
}
```

Creating a menu-bar/drop-down window interface

In a very real sense PROG36.C, discussed in this section, is the crown jewel of this book. It takes the Microsoft C 6.0 optimized primitive screen, keyboard, and mouse routines presented previously in the text and uses them to the max. I have designed PROG36.C so it may be used as a shell. This program shell permits quick and easy drop-down window/menu-bar user interface schemes in your applications programs. All you need to do is change menu-item array text to fit your needs and call your application's subroutine functions from within the main program loop.

In other words, with a minimum of effort you'll be able to reshape the look of existing programs to have the contemporary drop-down window/menu-bar look. PROG36.C has been heavily commented. Feel free to use this program as a sort of generic shell program from which to start your program development cycle.

PROG36.C is shown in FIG. 10-4. Compile PROG36.C and link the resultant PROG36.OBJ object module with your TABS.LIB file. Running PROG36.EXE shows the TAB drop-down window/menu-bar scheme in action.

10-4 The source code listing to PROG36.C.

```
//////////////////////////////////
//
// prog36.c
//
// Beginning workings of MENU BAR window
// structures
//
// Date: 7/1/90
//
//////////////////////////////////
```

10-4 Continued.

```c
//////////////////////////////////////
//
// Include Header Prototype files
//


// #include <dir.h> // turbo c
#include <direct.h> // microsoft
#include <dos.h>
#include <stdio.h>
#include <string.h>
#include <tproto.h>

// Function Prototypes

void main(void);
// void test_editobj(void);

//////////////////////////////////////
//
// Declare function prototypes for
// Lotus function list
//
//////////////////////////////////////

void fun0(void);
void fun1(void);
void fun2(void);
void fun3(void);
void fun4(void);
void fun5(void);


//////////////////////////////////////
//
// Structure and global data declarations
//
//////////////////////////////////////

// space data

char b32[80] = {
    32,32,32,32,32,32,32,32,
    32,32,32,32,32,32,32,32,
    32,32,32,32,32,32,32,32,
    32,32,32,32,32,32,32,32,
    32,32,32,32,32,32,32,32,
    32,32,32,32,32,32,32,32,
    32,32,32,32,32,32,32,32,
    32,32,32,32,32,32,32,32,
    32,32,32,32,32,32,32,32,
    32,32,32,32,32,32,32,32 };

// Declare MenuBar Menu with 7 items

MENUBAR_CLASS *MB1;

// mouse flag
```

10-4 Continued.

```c
int mouse_installed;

////////////////////////////////////
//
// Interface Menu Data Declarations
//
////////////////////////////////////

// Main menu bar data

char *MB1_name[8] = {
    "Info",     // pos 0 name
    "File",     // pos 1 name
    "Tables",   // pos 2 name
    "Analysis", // pos 3 name
    "Print",    // pos 4 name
    "Help",     // pos 5 name
    "Quit",     // pos 6
    NULL };     // NULL list terminator

int MB1_key[8] = {
    ALT_I,
    ALT_F,
    ALT_T,
    ALT_A,
    ALT_P,
    ALT_H,
    ALT_Q,
    0 };

// item data and keys for drop down window 0 (DESK)

char *DD0[2] = {
    "About this...",
    NULL };

int DD0_key[2] = {
    ALT_A,
    0 };

// item data and keys for drop down window 1 (FILE)

char *DD1[9] = {
    "Open...",
    "Save...",
    "Change dir...",
    "Back one Dir...",
    "Root dir...",
    "Get info...",
    "Enter DOS shell",
    "Quit to DOS",
    NULL };

int DD1_key[9] = {
    ALT_O,
    ALT_S,
    ALT_C,
```

Creating a menu-bar/drop-down window interface

10-4 Continued.

```c
        ALT_B,
        ALT_R,
        ALT_G,
        ALT_E,
        ALT_Q,
        0 );

// item data and keys for drop down window 2 (FILE)

char *DD2[10] = {
    "Enter Respondent Data",
    "Currently Vacant",
    "Currently Vacant",
    "Currently Vacant",
    "Currently Vacant",
    "Currently Vacant",
    "Currently Vacant",
    "Currently Vacant",
    "Currently Vacant",
    NULL };

int DD2_key[10] = {
    ALT_E,
    ALT_B,
    ALT_C,
    ALT_D,
    ALT_X,
    ALT_F,
    ALT_G,
    ALT_H,
    ALT_I,
    0 );

// item data and keys for drop down window 3 (FILE)

char *DD3[10] = {
    "Currently Vacant",
    "Currently Vacant",
    "Currently Vacant",
    "Currently Vacant",
    "Currently Vacant",
    "Currently Vacant",
    "Currently Vacant",
    "Currently Vacant",
    "Currently Vacant",
    NULL };

int DD3_key[10] = {
    ALT_A,
    ALT_B,
    ALT_C,
    ALT_D,
    ALT_E,
    ALT_F,
    ALT_G,
    ALT_H,
    ALT_I,
    0 );
```

10-4 Continued.

```c
// item data and keys for drop down window 3 (FILE)
char *DD4[10] = {
    "Currently Vacant",
    "Currently Vacant",
    "Currently Vacant",
    "Currently Vacant",
    "Currently Vacant",
    "Currently Vacant",
    "Currently Vacant",
    "Currently Vacant",
    "Currently Vacant",
    NULL };

int DD4_key[10] = {
    ALT_A,
    ALT_B,
    ALT_C,
    ALT_D,
    ALT_E,
    ALT_F,
    ALT_G,
    ALT_H,
    ALT_I,
    0 };

// item data and keys for drop down window 3 (FILE)
char *DD5[10] = {
    "Currently Vacant",
    "Currently Vacant",
    "Currently Vacant",
    "Currently Vacant",
    "Currently Vacant",
    "Currently Vacant",
    "Currently Vacant",
    "Currently Vacant",
    "Currently Vacant",
    NULL };

int DD5_key[10] = {
    ALT_A,
    ALT_B,
    ALT_C,
    ALT_D,
    ALT_E,
    ALT_F,
    ALT_G,
    ALT_H,
    ALT_I,
    0 };

///////////////////////////////////////
//
// Message window DATA
//
///////////////////////////////////////
```

10-4 Continued.

```c
char *tsr_mess[12] = {
    " ",
    "Cerious Ver. 3.0 Demonstration",
    " ",
    " ",
    "TSR Systems Ltd.",
    "516-331-6336",
    " ",
    NULL };

char *not_coded[6] = {
    " ",
    " ",
    "This function has not been coded at this time",
    " ",
    " ",
    NULL };

//////////////////////////////////////
//
// Interface Functions
//
//////////////////////////////////////

void
fun0()
{
vdWrite(24,0,40,"Information about 'C'erious Tools V. 3.0",
        mkAttr(RED,WHITE,OFF_INTENSITY,OFF_BLINK));
}

void
fun1()
{
vdWrite(24,0,40,"Create, Load or Save Data Files.         ",
        mkAttr(RED,WHITE,OFF_INTENSITY,OFF_BLINK));

}

void
fun2()
{
vdWrite(24,0,40,"Create Data Tables and Enter Data        ",
        mkAttr(RED,WHITE,OFF_INTENSITY,OFF_BLINK));
}

void
fun3()
{
vdWrite(24,0,40,"Ways to Analyze Your Data Tables         ",
        mkAttr(RED,WHITE,OFF_INTENSITY,OFF_BLINK));
}

void
fun4()
{
vdWrite(24,0,40,"Print Statistical Analysis Reports       ",
        mkAttr(RED,WHITE,OFF_INTENSITY,OFF_BLINK));
}
```

10-4 Continued.

```c
void
fun5()
{
vdWrite(24,0,40,"Help Screens                            ",
        mkAttr(RED,WHITE,OFF_INTENSITY,OFF_BLINK));
}

void
fun6()
{
vdWrite(24,0,40,"QUIT Program and return command to DOS  ",
        mkAttr(RED,WHITE,OFF_INTENSITY,OFF_BLINK));
}

////////////////////////////////////////
//
// main(...)
//
// Program Start
//
////////////////////////////////////////

void
main()
{
int screen_attr;
int ret_val,r_val;
int event;
int e_flag;
int row,column;
char dbuff[25];

char *active_file;

// set attributes

screen_attr = mkAttr(BLACK,WHITE,OFF_INTENSITY,OFF_BLINK);

// initialize video structure

vidInit();

// clear the screen

scrnClr();

// turn the screen white

scrnAttr(screen_attr);

// draw screen pattern

for(row=1; row<24; row++)
    for(column=0; column<80; column++)
        vdChar(row,column,mkToken(177,screen_attr));

// turn the cursor off
```

10-4 Continued.

```c
offCur();

// check for mouse installed

ret_val = msinit();

if(ret_val!=0xffff) // no mouse
    mouse_installed=1;

// turn the mouse on

if(mouse_installed)
    mson();


/////////////////////////////////////
//
// Open MenuBar style window
//

MB1 = openMenuBar((MENUBAR_CLASS *)MB1, // pointer to LOTUS CLASS
    MB1_name,                    // Item name list
    MB1_key,                     // Item explanation list
    mkAttr(BLACK,WHITE,OFF_INTENSITY,OFF_BLINK), // Item attr
    mkAttr(BLACK,GREEN,OFF_INTENSITY,OFF_BLINK), // Item inverse
    mkAttr(RED,WHITE,OFF_INTENSITY,OFF_BLINK));  // Expl. attr

 //showMenuBar(MB1);


e_flag = 0;

do
    {
    if(menubarEvent(MB1,&event))
        {
        switch(event)
            {

case 0:
    fun0();
    ret_val = openDropDown(MB1,0,DD0,&DD0_key[0]);
    switch(ret_val)
        {
        case 0:
            openMessage(tsr_mess,WHITE,BROWN,WHITE,GREEN);
            break;
        }
    break;
case 1:
    fun1();
    ret_val = openDropDown(MB1,event,DD1,&DD1_key[0]);
    switch(ret_val)
        {
        // open file name
        case 0:
            openMessage(not_coded,WHITE,BLUE,WHITE,GREEN);
            break;
```

10-4 Continued.

```c
        // save file name
        case 1:
            openMessage(not_coded,WHITE,BLUE,WHITE,GREEN);
            break;

        // change directory
        case 2:
            openMessage(not_coded,WHITE,BLUE,WHITE,GREEN);
            break;

        // back one directory
        case 3:
            openMessage(not_coded,WHITE,GREEN,WHITE,RED);
            break;

        // root directory
        case 4:
            openMessage(not_coded,WHITE,GREEN,WHITE,RED);
            break;
        case 5:
            openMessage(not_coded,WHITE,GREEN,WHITE,RED);
            break;
        case 6:
            openMessage(not_coded,WHITE,BLUE,WHITE,GREEN);
            break;
        case 7:
            e_flag=1;
            break;
        }
    break;
case 2:
    fun2();
    ret_val = openDropDown(MB1,event,DD2,&DD2_key[0]);
    switch(ret_val)
        {
        case 0:
            openMessage(not_coded,WHITE,BLUE,WHITE,GREEN);
            break;
        case 1:
            openMessage(not_coded,WHITE,BLUE,WHITE,GREEN);
            break;
        case 2:
            openMessage(not_coded,WHITE,BROWN,WHITE,GREEN);
            break;
        case 3:
            openMessage(not_coded,WHITE,GREEN,WHITE,RED);
            break;
        case 4:
            openMessage(not_coded,WHITE,RED,WHITE,GREEN);
            break;
        case 5:
            openMessage(not_coded,WHITE,BLUE,WHITE,GREEN);
            break;
        case 6:
            openMessage(not_coded,WHITE,BROWN,WHITE,GREEN);
            break;
```

10-4 Continued.

```
            case 7:
                openMessage(not_coded,WHITE,GREEN,WHITE,RED);
                break;
            case 8:
                openMessage(not_coded,WHITE,RED,WHITE,GREEN);
                break;
            }
        break;
    case 3:
        fun3();
        ret_val = openDropDown(MB1,event,DD3,&DD3_key[0]);
        switch(ret_val)
            {
            case 0:
                openMessage(not_coded,WHITE,RED,WHITE,GREEN);
                break;
            case 1:
                openMessage(not_coded,WHITE,BLUE,WHITE,GREEN);
                break;
            case 2:
                openMessage(not_coded,WHITE,BROWN,WHITE,GREEN);
                break;
            case 3:
                openMessage(not_coded,WHITE,GREEN,WHITE,RED);
                break;
            case 4:
                openMessage(not_coded,WHITE,RED,WHITE,GREEN);
                break;
            case 5:
                openMessage(not_coded,WHITE,BLUE,WHITE,GREEN);
                break;
            case 6:
                openMessage(not_coded,WHITE,BROWN,WHITE,GREEN);
                break;
            case 7:
                openMessage(not_coded,WHITE,GREEN,WHITE,RED);
                break;
            case 8:
                openMessage(not_coded,WHITE,RED,WHITE,GREEN);
                break;
            }
        break;
    case 4:
        fun4();
        ret_val = openDropDown(MB1,event,DD4,&DD4_key[0]);
        switch(ret_val)
            {
            case 0:
                openMessage(not_coded,WHITE,RED,WHITE,GREEN);
                break;
            case 1:
                openMessage(not_coded,WHITE,BLUE,WHITE,GREEN);
                break;
            case 2:
                openMessage(not_coded,WHITE,BROWN,WHITE,GREEN);
                break;
```

10-4 Continued.

```
                case 3:
                    openMessage(not_coded,WHITE,GREEN,WHITE,RED);
                    break;
                case 4:
                    openMessage(not_coded,WHITE,RED,WHITE,GREEN);
                    break;
                case 5:
                    openMessage(not_coded,WHITE,BLUE,WHITE,GREEN);
                    break;
                case 6:
                    openMessage(not_coded,WHITE,BROWN,WHITE,GREEN);
                    break;
                case 7:
                    openMessage(not_coded,WHITE,GREEN,WHITE,RED);
                    break;
                case 8:
                    openMessage(not_coded,WHITE,RED,WHITE,GREEN);
                    break;
            }
        break;
    case 5:
        fun5();
        ret_val = openDropDown(MB1,event,DD5,&DD5_key[0]);
        switch(ret_val)
            {
            case 0:
                openMessage(not_coded,WHITE,RED,WHITE,GREEN);
                break;
            case 1:
                openMessage(not_coded,WHITE,BLUE,WHITE,GREEN);
                break;
            case 2:
                openMessage(not_coded,WHITE,BROWN,WHITE,GREEN);
                break;
            case 3:
                openMessage(not_coded,WHITE,GREEN,WHITE,RED);
                break;
            case 4:
                openMessage(not_coded,WHITE,RED,WHITE,GREEN);
                break;
            case 5:
                openMessage(not_coded,WHITE,BLUE,WHITE,GREEN);
                break;
            case 6:
                openMessage(not_coded,WHITE,BROWN,WHITE,GREEN);
                break;
            case 7:
                openMessage(not_coded,WHITE,GREEN,WHITE,RED);
                break;
            case 8:
                openMessage(not_coded,WHITE,RED,WHITE,GREEN);
                break;
            }
        break;
    case 6:
        fun6();
        e_flag=quitProgram(WHITE,BROWN,WHITE,GREEN);
        if(!e_flag)
```

10-4 Continued.

```
                    {
                    showMenuBar(MB1);
                    vdWrite(24,0,80,b32,screen_attr);
                    }
                break;
            }
        }
    } while(!e_flag);

//                                                              //
//////////////////////////////////////////////////////////////////

// turn the mouse on

if(mouse_installed)
    msoff();

// clear the screen

scrnClr();

// turn the cursor on

onCur();

}
//
// prog36.c
//
/////////////////////////////////////////
```

Summary

In this chapter a shell program (PROG36.C) was presented for your use. In essence PROG36.C puts your TAB libraries through their paces. When you write your applications programs the TAB library function can seem quite smooth. So smooth that it might be easy to forget that many object modules were developed with MASM 5.1. These assembly-generated modules use the on-the-stack parameter-passing scheme. These on-the-stack parameter-passing modules were mixed with Microsoft C 6.0-generated object modules. The Microsoft C 6.0-generated modules use the _fastcall (in-the-register) convention and inline assembler. From a different angle I'm saying that your TAB library object modules are infused throughout with the optimization techniques outlined in chapter 1.

PROG36.C can be effectively used at the start of a program development cycle by placing your program's options in the drop-down window/menu-bar interface arrays. Once the main interface has been completed you can easily add functionality to your program in incremental steps by adding one program function module at a time. Note how PROG36.C provides stubb-type messages that tell you (or your team) which functions are coded and debugged and which functions are not. Using this incremental approach to program development will allow for good communication between team members.

Figure 10-5 presents the summary listing to your TAB libraries.

If you have any comments on any issues presented in this text, feel free to write me via TAB Books. I hope you had as much fun working your way through this book as I had in developing its code.

10-5 The final summary list of your TAB library modules.

```
@bleep............bleep              @boxRect..........boxrect
@clrRect..........clrrect            @delay............delay
@dispWind.........dispwind           @dsyRect..........dsyrect
@dsyWind..........dsywind            @exit_bad.........exit_bad
@fillRect.........fillrect           @gtCur............gtcur
@gtKey............gtkey              @lotusEvent.......lotus
@menubarEvent.....menubar            @offCur...........offcur
@onCur............oncur              @openDropDown.....menubar
@openLotus........lotus              @openMenuBar......menubar
@openMessage......message            @putChr...........putchr
@putStr...........putstr             @quitEvent........quitprog
@quitProgram......quitprog           @rCloc............rcloc
@rdImg............rdimg              @rdWind...........rdwind
@remvWind.........remvwind           @restRect.........restrect
@restScrn.........restscrn           @rmvCur...........rmvcur
@rsizeCur.........ssizecur           @saveRect.........saverect
@saveScrn.........savescrn           @sCloc............scloc
@scrnAttr.........scrnattr           @setAttr..........setattr
@setBord..........setbord            @setRect..........setrect
@setTitle.........settitle           @setWind..........setwind
@showLotus........lotus              @showMenuBar......menubar
@sizeCur..........sizecur            @sizeImg..........sizeimg
@sizeRect.........sizerect           @ssizeCur.........ssizecur
@strtWind.........strtwind           @vdEdit...........vdedit
@vrdChar..........vrdchar            @wrBox............wrbox
@wrImg............wrimg              @wrWind...........wrwind
@wvdAttr..........wvdattr            @wvdChar..........wvdchar
@wvdHoriz.........wvdhoriz           @wvdStr...........wvdstr
@wvdVert..........wvdvert            @wvdWrite.........wvdwrite
@wvrdChar.........wvrdchar           _add1jiff.........timer
_cancel_mess......quitprog           _crt..............vidinit
_c_down...........quitprog           _c_up.............quitprog
_defkey1..........vdedit             _defkey2..........vdedit
_defkey3..........vdedit             _defkey4..........vdedit
_get_jiffhour.....timer              _get_jiffmin......timer
_get_jiffy........timer              _get_ljiffy.......timer
_gtKBstat.........gtkbstat           _g_shape..........g_shape
_initialize_timer..timer             _lot_delay........lotus
_mkAttr...........mkattr             _mkToken..........mktoken
_msinit...........msinit             _msoff............msoff
_mson.............mson               _msstat...........msstat
_mvCur............mvcur              _newtimer.........timer
_offSound.........offsound           _onSound..........onsound
_putCRLF..........putcrlf            _quit_holder......quitprog
```

Summary 331

10-5 Continued.

```
_quit_mess........quitprog        _q_down...........quitprog
_q_up.............quitprog        _remove_timer.....timer
_reset_timer......timer           _scrnClr..........scrnclr
_SCRNSEG..........vidinit         _SPARKLE_FLAG.....vidinit
_start_timer......timer           _stop_timer.......timer
_s_shape..........s_shape         _vdAttr...........vdattr
_vdChar...........vdchar          _vdChr............vdchr
_vdHoriz..........vdhoriz         _vdVert...........vdvert
_vdWrite..........vdwrite         _vidInit..........vidinit
_VID_PORT.........vidinit
```

```
mvcur             Offset: 00000010H  Code and data size: 15H
  _mvCur

timer             Offset: 000000b0H  Code and data size: e0H
  _add1jiff         _get_jiffhour    _get_jiffmin      _get_jiffy
  _get_ljiffy       _initialize_timer                  _newtimer
  _remove_timer     _reset_timer     _start_timer      _stop_timer

gtcur             Offset: 00000390H  Code and data size: 2cH
  @gtCur

rmvcur            Offset: 000004a0H  Code and data size: 30H
  @rmvCur

scloc             Offset: 000005e0H  Code and data size: 26H
  @sCloc

rcloc             Offset: 00000710H  Code and data size: 10H
  @rCloc

oncur             Offset: 00000830H  Code and data size: eH
  @onCur

s_shape           Offset: 00000950H  Code and data size: cH
  _s_shape

g_shape           Offset: 000009f0H  Code and data size: 7H
  _g_shape

offcur            Offset: 00000a80H  Code and data size: eH
  @offCur

sizecur           Offset: 00000ba0H  Code and data size: 1aH
  @sizeCur

ssizecur          Offset: 00000cb0H  Code and data size: 26H
  @rsizeCur         @ssizeCur

mktoken           Offset: 00000df0H  Code and data size: bH
  _mkToken

mkattr            Offset: 00000e90H  Code and data size: 17H
  _mkAttr

scrnclr           Offset: 00000f30H  Code and data size: 1aH
  _scrnClr
```

10-5 Continued.

vidinit
  _crt
  _VID_PORT
	Offset: 00000fd0H
	  _SCRNSEG
		Code and data size: 71H
		  _SPARKLE_FLAG _vidInit

vdchar _vdChar	Offset: 000011a0H	Code and data size: 27H
vdwrite _vdWrite	Offset: 00001270H	Code and data size: 42H
vdhoriz _vdHoriz	Offset: 00001350H	Code and data size: 2cH
vdvert _vdVert	Offset: 00001420H	Code and data size: 32H
vdattr _vdAttr	Offset: 000014f0H	Code and data size: 2eH
vrdchar @vrdChar	Offset: 000015c0H	Code and data size: 3cH
savescrn @saveScrn	Offset: 00001700H	Code and data size: 44H
restscrn @restScrn	Offset: 00001860H	Code and data size: 46H
delay @delay	Offset: 000019d0H	Code and data size: 32H
bleep @bleep	Offset: 00001af0H	Code and data size: 2eH
gtkey @gtKey	Offset: 00001c30H	Code and data size: 14H

vdedit
  @vdEdit
  _defkey4
	Offset: 00001d30H
	  _defkey1
		Code and data size: 75aH
		  _defkey2 _defkey3

onsound _onSound	Offset: 00002780H	Code and data size: 18H
offsound _offSound	Offset: 00002820H	Code and data size: 7H
gtkbstat _gtKBstat	Offset: 000028b0H	Code and data size: 11H
fillrect @fillRect	Offset: 00002950H	Code and data size: 42H
setrect @setRect	Offset: 00002aa0H	Code and data size: 50H
sizerect @sizeRect	Offset: 00002c10H	Code and data size: 10H

10-5 Continued.

clrrect @clrRect	Offset: 00002d10H	Code and data size: 46H
boxrect @boxRect	Offset: 00002e60H	Code and data size: 238H
saverect @saveRect	Offset: 00003200H	Code and data size: 42H
restrect @restRect	Offset: 00003350H	Code and data size: 42H
putcrlf _putCRLF	Offset: 000034a0H	Code and data size: bH
putstr @putStr	Offset: 00003540H	Code and data size: 38H
putchr @putChr	Offset: 00003690H	Code and data size: 14H
wrimg @wrImg	Offset: 00003790H	Code and data size: 42H
wrbox @wrBox	Offset: 000038d0H	Code and data size: 228H
wrwind @wrWind	Offset: 00003c50H	Code and data size: 42H
rdimg @rdImg	Offset: 00003d90H	Code and data size: 42H
sizeimg @sizeImg	Offset: 00003ed0H	Code and data size: 10H
exit_bad @exit_bad	Offset: 00003fd0H	Code and data size: 43H
rdwind @rdWind	Offset: 00004150H	Code and data size: 42H
dispwind @dispWind	Offset: 00004290H	Code and data size: 18H
remvwind @remvWind	Offset: 000043c0H	Code and data size: 18H
settitle @setTitle	Offset: 000044f0H	Code and data size: 56H
setwind @setWind	Offset: 00004670H	Code and data size: cdH
setbord @setBord	Offset: 00004880H	Code and data size: 4H

10-5 Continued.

dsywind @dsyWind	Offset: 00004970H	Code and data size: 3aH
setattr @setAttr	Offset: 00004ab0H	Code and data size: 4H
strtwind @strtWind	Offset: 00004ba0H	Code and data size: 42H
wvdattr @wvdAttr	Offset: 00004d10H	Code and data size: 26H
wvdchar @wvdChar	Offset: 00004e40H	Code and data size: 22H
wvdhoriz @wvdHoriz	Offset: 00004f60H	Code and data size: 28H
wvdstr @wvdStr	Offset: 00005090H	Code and data size: 28H
wvdvert @wvdVert	Offset: 000051c0H	Code and data size: 26H
wvdwrite @wvdWrite	Offset: 000052f0H	Code and data size: 5aH
wvrdchar @wvrdChar	Offset: 00005460H	Code and data size: 20H
mson _mson	Offset: 00005590H	Code and data size: 6H
msoff _msoff	Offset: 00005620H	Code and data size: 6H
msstat _msstat	Offset: 000056b0H	Code and data size: 18H
msinit _msinit	Offset: 00005750H	Code and data size: 10H
scrnattr @scrnAttr	Offset: 000057f0H	Code and data size: 2cH
vdchr _vdChr	Offset: 00005920H	Code and data size: 27H

quitprog   Offset: 000059e0H   Code and data size: 698H
  @quitEvent   @quitProgram   _cancel_mess   _c_down
  _c_up   _quit_holder   _quit_mess   _q_down
  _q_up

lotus   Offset: 00006500H   Code and data size: 63eH
  @lotusEvent   @openLotus   @showLotus   _lot_delay

Summary   335

10-5 Continued.

menubar	Offset: 00006dd0H	Code and data size: a52H
@menubarEvent	@openDropDown	@openMenuBar @showMenuBar
message	Offset: 00007bd0H	Code and data size: 309H
@openMessage		
dsyrect	Offset: 000080d0H	Code and data size: 16H
@dsyRect		

Index

/Gr parameter-passing, 29-51, 60
   PROG4, 30-41
   PROG5, 38, 41-51
/Gs remove stack-probe
   optimization, 1, 2, 14-18
/ML case-sensitivity switch, 7
/Oi intrinsic function generation
   optimization, 2, 13
/Ol loop optimization, 1, 2, 14
/Ot speed optimization, 1, 8, 60

__asm, inline assembler invoke, 20
__cdecl, 60
__fastcall, 2-3, 29-51, 60
   /Gr , PROG4, 30-41
   /Gr , PROG5, 38, 41-51

A
absolute value, abs( ), 13
active cursor-management (see cursor-management)
ADDLIB.BAT, 82, 83
aggressive optimizations, 1
AL.BAT, 8
AM.BAT, 8
AS.BAT, 8
ASCII.H header file, 78-80
Assembly code batch files (AS.BAT; AM.BAT; AL.BAT), 8
attributes, video, 107

B
BDWRITE program, 52-54
BLEEP, 144
BOXRECT, 166-168

C
calling conventions, 2
CCS.BAT compiling batch file, 83-85
CLARGE.BAT, 93
CLRRECT, 162-163

CMEDIUM.BAT, 93
common-subexpression optimization, 1
compiler options
   invoke from command line, 2
   pragma statements, 2
consistent floating point results optimization, 2
coordinate systems, global vs. local, 159
CSMALL.BAT, 93
cursor-management functions, 81-105
   get cursor position, GTCUR1, 83-91
   gtCur( ) test, PROG7, 84-85, 88
   gtCur( ) test, PROG8, 88-89
   internal cursor visibility assembly bindings, 98-100
   library management, LIB.EXE program, 81-83
   move cursor, MVCUR, 91-93
   move cursor relative to current position, RMVCUR, 9, 93
   mvCur( ) test, PROG9, 92-93
   off cursor, OFFCUR, 98-99
   on cursor, ONCUR, 98-99
   onCur( ) and offCur( ) test, PROG12, 98-101
   rCloc( ) test, PROG11, 97-98
   restore location, RCLOC, 96-97
   rmvCur( ) test, PROG10, 95
   save location, SCLOC, 96-97
   sCloc( ) test, PROG11, 97-98
   size change, SIZECUR and SSIZECUR, 101-104
   sizeCur( ) and ssizeCur( ) test, PROG13, 103-104

D
defines and structures, TSTRUCT.H, 69-73
DELAY, 143

direct video access method, screen-handling routines, 107
DISPWIND, 189-190
drop-down window interfaces (see interfaces, menu-bar)
DSYRECT, 300
DYSWIND, 195-196

E
efficiency optimization, 2
event queue handlers, 225-226
   demo program, PROG32, 226, 231-236
EXIT__BAD, 188

F
FILLRECT, 164-165
floating point, absolute, fabs( ), 13
function prototypes, TPROTO.H, 63-69
functions, intrinsic, 13

G
global coordinates, 159
global register allocation optimization, 1
GTCUR1, cursor-management functions, 83-91
GTKBSTAT, 137, 139-140
GTKEY, 137-138
G__SHAPE cursor assembly binding, 99-100

H
header files, library, 63-80
hot keys, interfaces, menu-bar/drop-down , 299-300

I
inline assembler, 18-28, 60
   invoke, replace memset( ) and strcpy( ), PROG2, 21-24

inline assembler, (cont.)
  invoke, __asm, 20
  library version added, 90-91
  loop optimization, PROG3, 25-28
  parameter-passing, PROG5, 38, 41-51
input options
  byte from port, inp( ), 13
  word from port, inpw( ), 13
interfaces, Lotus-style, 265-298
  change screen display attributes, SCRNATTR, 267
  create interface, openLotus( ); lotusEvent( ); showLotus( ), 280
  preparatory files, 266-267
  quit-program pop-up window, QUITPROG, 268-278
  quitProgram( ) call demo, PROG34, 278-279
  shell program, PROG35, 265, 288-293
  source code, LOTUS.C, 280-288
  TABS.LIB listing, 293-298
  write character to screen, VDCHR, 266-267
interfaces, menu-bar/drop-down, 299-336
  create interface, MENUBAR.C, 304-319
  free memory, DSYRECT, 300
  highlighting items, 299
  hot keys, 299-300
  item selection, 299
  preparatory files, 300-319
  shell program, PROG36, 319-331
  text display message, MESSAGE, 300-304
interrupts
  disable, __disable( ), 13
  enable, __enable( ), 13
intrinsic function generation optimization (/Oi), 2, 13
intrinsic functions, 13

K

keyboard routines, 137-158
  bleep sound, BLEEP, 144
  delay sound, DELAY, 143
  edit keyboard routines, vdEdit( ), 144-154
  gtKBstat( ) demo, PROG23, 140-141

gtKey( ) demo, PROG22, 137-139
return key press, GTKBSTAT, 137, 139-140
sound off, OFFSOUND, 142-143
sound on, ONSOUND, 141-142
stop program/wait for keypress, GTKEY, 137-138
vdEdit( ) demo, PROG24, 154-156
keyboard scan/character codes, KEYBOARD.H, 69, 74-78
KEYBOARD.H keyboard scan/character code header file, 69, 74-78

L

large memory model
  compile-and-link batch (CLARGE.BAT), 93
  create file (TABL.LIB), 82, 83, 91
LIB.EXE library management program, 81-83, 104-105
library header files, 63-80
  ASCII/miscellaneous defines, ASCII.H, 78-80
  defines and structures, TSTRUCT.H, 69-73
  function prototypes, TPROTO.H, 63-69
  keyboard scan/character codes, KEYBOARD.H, 69, 74-78
library management
  add object module (ADDLIB.BAT), 82, 83
  create new file, 82, 83
  current TAB library functions, 134-135
  inline assembler added, 90-91
  large memory model (TABL.LIB), 82, 83, 91
  LIB.EXE library management program, 81-83, 104-105
  medium memory model (TABM.LIB), 82, 83, 91
  planning, 60-61
  small memory model (TABS.LIB), 82, 83, 91
  TAB modules, summary listing, 331-336
  TIMER code, 82, 83, 90
local coordinates, 159
long integers, labs( ), 13
loop optimization (/Ol), 1, 2, 14

Lotus-style interfaces (see interfaces, Lotus-style)
lotusEvent( ), 280-288

M

MASM 5.1 macro assembler, ix-x
  PROC directive, 51-60
  USES directive, 51-60
mdl variables, memory models, 7
medium memory model
  compile-and-link batch (CMEDIUM.BAT), 93
  create file (TABM.LIB), 82, 83, 91
memory
  compare, memcmp( ), 13
  copy, memcpy( ), 13
  set to value, memset( ), 13
memory models, 7, 61, 81, 82, 83, 91
menu-bar interfaces (see interfaces, menu-bar)
MENUBAR.C, 304-319
MESSAGE, 300-304
MKATTR, 108-109
MKTOKEN, 108
mouse routines, 225-264
  current mouse location, MSSTAT, 228-231
  event queue handler demo, PROG32, 226, 231-236
  event queue handler, 225-226
  initialize mouse, MSINIT, 226-227
  mouse- and keyboard-driven menu demo, PROG33, 236-260
  msInit( ) demo, PROG31, 227-228
  off mouse, MSOFF, 228-230
  on mouse, MSON, 228-229
  TABS.LIB listing, 260-264
mouse-and-keyboard driven menu demo, PROG33, 236-260
MSINIT, 226-227
MSOFF, 228-230
MSON, 228-229
MSSTAT, 228-231
MVCUR, 91-93

N

nested loops, test program (PROG1 program), 8-12
no-aliasing optimization, 1

O

OFFCUR, 98-99
OFFSOUND, 142-143

338   Index

ONCUR, 98-99
ONSOUND, 141-142
openLotus( ), 280-288
openMessage( ), 300-304
optimization theory and practice, 1-61
  aggressive optimizations, 1
  common-subexpression optimization, 1
  consistent floating point results optimization, 2
  efficiency optimization, 2
  global register allocation optimization, 1
  intrinsic function generation (/Oi), 2, 13
  loop optimization (/Ol), 1, 2, 14
  no-aliasing optimization, 1
  parameter-passing convention, /Gr (fastcall), 29
  remove-stack probe optimization (/Gs), 1, 2, 14-18
  size optimization, 1
  speed optimization (/Ot), 1, 2, 8, 60
  timer, jiffy-timer (TIMER code), 3-8
  unsafe-loop disable optimizations, 1
output options
  byte at port, outp( ), 13
  word at port, outpw( ), 13

P

parameter-passing, 2
  /Gr, 29-51, 60
  /Gr PROG4, 30-41
  /Gr PROG5, 38, 41-51
  inline assembler, PROG5, 38, 41-51
  ___fastcall, 2-3, 29-51, 60
  ___fastcall PROG4, 30-41
  ___fastcall PROG5, 38, 41-51
pragma statements, 2
  intrinsic-function generation, 13
  loop optimization, 14
  speed optimization (/Ot), 8
PROC directive, ix, 51-60
PROG1 program
  disassembled listing, PROG1.OBJ, 11-12
  intrinsic function generation (/Oi), 13
  jiffy timer use, 8-12
  nested-loop tester, 8-12
  remove-stack probe optimization (/Gs), 14-18
  source code, PROG1.C, 9-10

PROG2 inline-assembler invoke, 21-24
PROG3 inline assembler loop optimization, 25-28
PROG4 parameter-passing, 30-41
PROG5 parameter-passing, inline assembler, 38, 41-51
PROG6 bdWrite( ) program, 55-60
PROG7 gtCur( ) test, 84-85, 88-89
PROG8 gtCur( ) test, 88-89
PROG9 mvCur( ) test, 92-93
PROG10 rmvCur( ) test, 95
PROG11 sCloc( ) and rCloc( ) test, 97-98
PROG12 onCur( ) and offCur( ) test, 98-101
PROG13 sizeCur( ) and ssizeCur( ) test, 103-104
PROG14 scrnClr( ) test, 110-111
PROG15 screen-handling routines test, 108-109, 114-115
PROG16 screen-write comparison, 115-120
PROG17 vdHoriz( ) test, 121-123
PROG18 vdVert( ) test, 123-125
PROG19 vdAttr( ) demo, 125-128
PROG20 vdAttr( ) test, 129-130
PROG21 saveScrn( ) and restScrn( ) test, 132-133
PROG22 gtKey( ) demo, 137-139
PROG23 gtKBstat( ) demo, 140-141
PROG24, vdEdit( ) demo, 154-156
PROG25 clrRect( ); setRect( ); sizeRect( ) demo, 162-164
PROG26 fillRect( ) demo, 165-166
PROG27 boxRect( ) demo, 168-170
PROG28 saveRect( )/restRect( ) demo, 172-175
PROG29 text window display demo, 179, 202-206
PROG30 vertical scroll-bar (Lotus) demo, 179, 206-220
PROG31 msInit( ) demo, 227-228
PROG32 event queue handler demo, 226, 231-236
PROG33 mouse- and keyboard-driven menu demo, 236-260
PROG34 quitProgram( ) call demo, 278-279
PROG35 Lotus-style interface shell program, 265, 288-293
PROG36 interfaces, menu-bar/drop-down shell program, 319-331
PUTCHR, 179-180
PUTCRLF, 180-181
PUTSTR, 181

Q

QUITPROG, 268-278

R

RCLOC, 96-97
RDIMG, 186-187
RDWIND, 189
RECT structures, rectangle routines, 159-162
rectangle routines, 159-178
  border, BOXRECT, 166-168
  boxRect( ) demo, PROG27, 168-170
  clear screen, CLRRECT, 162-163
  clrRect( ) demo, PROG25, 163-164
  coordinate systems, global vs. local, 159
  fill screen, FILLRECT, 164-165
  fillRect( ) demo, PROG26, 165-166
  initialize/allocate memory for RECTs, SETRECT, 159-160
  RECT structures, 159-162
  restore rectangle image, RESTRECT, 171-172
  save rectangle image, SAVERECT, 169-170
  saveRect( ) and restRect( ) demo, PROG28, 172-175
  setRect( ) and sizeRect( ) demo, PROG25, 162-163
  size of screen, SIZERECT, 161
  TSTRUCT.H, 159
  windows vs., 159
remove-stack probe optimization (/Gs), 1, 2, 14-18
REMVWIND, 190-191
RESTRECT, 171-172
RESTSCRN, 130-132
RMVCUR, 93-95
rotate functions, lrtol( ), lrtor( ), rotl( ), rotr( ), 13

S

SAVERECT, 169-170
SAVESCRN, 130-131
SCLOC, 96-97
screen-handling routines, 107-135
  attributes, video, 107
  change string of attributes, VDATTR, 125-126
  clear screen, SCRNCLR, 109-110
  color, intensity, blink defines, TSTRUCT.H, 109
  direct video access initialization, VIDINIT, 110-113
  direct video access method, 107

screen-handling routines, (cont.)
horizontal line to screen,
VDHORIZ, 121-122
make attributes, MKATTR, 108-109
make tokens, MKTOKEN, 108
mkToken( ) test, PROG15,
108-109
read character/attribute from
screen, VRDCHAR, 128-130
restore screen, RESTSCRN,
130-132
save screen, SAVESCRN, 130-131
saveScrn( ) and restScrn( ) test,
PROG21, 132-133
screen-write comparison,
PROG16, 115-120
scrnClr( ) test, PROG14, 110-111
tokens, 107
vdAttr( ) demo, PROG19, 125-128
vdAttr( ) test, PROG20, 129-130
vdChar( ) test, PROG15
vdHoriz( ) test, PROG17, 121-123
vdVert( ) test, PROG18, 123-125
vertical line to screen, VDVERT,
123-125
video RAM, 107
vidInit( ) test, PROG15, 111
write character/attribute to
screen, VDCHAR, 113-114
write string to screen,
VDWRITE, 115-117
screen-write comparison
program, PROG16, 115-120
SCRNATTR, 267
SCRNCLR, 109-110
SETATTR, 196
SETBORD, 194-195
SETRECT, 159-160
SETTITLE, 191-192
SETWIND, 192-194
shell program, interfaces,
menu-bar/drop-down,
PROG36, 319-331
shell program, Lotus-style
interface, PROG35, 265,
288-293
showLotus( ), 280-288
size optimization, 1
SIZECUR, 101-104
SIZEIMG, 187-188
SIZERECT, 161
small memory model
compile-and-link batch
(CSMALL.BAT), 93
compile-code batch file
(CCS.BAT), 83-85
create file (TABS.LIB), 82, 83, 91
speed optimization (/Ot), 1, 2, 8, 60

SSIZECUR, 101-104
string functions
append, strcat( ), 13
BDWRITE program, 52-54
compare, strcmp( ), 13
copy, strcopy( ), 13
length, strlen( ), 13
set, strset( ), 13
write, printf( ), 52
STRTWIND, 196-197
S__SHAPE cursor assembly
binding, 99-100

T
TABL.LIB large memory model,
82, 83, 91
TABM.LIB medium memory
model, 82, 83, 91
TABS.LIB small memory model,
82, 83, 91
testing, 61
TIMER code, 3-8, 81
library management, 82, 83, 90
nested-loop tester (PROG1
program), 8-12
tokens, screen-handling routines,
107
TPROTO.H function prototype
header file, 63-69, 88
TSTRUCT.H defines and
structures header, 69-73
rectangle routines, 159
screen-handling routines, 109

U
unsafe-loop disable optimizations, 1
user interfaces (see interfaces)
USES directive, ix, 51-60, 60

V
VDATTR, 125-126
VDCHAR, 113-114
VDCHR, 266-267
vdEdit( ), keyboard-routines editor,
144-154
VDHORIZ, 121-122
VDVERT, 123-125
VDWRITE, 115-117
video RAM, 107
VIDINIT, 110-113
VRDCHAR, 128-130

W
window-creation routines, 179-224
abort progra, EXIT__BAD, 188
allocate memory, SETWIND,
192-194
border type selection,
SETBORD, 194-195

change display attributes,
WVDATTR, 197-198
destroy WIND structure, free
memory, DYSWIND, 195-196
display previous
window,DISPWIND, 189-190
horizontal line, WVDHORIZ, 199
mouse-and-keyboard driven
menu demo, PROG33, 236
move cursor down/left,
PUTCRLF, 180-181
put character to screen,
PUTCHR( ), 179-180
read rectangle image to
memory, RDIMG, 186-187
read screen token,
WVRDCHAR, 202
read window to buffer,
RDWIND, 189
rectangles vs., 159
remove previous window,
REMVWIND, 190-191
set screen attributes, SETATTR, 196
show new window, STRTWIND,
196-197
size required for window,
SIZEIMG, 187-188
TABS.LIB listing, 220-224
text window display demo,
PROG29, 179, 202-206
title centered, SETTITLE, 191-192
vertical line, WVDVERT, 200-201
vertical scroll-bar (Lotus) demo,
PROG30, 179, 206-220
write border to screen,
WRBOX, 183-185
write previous window to
screen, WRWIND, 185-186
write rectangle to screen,
WRIMG, 182
write screen token to window,
WVDCHAR, 198-199
write string to cursor location,
PUTSTR, 181
write string to window,
WVDSTR, 200
write string to window,
WVDWRITE, 201
WRBOX, 183-185
WRIMG, 182
WRWIND, 185-186
WVDATTR, 197-198
WVDCHAR, 198-199
WVDHORIZ, 199
WVDSTR, 200
WVDVERT, 200-201
WVDWRITE, 201
WVRDCHAR, 202

Optimizing Microsoft C Libraries

If you are intrigued with the possibilities of the programs included in *Optimizing Microsoft C Libraries* (TAB Book No. 3735), you should definitely consider having the ready-to-run disk containing the software applications. This software is guaranteed free of manufacturer's defects. (If you have any problems, return the disk within 30 days, and we'll send you a new one.) Not only will you save the time and effort of typing the programs, the disk eliminates the possibility of errors that can prevent the programs from functioning. Interested?

Available on either 5¼" or 3½" disk requiring 512K, color, MS-DOS, MSC 6.0, and MASM 5.1 at $34.95, plus $2.50 shipping and handling.

YES, I'm interested. Please send me:

____ copies 5¼" disk requiring 512K, (#6779S), $34.95 each .... $ _____

____ copies 3½" disk requiring 512K, (#6780S), $34.95 each .... $ _____

____ TAB Books catalog (free with purchase; otherwise send $1.00 in check or money order and receive coupon worth $1.00 off your next purchase) .... $ _____

Shipping & Handling: $2.50 per disk in U.S.
($5.00 per disk outside U.S.) $ _____

Please add appropriate local and state sales tax. $ _____

TOTAL $ _____

☐ Check or money order enclosed made payable to TAB Books
Charge my ☐ VISA ☐ MasterCard ☐ American Express

Acct No. _____ Exp. Date _____
Signature _____
Name _____
Address _____
City _____ State _____ Zip _____

TOLL-FREE ORDERING: 1-800-822-8158
(in PA, AK, and Canada call 1-717-794-2191)
or write to TAB Books, Blue Ridge Summit, PA 17294-0840

Prices subject to change. Orders outside the U.S. must be paid in international money order in U.S. dollars.

TAB-3735